高等学校应用型本科管理学

"十二五"规划教材

经管类跨专业综合实训教程

主　编　崔艳辉
副主编　张　红　曹海英

中国金融出版社

责任编辑:丁 芊
责任校对:张志文
责任印制:陈晓川

图书在版编目(CIP)数据

经管类跨专业综合实训教程(Jingguanlei Kuazhuanye Zonghe Shixun Jiaocheng)/崔艳辉主编. —北京:中国金融出版社,2013.9
高等学校应用型本科管理学"十二五"规划教材
ISBN 978 – 7 – 5049 – 7142 – 5

Ⅰ. ①经… Ⅱ. ①崔… Ⅲ. ①经济管理—高等学校—教材 Ⅳ. ①F2

中国版本图书馆 CIP 数据核字(2013)第 232156 号

出版
发行 中国金融出版社
社址 北京市丰台区益泽路 2 号
市场开发部 (010)63266347,63805472,63439533(传真)
网上书店 http://www.chinafph.com
            (010)63286832,63365686(传真)
读者服务部 (010)66070833,62568380
邮编 100071
经销 新华书店
印刷 保利达印务有限公司
尺寸 185 毫米 × 260 毫米
印张 16
字数 357 千
版次 2013 年 9 月第 1 版
印次 2013 年 9 月第 1 次印刷
定价 35.00 元
ISBN 978 – 7 – 5049 – 7142 – 5/F. 6702
如出现印装错误本社负责调换 联系电话 (010)63263947

内容简介

本教材是根据社会对经管类应用型人才实践能力的要求，以提升学生职业适应能力为目标，采取先阐述综合实训相关理论，继而按照企业岗位与社会机构岗位工作任务和工作流程安排教学内容的方式。

本教材共三部分，包括16章内容。第1部分跨专业综合实训准备包括跨专业综合实训概述、了解综合实训企业、领会综合实训业务规则、熟悉综合实训工作流程四章，主要介绍综合实训目标、内容、角色、过程，使学生了解综合实训企业基本信息、组织结构、主要产品、业务数据与运营流程，帮助学生领会销售、采购、仓储、生产、人力资源、财务等业务规则，要求学生在熟悉实训企业运营环境的基础上进行跨专业综合实训。第2部分企业内部岗位实训共七章，包括模拟企业内部7个部门18个岗位的实训内容，具体为企业管理部门的总经理与行政助理岗位实训；人力资源部经理与人力资源助理岗位实训；财务部经理、财务会计、成本会计与出纳岗位实训；采购部经理与采购员岗位实训；仓储部经理与仓管员岗位实训；生产计划部经理、车间管理员与计划员岗位实训；营销管理部经理、市场专员与销售专员岗位实训。第3部分企业外部岗位实训共五章，包括5个外部机构10个岗位的实训内容，具体为客户代表岗位实训；供应商岗位实训；政务服务中心的工商局、税务局与社保局岗位实训；服务公司中人力公司、会展公司、市场管理中心与综合服务中心岗位实训；银行岗位实训。

本教材既可用于高校经管类专业学生进行职业认知的仿真实习训练，也可以此为基础进行二次开发，满足高校经管类专业学生"纵深"专业实习训练的需要，适应性较强。

前　言

　　实践能力的培养与提高是高校培养人才的重要方面，校内的实验、实训与校外实习是高校实践教学三种最重要的方式与领域，但现在各高校所使用的实践教学教材往往并不利于实践教学目标的实现，效果普遍不尽如人意，主要表现之一为教材以单一课程为对象编写，内容孤立、形式单一，因此难以培养学生的综合实践能力，所以急需优质的综合性实践教学课程与合适教材帮助解决这一问题。

　　而从招聘单位对高校经管类专业人才需求看，大部分单位对专业对口限制不严，只要是专业大类内都可以，主要考查学生的团结协作能力、人际沟通能力、组织协调领力、再学习能力等社会能力、方法能力，看重学生综合素质和再培养潜力。基于社会对人才实践能力的要求，我们组织开发与编写了《经管类跨专业综合实训教程》，希望通过此教程的使用起到指导学生仿真实习的作用，使之有利于引导学生自主思考、自主解决问题，有利于培养学生创造性思维与团结协作意识。

　　在本教材编写过程中，突出与办学定位、人才培养目标的一致性和适应性，遵循实践教学一般规律，按照高校经管类专业实践教学的特殊要求，科学安排跨专业仿真实习内容。本教材具有以下特色：

　　1. 强调"知识内容实用性"。本教材在知识内容介绍与讲解中，注重实际工作对知识内容的要求，使得学生所学知识与实际需求"零"距离，减少实际工作中知识运用时的"错位"现象。在知识内容数量的把握上坚持以"够用"为标准，不求面面俱到。

　　2. 突出"实践技能职业化"。"学以致用"，在掌握基本理论、基本知识的基础上培养适合职业化要求的实践技能是必须面临与解决的问题。因此本教材基于虚拟商业社会环境设计了虚拟企业机构、岗位、业务内容与流程，使仿真实习符合学生职业能力培养需要，仿真实习以工作过程为导向、用工作任务进行驱动，教学中可按照实际工作流程进行教师指导下的仿真实习训练，在此基础上深化对理论知识的理解并形成符合实际企业岗位工作的职业能力。

　　本教材由哈尔滨金融学院崔艳辉担任主编，哈尔滨金融学院张红、曹海英担任副主编。具体分工如下：第2章至第5章由崔艳辉编写；第1章、第6章、第7章由张红编写；第8章至第10章由曹海英编写；第11章、第12章、第13章由哈尔滨商业大学的王炜编写；第14章、第15章由黑龙江科技学院的张海涛编写；第16章及附录由哈尔滨金融学院的赵凯编写。另外，为便于教学与提升教学效果，本教材附有配套的教学表单及教具等资料。本教材由崔艳辉拟订全书的编写原则、编写体例并对全书进行统纂定稿。

　　本教材是在对典型制造业企业充分调研的基础上编写的，同时结合各位参编者社会实践和教学经验，力求贴近企业"真实"。本教材在编写过程中得到了多位行业专家和中国金融出版社编辑的大力支持，在此向他们表示衷心的感谢。

由于作者水平和时间有限以及教材中所涉及具有逻辑关系的数据较多，书中不免有疏漏和不足之处，敬请各位专家和读者提出宝贵意见。

编者

2013 年 7 月

目 录

第1部分 跨专业综合实训准备

第1章 跨专业综合实训概述 ... 3
◆ 学习目标 ... 3
◆ 学习任务 ... 3
1.1 综合实训目标 ... 3
1.2 综合实训内容 ... 4
  1.2.1 综合实训平台 ... 4
  1.2.2 实训平台特性 ... 5
1.3 综合实训角色 ... 6
  1.3.1 明确实训要求 ... 6
  1.3.2 确定岗位角色 ... 6
1.4 综合实训过程 ... 11
  1.4.1 实训准备 ... 11
  1.4.2 岗位实训 ... 13
  1.4.3 实训总结 ... 14
1.5 应聘准备 ... 14
  1.5.1 自我认知与定位 ... 15
  1.5.2 面试准备 ... 16

第2章 了解综合实训企业 ... 18
◆ 学习目标 ... 18
◆ 学习任务 ... 18
2.1 企业基本信息 ... 18
2.2 企业组织结构 ... 19
2.3 企业产品简介 ... 19
2.4 企业现时数据 ... 20
  2.4.1 企业的财务状况 ... 20
  2.4.2 企业的经营成果 ... 22
  2.4.3 企业目前库存 ... 23
  2.4.4 产品在产情况 ... 23
  2.4.5 原材料在途情况 ... 23

2.4.6　企业固定资产基本信息 ················· 24
　　2.4.7　在册人员基本信息 ····················· 24
　　2.4.8　企业销售预测 ························· 25
2.5　企业运营流程 ······························· 25
　　2.5.1　企业的计划层次 ······················· 25
　　2.5.2　制造业基本方程 ······················· 26
　　2.5.3　采购计划 ····························· 27

第3章　领会综合实训业务规则 ··················· 29

◆ 学习目标 ···································· 29
◆ 学习任务 ···································· 29
3.1　销售规则 ··································· 29
　　3.1.1　市场预测与分析 ························· 29
　　3.1.2　商品交易会 ····························· 29
　　3.1.3　销售费用 ······························· 33
3.2　采购规则 ··································· 34
　　3.2.1　采购原材料品种 ························· 34
　　3.2.2　采购原材料的流程 ······················· 34
　　3.2.3　采购批量及价格折扣 ····················· 35
　　3.2.4　采购运费 ······························· 35
3.3　仓储规则 ··································· 35
　　3.3.1　仓库 ··································· 35
　　3.3.2　物料及成品 ····························· 36
　　3.3.3　储位管理 ······························· 37
　　3.3.4　仓储部门人员 ··························· 37
3.4　生产规则 ··································· 38
　　3.4.1　厂房规则 ······························· 38
　　3.4.2　生产设备规则 ··························· 38
　　3.4.3　工作中心 ······························· 39
　　3.4.4　工艺路线 ······························· 39
3.5　人力资源规则 ······························· 39
　　3.5.1　人员招聘 ······························· 39
　　3.5.2　人员培训 ······························· 40
　　3.5.3　职工薪酬 ······························· 41
3.6　财务规则 ··································· 44
　　3.6.1　筹资规则 ······························· 44
　　3.6.2　税务规则 ······························· 44
　　3.6.3　会计核算规则 ··························· 45
　　3.6.4　费用报销 ······························· 46

第4章 熟悉综合实训工作流程······48
◆ 学习目标······48
◆ 学习任务······48
4.1 工作分类······48
4.1.1 日常工作······48
4.1.2 业务工作······48
4.2 工作流程······51
4.2.1 借款······51
4.2.2 五险一金财务处理······52
4.2.3 税费计算······53
4.2.4 纳税申报······53
4.2.5 薪酬发放······54
4.2.6 广告投放申请······54
4.2.7 签订广告合同······54
4.2.8 申请参加商品交易会······56
4.2.9 参加商品交易会······56
4.2.10 货款回收······56
4.2.11 材料款支付······57
4.2.12 采购入库······59
4.2.13 车架完工入库······60
4.2.14 整车组装、完工质检入库······61
4.2.15 社会保险缴纳与核算······61
4.2.16 费用报销······61
4.2.17 制订业务计划······62
4.2.18 签订采购合同······63
4.2.19 下达采购订单······63
4.2.20 生产派工······63
4.2.21 生产领料、车架开工······66
4.2.22 生产领料、整车组装······66
4.2.23 销售发货······67
4.2.24 薪酬核算······68
4.2.25 计提折旧······68
4.2.26 人员招聘······68
4.2.27 培训调研······69
4.2.28 在职人员培训······70
4.2.29 提现······72
4.2.30 购买发票······73
4.2.31 购买支票······74

4.2.32　归还贷款本息 ··· 75
　　4.2.33　现金盘点 ··· 76
　　4.2.34　库存盘点 ··· 77
　　4.2.35　银行对账 ··· 78
　　4.2.36　成本核算 ··· 79
　　4.2.37　期末结账 ··· 79
　　4.2.38　绩效结果评定 ··· 79

第2部分　企业内部岗位实训

第5章　企业管理岗位实训 ··· 83
◆ 学习目标 ··· 83
◆ 学习任务 ··· 83
5.1　工作概述 ·· 83
　　5.1.1　部门职能 ·· 83
　　5.1.2　工作流程 ·· 84
5.2　总经理岗位 ··· 84
　　5.2.1　岗位职责 ·· 84
　　5.2.2　工作导航 ·· 85
　　5.2.3　岗位实训 ·· 85
5.3　行政助理岗位 ·· 88
　　5.3.1　岗位职责 ·· 88
　　5.3.2　工作导航 ·· 89
　　5.3.3　岗位实训 ·· 89

第6章　人力资源管理岗位实训 ··· 93
◆ 学习目标 ··· 93
◆ 学习任务 ··· 93
6.1　工作概述 ·· 93
　　6.1.1　部门职能 ·· 93
　　6.1.2　工作流程 ·· 94
6.2　人力资源部经理岗位 ·· 95
　　6.2.1　岗位职责 ·· 95
　　6.2.2　工作导航 ·· 95
　　6.2.3　岗位实训 ·· 95
6.3　人力资源助理岗位 ·· 99
　　6.3.1　岗位职责 ·· 99
　　6.3.2　工作导航 ·· 99
　　6.3.3　岗位实训 ·· 100

第 7 章 财务管理岗位实训 ……104

◆ 学习目标 ……104
◆ 学习任务 ……104

7.1 工作概述 ……105
7.1.1 部门职能 ……105
7.1.2 工作流程 ……106

7.2 财务部经理岗位 ……107
7.2.1 岗位职责 ……107
7.2.2 工作导航 ……107
7.2.3 岗位实训 ……108

7.3 财务会计岗位 ……113
7.3.1 岗位职责 ……113
7.3.2 工作导航 ……113
7.3.3 岗位实训 ……114

7.4 成本会计岗位 ……121
7.4.1 岗位职责 ……121
7.4.2 工作导航 ……121
7.4.3 岗位实训 ……122

7.5 出纳岗位 ……126
7.5.1 岗位职责 ……126
7.5.2 工作导航 ……126
7.5.3 岗位实训 ……127

第 8 章 采购管理岗位实训 ……133

◆ 学习目标 ……133
◆ 学习任务 ……133

8.1 工作概述 ……133
8.1.1 部门职能 ……133
8.1.2 工作流程 ……134

8.2 采购部经理岗位 ……134
8.2.1 岗位职责 ……134
8.2.2 工作导航 ……135
8.2.3 岗位实训 ……135

8.3 采购员岗位 ……138
8.3.1 岗位职责 ……138
8.3.2 工作导航 ……138
8.3.3 岗位实训 ……138

第9章　仓储管理岗位实训 ……… 141
◆ 学习目标 ……… 141
◆ 学习任务 ……… 141
9.1　工作概述 ……… 141
9.1.1　部门职能 ……… 141
9.1.2　工作流程 ……… 142
9.2　仓储部经理岗位 ……… 143
9.2.1　岗位职责 ……… 143
9.2.2　工作导航 ……… 143
9.2.3　岗位实训 ……… 143
9.3　仓管员岗位 ……… 145
9.3.1　岗位职责 ……… 145
9.3.2　工作导航 ……… 146
9.3.3　岗位实训 ……… 146

第10章　生产管理岗位实训 ……… 152
◆ 学习目标 ……… 152
◆ 学习任务 ……… 152
10.1　工作概述 ……… 152
10.1.1　部门职能 ……… 152
10.1.2　工作流程 ……… 153
10.2　生产计划部经理岗位 ……… 154
10.2.1　岗位职责 ……… 154
10.2.2　工作导航 ……… 154
10.2.3　岗位实训 ……… 155
10.3　车间管理员岗位 ……… 159
10.3.1　岗位职责 ……… 159
10.3.2　工作导航 ……… 160
10.3.3　岗位实训 ……… 160
10.4　计划员岗位 ……… 163
10.4.1　岗位职责 ……… 163
10.4.2　工作导航 ……… 164
10.4.3　岗位实训 ……… 164

第11章　营销管理岗位实训 ……… 167
◆ 学习目标 ……… 167
◆ 学习任务 ……… 167
11.1　工作概述 ……… 167
11.1.1　部门职能 ……… 167

11.1.2　工作流程 ………………………………………………………… 168
　11.2　营销部经理岗位 ……………………………………………………… 169
　　11.2.1　岗位职责 ………………………………………………………… 169
　　11.2.2　工作导航 ………………………………………………………… 169
　　11.2.3　岗位实训 ………………………………………………………… 170
　11.3　市场专员岗位 ………………………………………………………… 173
　　11.3.1　岗位职责 ………………………………………………………… 173
　　11.3.2　工作导航 ………………………………………………………… 173
　　11.3.3　岗位实训 ………………………………………………………… 174
　11.4　销售专员岗位 ………………………………………………………… 177
　　11.4.1　岗位职责 ………………………………………………………… 177
　　11.4.2　工作导航 ………………………………………………………… 178
　　11.4.3　岗位实训 ………………………………………………………… 178

第3部分　企业外部岗位实训

第12章　客户岗位实训 …………………………………………………… 185
　◆学习目标 …………………………………………………………………… 185
　◆学习任务 …………………………………………………………………… 185
　12.1　工作概述 ……………………………………………………………… 185
　　12.1.1　客户职能 ………………………………………………………… 185
　　12.1.2　工作流程 ………………………………………………………… 185
　12.2　客户代表岗位 ………………………………………………………… 186
　　12.2.1　岗位职责 ………………………………………………………… 186
　　12.2.2　工作导航 ………………………………………………………… 186
　　12.2.3　岗位实训 ………………………………………………………… 187

第13章　供应商岗位实训 ………………………………………………… 188
　◆学习目标 …………………………………………………………………… 188
　◆学习任务 …………………………………………………………………… 188
　13.1　工作概述 ……………………………………………………………… 188
　　13.1.1　供应商职能 ……………………………………………………… 188
　　13.1.2　工作流程 ………………………………………………………… 189
　13.2　房屋供应商岗位 ……………………………………………………… 189
　　13.2.1　工作导航 ………………………………………………………… 189
　　13.2.2　岗位实训 ………………………………………………………… 190
　13.3　设备供应商岗位 ……………………………………………………… 190
　　13.3.1　工作导航 ………………………………………………………… 190
　　13.3.2　岗位实训 ………………………………………………………… 191

13.4 材料供应商岗位 …… 191
 13.2.1 工作导航 …… 191
 13.2.2 岗位实训 …… 192

第14章 政务服务中心岗位实训 …… 193
◆ 学习目标 …… 193
◆ 学习任务 …… 193
14.1 工商局岗位 …… 193
 14.1.1 工作概述 …… 193
 14.1.2 工作导航 …… 194
 14.1.3 岗位实训 …… 195
14.2 税务局岗位 …… 195
 14.2.1 工作概述 …… 195
 14.2.2 工作导航 …… 196
 14.2.3 岗位实训 …… 197
14.3 社保局岗位 …… 198
 14.3.1 工作概述 …… 198
 14.3.2 工作导航 …… 198
 14.3.3 岗位实训 …… 199

第15章 服务公司岗位实训 …… 200
◆ 学习目标 …… 200
◆ 学习任务 …… 200
15.1 服务公司职能 …… 200
15.2 人力公司岗位 …… 201
 15.2.1 工作导航 …… 201
 15.2.2 岗位实训 …… 201
15.3 会展公司岗位 …… 201
 15.3.1 工作导航 …… 201
 15.3.2 岗位实训 …… 202
15.4 市场管理中心岗位 …… 202
 15.4.1 工作导航 …… 202
 15.4.2 岗位实训 …… 202
15.5 综合服务中心岗位 …… 203
 15.5.1 工作导航 …… 203
 15.5.2 岗位实训 …… 203

第16章 银行岗位实训 …… 204
◆ 学习目标 …… 204

- ◆ 学习任务 …………………………………………………………………… 204
- 16.1 银行职能 ……………………………………………………………… 204
- 16.2 银行岗位 ……………………………………………………………… 204
  - 16.2.1 工作导航 ………………………………………………………… 204
  - 16.2.2 岗位实训 ………………………………………………………… 205
- 附录1 公章、印鉴管理制度 ………………………………………………… 207
- 附录2 仓储管理制度（简） ………………………………………………… 210
- 附录3 采购管理制度 ………………………………………………………… 211
- 附录4 人力资源管理制度 …………………………………………………… 232

第1部分
跨专业综合实训准备

第1章
跨专业综合实训概述

◆ 学习目标
1. 理解跨专业综合实训的目标；
2. 了解跨专业综合实训的内容；
3. 确定跨专业综合实训的角色；
4. 了解跨专业综合实训的过程。

◆ 学习任务
1. 描述跨专业综合实训的目标；
2. 整理单项实验或实训与跨专业综合实训的不同特点；
3. 阐述跨专业综合实训角色定位取决的因素；
4. 制定积极参与跨专业综合实训过程的计划。

每个人的时间和精力都是有限的，在有限的生命中，我们每一天都面临着这样的选择：做什么和不做什么。决定做一件事之前，一般我们要了解"为什么"和"是什么"，决定做的时候则关心"怎样做"，待做过之后会反思"做得怎样"，本章的目的旨在回答实训者关心的问题：为什么要学习这门课？学习这门课对我个人未来的职业发展有什么好处？如何学习才能事半功倍？

1.1 综合实训目标

按照知识经济时代对管理人才的全新定义，学生不但需要具备胜任某一个专业所对应岗位与岗位群的工作所需要的能力，还需要具备从事相近、相关专业所对应岗位与岗位群的工作所需要的能力。学校按照学科划分专业是为了方便教学实施，强化专业性，让每个人学有所长；但不可避免地会造成学生从职业或专业的角度片面看待问题，相对我们所生存的商业社会环境"只见树木不见森林"。飞速发展的信息技术把我们带入一个新时代，具有"知识+技术+综合素质+创新精神"的"宽专多能"式人才更受企业青睐。

企业管理全景仿真职业认知综合实训——跨专业综合实训，是为行将就任岗位工作的上岗者提供一个综合实训的平台。综合实训的基本目标定位为培养高潜质、有全局观的实务型岗位人员。这个目标是通过以下几个逐级递进的设计来实现的。

1. 能够按照业务岗位要求填报与完整业务流程相关的单据、表格，熟悉岗位常用表单的作用及填制方法。

2. 理解岗位业务动作背后的处理逻辑及对其他业务可能造成的影响。
3. 结合实际业务理解业务流程和岗位的业务策略和管理理论。
4. 能够针对新的管理目标综合应用管理知识，提出对业务的优化建议。

跨专业综合实训平台提供模拟实训的引导系统和相关教学环境，让学生在自主选择的工作岗位上通过完成典型的岗位工作任务，学会基于岗位的基本业务处理，体验基于岗位的业务决策，理解岗位绩效与组织绩效之间的关系；真实感受企业物流、信息流、资金流的流动过程；全面认知企业经营管理活动过程和主要业务流程；体验企业内部门间的协作关系及其与企业外围相关经济组织与管理部门之间的业务关联。学生通过反复练习，进而形成自然的、符合现实经济活动要求的行为方式、智力活动方式和职业行为能力，达到全面体验岗位职位要求，胜任岗位工作的初级目标。通过在不同职业岗位"工作"，训练学生从事经济管理的综合执行能力、综合决策能力和创新创业能力，感悟复杂市场环境下的企业经营，学会工作、学会思考，培养全局意识和综合职业素养。

1.2 综合实训内容

1.2.1 综合实训平台

企业管理全景仿真职业认知综合实训是一个仿真现代制造业与现代服务业运行环境的模拟经营与管理综合实训平台，它以制造企业为核心，在虚拟的市场环境、商务环境、政务环境和公共服务环境中，根据现实工作业务内容、管理流程、单据，结合教学设定的业务规则，将经营模拟与现实工作接轨，进行仿真经营和业务运作，可进行宏观微观管理、多人协同模拟经营和多组织对抗。

企业管理全景仿真实训平台提供模拟经营教学的组织工具系统和相关教学环境，通过模拟企业运营，训练学生在仿真环境中运用已经掌握的专业知识。企业管理全景仿真职业认知综合实训的教学活动不只面向某个专业，而是关注行业、企业、岗位、任务的工作过程的训练。既要求体验环境，又要求完成决策，同时还要求执行各种经验管理岗位的任务，达到决策、执行、体验三位一体的实践教学目标。

企业管理全景仿真职业认知综合实训是通过在校园内搭建企业运作的仿真环境，设置企业运作的职能部门，让学生在自主选择的工作岗位上通过完成典型的岗位工作任务，学会基于岗位的基本业务处理，体验基于岗位的业务决策，理解岗位绩效与组织绩效之间的关系；真实感受企业物流、信息流、资金流的流动过程；全面认知企业经营管理活动过程和主要业务流程；体验企业内部门间的协作关系及其与企业外围相关经济组织与管理部门之间的业务关联。通过实训，达到全面体验岗位职位要求，胜任岗位工作的初级目标。企业管理全景仿真职业认知综合实训以经管类专业人才培养为目标，以创新管理人才培养模式为切入点，可使受训者在一个相对短的时间内充分运用所学现代管理理论和方法，进行现代企业经营管理的实践性尝试，获得在实际工作中需要若干年才能体验到的经验，缩短了经管类人才的培养周期，探索了一条有效培养现代企业经营管理人才的新途径。

企业管理全景仿真职业认知综合实训可以解决高等院校普遍存在的实训难的根本问题；可以有效检验学生专业知识的掌握程度和对知识的综合运用能力；培养学生的沟通能力、协调能力、分析和解决问题的能力。

1.2.2 实训平台特性

1. 自主式学习

满堂灌的填鸭式教学方式压抑了人作为主体的能动性。企业管理全景仿真职业认知综合实训采用开放式教学设计，以任务为引领，极大程度激发了个人潜能，以学生为主体，倡导自主学习，学以致用，以用促学，边用边学，学用结合。教师不再作为教学活动的主体，而是作为企业管理全景仿真职业认知综合实训内容的设计者和指导者。

2. 全仿真设计

（1）机构仿真

企业管理全景仿真职业认知综合实训中包含制造业、服务业、行政管理机构等多种形态的仿真组织，每个机构中提炼了关键的职能部门和主要的工作岗位，构建了完整的虚拟商业社会环境。

（2）环境仿真

企业管理全景仿真职业认知综合实训中涵盖企业组织手工管理环境的完整设计，使受训者深刻体验手工管理环境下业务流程及工作要求。

（3）流程仿真

通过对典型制造业企业的深入调研，在取得企业管理第一手丰富资料的基础上，经过精心的提炼获取了高仿真的企业管理流程和业务流程。

（4）业务仿真

企业管理全景仿真职业认知综合实训以岗位胜任为第一目标，针对实训岗位提炼了近百个关键任务和日常工作任务，懂业务才能会管理，针对每项任务，均有任务流程及执行的指导。

3. 跨专业应用

不同的专业培养不同方向的专门人才，企业管理全景仿真职业认知综合实训中可以支撑工商管理、财务、市场营销、信息管理、金融、贸易、工业工程等多专业综合实训。每个专业的同学可以自主选择自己的工作岗位，并和企业中其他部门同仁一起协同工作，共同为企业创造价值。

4. 多层级目标

跨专业综合实训的教学活动不只向某个专业，而是关注行业、企业、岗位、任务的工作过程的训练。既要求体验环境，又要求完成决策，同时还要求执行各种经验管理岗位的任务，达到决策、执行、体验三位一体的实践教学目标。

5. 对抗性竞争

企业管理全景仿真职业认知综合实训中可以设定多个相同性质的组织，营造一个竞争的氛围，有利于激发大家的斗志，发挥自己的潜能。细节设计体现在：

（1）效率。现代社会追求快节奏和高效率。企业管理全景仿真职业认知综合实训中记录了每个岗位任务的完成时间和整个企业的运营时间作为描述效率的指标之一。

（2）效益。每个员工的绩效考核是和企业的整体绩效、部门的绩效分不开的，企业管理全景仿真中以绩效目标为引领，将岗位工作与绩效融合在一起。

1.3　综合实训角色

1.3.1　明确实训要求

1. 扮好职业角色

接任某一个岗位工作后，要按一个真正职业人的角色要求自己，按时出勤，遵守企业的各项管理制度和工作规范，做好上级分派的每一项任务，学会与人共事，协同工作，"干一行，爱一行"。

2. 学会自主学习

为了实现企业管理全景仿真职业认知综合实训开放自主、师生互动的设计理念，系统中配套了多种辅助教学资源，包括针对岗位的实训指导手册、形式多样的学习课件、灵活开放的任务引领等，为自主学习创造了资源环境。学会学习是新时代对职业人的基本要求，是发展自我、不断超越的必要条件。

3. 注重分享创新

企业管理全景仿真鼓励分享与创新。实训的每一天都会给不同岗位的同学分派不同的工作，在完成工作的过程中不可避免地会遇到各种问题，可以通过自我学习来攻关，也可以同行之间相互交流寻找解决方案，也可以获取外部帮助，通过分享累积自己的成就感，建立自信心。在熟悉岗位工作的基础上可以提出使企业经营更有效率和有助于提高企业效益的创新方案，可以是基于岗位工作的业务创新、也可以是业务流程完善创新或者企业制度改革创新，只要有所作为，都会真实地反映到实训成绩中。

4. 记录个人成长

实训期也是每个实训者的快速成长期，每天面对新任务、解决新问题，辛苦而充实，"痛"并快乐着。这是一段难忘的人生经历，就像写真要留下青春的靓照一样，岗位工作日志是对每天工作的总结；实训报告是实训结束时要提交的一个全面反映实训收获的文档，也是我们送给自己的一份厚重的相簿。

1.3.2　确定岗位角色

1. 组织设置

企业管理全景仿真职业认知综合实训分为主体企业和外部服务机构两大部分。主体企业由若干家同属一个行业的生产制造公司组成，它们所处的市场经济环境完全相同，每一家制造公司在企业经营运作过程中作出的决策不同，导致最终的经营业绩不同，它们彼此之间是相互竞争关系。外部服务机构主要为配合生产制造公司的主体经营活动而设置，并通过交易活动和市场管理活动与生产制造公司发生联系，包括政务服务中心、客户、供应商、银行、综合服务中心等。

2. 岗位分工

企业管理全景仿真职业认知综合实训抽取了企业经营真实环境的基本要素和主要特征，以生产制造企业为中心，根据真实企业的职能设置、岗位胜任力要求，由学生选择扮演不同的角色，组建模拟组织：包括生产制造企业及与其发生关联的原材料与设备供应商、客户、银行、工商、税务等虚拟组织。

岗位分工及岗位职责如表1-1所示。

表1-1　　　　　　　　　　岗位分工及岗位职责

机构	部门	岗位角色	岗位工作
制造公司	企业管理部	总经理（兼企管部经理）	1. 组织制定公司总体战略与年度经营计划 2. 建立和健全公司的管理体系与组织结构 3. 组织制定公司基本管理制度 4. 主持公司的日常经营管理工作 5. 对公司的经营管理目标负责 6. 主持召开有关企业重大决策会议 7. 各职能部门经理的任免
		行政助理（兼商务管理）	1. 对项目及部门各类文档进行分类整理并归档 2. 对企业购销合同进行管理 3. 招投标管理 4. 负责总经理日常行程安排、协助起草报告、组织会议及其他办公服务工作 5. 公司证照的办理、年审、更换、作废等，公司印章保管、使用管理 6. 企业资产管理 7. 负责召集公司办公会议，做好会议记录并编写会议纪要 8. 接待内外部来访
	营销部	市场专员	1. 搜集相关行业政策与信息，进行市场预测 2. 配合制定企业年度经营计划和销售计划，进行营销策划活动 3. 公司市场开发、推广及潜在客户的挖掘分析 4. 竞争对手、竞争产品、竞争策略信息的收集分析 5. 市场趋势和市场潜力分析 6. 品牌建设与推广 7. 相关资料统计、分析
		营销部经理	1. 制订全年销售目标和销售计划 2. 销售制度制定及考核、费用预算 3. 营销策划、销售运作与管理、进度控制 4. 重要销售谈判、销售订单汇总 5. 管理日常销售业务，控制销售活动 6. 客户关系管理 7. 销售业务统计及分析

续表

机构	部门	岗位角色	岗位工作
生产计划部		销售专员	1. 执行销售计划 2. 销售接单，签订销售合同 3. 客户联系及管理 4. 应收账款管理，跟催货款 5. 销售发货管理 6. 跟踪销售订单执行 7. 客户挖掘与管理
		计划员 （兼成品质检）	1. 编制主生产计划 2. 编制物料需求计划 3. 成品质检 4. 厂房、设备购买/出售申请 5. 日常费用报销
		生产计划 部经理	1. 制订新年度经营计划 2. 生产能力建设 3. 产品研发管理 4. 生产过程管理 5. 生产派工 6. 产销协调
		生产管理员	1. 生产领料 2. 生产加工 3. 成品完工入库管理 4. 生产统计 5. 设备维修管理 6. 生产现场管理
仓储部		仓储部经理	1. 年度计划与预算 2. 记录材料收发情况，做好物料存放管理及出入库管理 3. 核定和掌握物料的储备定额，保证仓库的合理使用 4. 编制库存报表，发各部门参考与财务对账 5. 盘点及盘盈盘亏处理 6. 对账 7. 库存分析
		仓管员 （兼原料质检）	1. 填写物料出入库单据，办理物料出入库手续 2. 填写物料卡 3. 负责原料的质检，出具质检报告 4. 办理销售出库 5. 仓库盘点 6. 监控库存变化、及时补充库存
采购部		采购部经理	1. 制订采购计划，保证满足经营活动的需要 2. 供应商资料管理及供应商评估 3. 采购物流、资金流、信息流的管理 4. 制定、审核、签署与监督执行采购合同 5. 控制采购成本和费用 6. 部门目标绩效管理及员工绩效考核

续表

机构	部门	岗位角色	岗位工作
		采购员	1. 根据生产计划和安全库存，编制物料采购计划，报采购经理审批 2. 询价、议价，与供应商接触并谈判 3. 起草并签订采购合同 4. 根据计划下达采购订单 5. 协助仓储部办理采购货物的入库 6. 跟踪采购订单执行情况 7. 负责建立供应商档案并及时更新
	人力资源部	人力资源部经理	1. 制订年度人力资源规划与预算 2. 制订部门工作目标和计划 3. 制订公司的招聘、培训、薪酬评价、员工档案管理等制度并组织实施 4. 进行工作分析、岗位说明书与定岗定编工作 5. 参与招聘，核定聘约人员 6. 核定人员工资和奖金 7. 负责干部培训及绩效考核 8. 负责处理各种与劳动合同相关的事宜
		人力资源助理	1. 收集各部门人员需求信息 2. 参加招聘会，初试应聘人员 3. 执行并完善员工入职、转正、离职、辞退手续 4. 组织新员工培训、员工技能培训 5. 统计考勤，计算员工薪酬和奖金 6. 维护员工信息，管理职工档案
	财务部	财务部经理	1. 编制公司财务管理制度 2. 编制公司财务预算 3. 日常财务审批 4. 企业资金筹集及资金计划 5. 财务分析，提出决策建议 6. 凭证审核 7. 编制财务报表 8. 部门目标绩效管理及员工绩效考核
		出纳员	1. 库存现金及安全管理 2. 现金/银行存款收入/支出业务 3. 银行开户 4. 银行结算凭证的管理 5. 建立和登记现金日记账、银行存款日记账 6. 现金清查 7. 编制现金日报表 8. 银行对账，编制银行存款余额调节表 9. 银行转账结算业务处理 10. 企业报税

续表

机构	部门	岗位角色	岗位工作
服务机构		财务会计	1. 建立账簿 2. 日常费用报销 3. 编制科目余额表 4. 填制纳税申报表、缴款书 5. 配合会计师事务所进行年审 6. 凭证填制 7. 固定资产购置及折旧 8. 季末结账
		成本会计	1. 制定产品成本核算制度 2. 收集成本核算资料 3. 制定各种成本费用定额 4. 各种费用分配 5. 产品成本计算 6. 产品成本分析 7. 编制产品成本报表 8. 材料成本账登记 9. 季末库存盘点及对账
	政务服务	工商局	1. 企业名称核准 2. 企业注册/变更登记 3. 企业年检 4. 市场监督、广告监督 5. 商标管理
		税务局	1. 企业税务登记 2. 税款征收 3. 发票管理 4. 税收检查 5. 税收政策宣传
		社保局	1. 社会保险登记 2. 核定用人单位和参保人员应缴纳的基本养老保险缴费基数 3. 负责五险一金个人档案的建立、记录和管理工作 4. 社保的调查、宣传和咨询服务 5. 劳动争议仲裁
	商业银行	综合柜员	1. 企业账户开立 2. 贷款审批及业务办理 3. 存取款 4. 转账业务管理 5. 资金往来结算及核对

续表

机构	部门	岗位角色	岗位工作
	供应商	材料供应商	1. 客户管理 2. 订货及合同管理 3. 发货及开票管理 4. 应收账款管理
		设备供应商	1. 客户管理 2. 订货及合同管理 3. 发货及开票管理 4. 应收账款管理 5. 设备安装及维护管理 6. 设备回购管理
		房屋供应商	1. 客户管理 2. 订货及合同管理 3. 发货及开票管理 4. 应收账款管理 5. 厂房、仓库买卖管理
	客户	客户代表	1. 供应商管理 2. 组织订货会 3. 收货 4. 付款管理
	综合服务中心	综合服务员	1. 办公用品营销 2. 会展组织及会务管理 3. 招投标管理 4. 新产品生产许可管理 5. 企业市场开拓管理 6. 企业资质认证管理

1.4 综合实训过程

整个实训过程分为实训准备、岗位实训和实训总结三个阶段。

现在你一定对这次实训充满期待，也难免有点小忐忑。为了让大家有备而战，下面就依循仿真实训的日程安排展开各个阶段的实训内容，并对其中的要点进行解析，以便大家对综合实训建立一个基本认知。

1.4.1 实训准备

1. 实训总动员

仿真实训开始之前，由实训组织者就本次实训的目的、内容、时间安排、组织形式、实习要求、实训考核等内容做统一宣讲。通过实训动员会使学生：

- 理解本次实训的意义；

- 明确实训的要求及工作规范;
- 了解实训考核评价指标体系。

2. 岗位胜任力测评

实训之前,对所有同学做综合素质测评。综合素质测评由实训系统自动抽题、自动计分,题目类型包括基本素质、通用管理、营销、采购、生产、仓储、人力资源、行政管理、财务等各方面内容。

在参与仿真实训的学生中,根据岗位胜任力测评结果,选取综合测评分数最高的人作为总经理备选人选,再参考个人意愿及教师推荐,指定若干位总经理候选人。

3. 竞聘总经理

总经理是在一个企业中负责日常经营管理的最高级管理人员,总经理向公司的董事会负责,在公司或组织内部拥有最终的执行经营管理决策的权力。

在企业全景仿真综合实训中,采用竞聘方式确定每个管理团队的总经理。

- 竞选发言。由竞聘者陈述对总经理角色的理解、价值主张、处事原则等。
- 所有参与实训的学生可以参与投票。最终以竞聘者得票多少决定是否胜出。

4. 招聘管理团队

为了快速组建公司管理团队,总经理需要立即着手招聘企业人力资源主管。待人力资源主管选定后,和人力资源主管一起制作招聘海报、提出岗位职位要求,收集、筛选招聘简历,面试应聘人员。

每个学生持个人填写的应聘登记表去意向单位应聘,经过双向选择,最终确定自己的企业及岗位。每个同学应充分重视这次面试,做好面试前的准备工作。详细提示参见本章 1.5 节。

5. 公司成立,熟悉企业基本情况

公司管理团队确认后,总经理召开公司成立大会,介绍公司组织机构,对企业战略和企业未来发展前景与管理团队进行分享。

6. 领取办公用品

在正式开始实训之前,需要领用必需的办公设备及办公用具。信息化时代,公司为每位管理人员配备了电脑,并安装配置在工位上。除此之外,还要领用实训用到的单据、账表、企业公章、模拟货币等。办公用品领用完成后,各企业各岗位可以布置自己的办公区,为自己打造舒适的办公环境。

7. 岗前培训

现在每个人都有了明确的工作分工,也领取了开展工作必需的物品。那么在正式上岗之前,必须要接受岗前培训。

岗前培训要教给员工完成工作所必需的知识和技能,让新员工掌握干好本职工作所需要的方法和程序。换句话说,就是让新员工工作起来更富有成效,犯错误的可能性更小。

在企业管理全景仿真实训中,岗前培训阶段必须掌握的内容有业务规则、关键任务和原始单据。

(1) 熟悉业务规则

企业管理全景仿真职业认知综合实训中,把企业必须遵守的内外部环境限制抽象为业务规则，企业竞争是在同一环境下的竞争，熟悉业务规则就会掌握竞争的主动权。

（2）理解关键任务

每个实训同学在企业中都扮演着不同的岗位角色，相应地具有不同的岗位职责。岗位职责明确规定了职工所在岗位的工作任务和责任范围。

企业管理全景仿真职业认知综合实训中，每个角色定义了不同数量的关键任务，学会这些关键任务的处理即具备了该岗位的基本胜任能力。

（3）认知原始凭证

原始凭证是指经办单位或人员在经济业务发生或完成时取得或填制的，用以记录经济业务发生或完成的情况、明确经济责任的会计凭证。例如购物取得的发票。因此，无论你担任什么岗位，都要掌握原始凭证的填制、识别等基本要求。

由于各项经济业务的内容和经济管理的要求不同，各种原始凭证的名称、格式和内容也是多种多样的。但是，所有的原始凭证（包括自制的和外来的凭证），都是作为经济业务的原始证据，必须详细载明有关经济业务的发生或完成情况，必须明确经办单位和人员的经济责任。因此，各种原始凭证都应具备一些共同的基本内容。原始凭证包括的基本内容通常称为凭证要素，主要有：

- 原始凭证的名称；
- 凭证的编号；
- 填制凭证的日期；
- 接受凭证单位名称（抬头人）与填制单位名称；
- 经济业务简要内容；
- 金额（单价、数量）；
- 有关人员（部门负责人、经办人员）的签名盖章。

如果是开给外单位的原始凭证一定要加盖填制单位的公章或专用章。从外单位取得的原始凭证，也应由填制单位加盖公章或专用章。

为了保证岗前培训的效果，可以结合运用多种培训方式，包括教师现场培训、多媒体课件和自学。

8. 熟悉企业期初业务数据

新的管理团队成立之后，要与上一代管理者进行各项业务的交接，尤其关键的是要理清各部门管理的未完结的各项业务，以使各项业务能够连贯地接续下去。

部门职责不同，决定了其管理的业务类型不同。

1.4.2 岗位实训

岗位体验是综合实训的主体内容，根据企业管理环境不同分为手工管理环境岗位体验和信息化管理环境岗位体验两个阶段。

1. 认知业务流程

业务流程是为达到特定的价值目标而由不同的人分别共同完成的一系列活动。活动之间不仅有严格的先后顺序限定，而且活动的内容、方式、责任等也都必须有明确的安排和界定，以使不同活动在不同岗位角色之间能够相互配合协同完成。业务流程是对企业关键业务的描述，从中可以体现出企业资源的配置、企业组织机构的设置以及一系列管理制度。

传统的高等教育划分了多个专业方向，专业的划分有利于教学实施和专业化发展，但同时会弱化全局观，不利于工作协同。因此，仿真实训的首要目标是认知企业业务流程，学会与他人协同工作，共同实现企业目标。

2. 完成岗位工作

仿真实训中，每个岗位的工作都划分为两类：一类是业务流程中串接的工作，与他人的活动有严密的逻辑关系，称之为业务工作，如计划员在编制主生产计划时一定要根据营销部提供的销售订单汇总和市场预测数据；另一类是与岗位相关与其他部门无关的日常工作，如报销办公费等。

业务工作需要遵从逻辑关系，按照业务流程执行的先后顺序在系统提示下依序完成。日常工作可以根据需要随时完成。

3. 体验手工管理

这里的"手工"是指企业全部的业务处理及管理全部采用人工管理的方式。这是作为管理者必须亲身经历并深度体验的一个阶段。

制造企业通过生产过程将原料转化为产品。要从这个转化过程中获得最大的价值，必须设计能高效生产产品的生产过程；进而必须管理作业从而更加经济地生产产品；管理作业就意味着对过程中使用的资源即人力、财力和物力进行计划和控制。管理层的计划和控制的主要方法通过物料流动实现，物料流动控制着流程绩效。

手工管理方式下，无论是经济业务的发生，还是物流、信息流、资金流的流动都是以单据来体现的。通过手工管理方式，能清晰地洞察企业业务的发生是如何驱动物流、信息流、资金流的流动，从而对企业经营管理的全貌有一个整体性认识。"懂业务会管理"是成为合格管理人才的必修课。

1.4.3 实训总结

仿真实训结束了，每个人都满载着收获，或许也带着些许的遗憾。这将是你成长中的一段重要经历，是开启你未来职业生涯的新起点。

实训总结是仿真实训的最后一个环节，记入整体实训成绩的一部分。作为实训体验的真实写真，通过它你可以与大家分享你内心的点点滴滴，分享你成长的心路历程，它也将作为你一生中最值得记忆的一段经历被永久珍藏。

1.5 应聘准备

跨专业综合实训的第一个任务就是公司团队组建，完成这项任务需要所有参训同学共同努力，做好细节工作，这样才能获得最大的收获。除了通过竞选成为总经理的同学和已经确定担任人力资源部经理的同学之外，其余同学要做好面试准备，争取竞聘自己最感兴趣、最适合自己的岗位。

1.5.1 自我认知与定位

跨专业综合实训参与者多数是缺乏工作经历的学生,对职业岗位、工作任务的直观感受和实际体会并不深,所以进行自我审视,确定自身定位尤为重要。具体可从以下方面着手。

1. 认清自己的性格特点

通常每个人都觉得比较了解自己,但是深究起来又好像不太深入,因此在求职之前,求职者可以通过询问朋友、亲人了解他人对自己的评价,或者通过一些专业的心理测试量表了解自己的性格,常用的性格测试量表有 MBTI 职业性格类型测试、卡特尔十六种人格因素量表、DISC 性格测试、霍兰德职业兴趣测试、九型人格等。

2. 评估自身具备的能力和技能

此处的能力可以从理论知识和实际经验两方面来理解,而对于缺乏经验的学生来说,理论知识的扎实程度显得更加重要。是否在专业领域取得过一定的成果是企业进行应届生招聘时的一个重要考量因素,当然一些通用能力也是重点考虑的方面,包括沟通协调能力、应变能力、压力承受能力、快速适应能力、团队协作能力、持续提升能力等。

3. 职业选择

求职者应该综合自身的性格、专业技能和职业兴趣等各方面因素来选择职业,做好对自己的职业定位。不同职业对人的能力要求侧重不同,如表 1-2 所示。

表 1-2　　　　不同职业类别对人的职业素养、能力及知识要求

职位类别	职业素养	能力要求	专业知识要求
行政管理、人力资源管理	积极主动、责任心、服务意识、自律性	沟通协调能力、文字表达能力、执行推动能力	公司知识、档案管理、会议管理、人力资源管理概论、招聘与甄选、薪酬福利管理
市场营销	服务意识、进取心、忠诚、诚信、团队合作、坚韧	沟通协调能力、谈判能力、关系建维能力、分析判断能力	营销心理学、客户关系学、价格管理、预测与调研、市场策划、品牌管理、广告学、销售技巧、营销信息管理
财务管理	思维缜密、严谨、诚信正直、责任心、自律性、忠诚	财务分析、会计核算、细节把控	会计学原理、工业企业财务管理、会计电算化、管理会计、审计学、投资管理、成本控制与管理、税务
采购管理、仓储	诚信正直、责任心、主动性、自律性、严谨	信息收集能力、分析归纳能力、谈判能力	全面质量管理、生产工艺流程、计量与检验、采购订单管理、采购结算管理、谈判学、存货管理、采购成本控制
生产管理	团队协作、服务意识、责任心、进取心	时间管理能力,计划、推动落实能力,沟通协调能力,分析判断能力	生产安全、生产计划、生产调度、现场管理、生产工艺流程、生产成本控制、工艺设备管理、供应链管理、全面质量管理、计量与检验、质量信息管理

1.5.2 面试准备

1. 制作应聘简历

制作简历时只要能够体现其基础功能即可,无须过于花哨,当然职位需要另当别论,如广告设计等。简历一定要呈现自身的过人之处,即为简历的亮点。如有较丰富的校园组织、实训或勤工俭学经历的同学可将重点描述这部分的内容,对其他部分弱化。简历制作流程可参照图1-1。

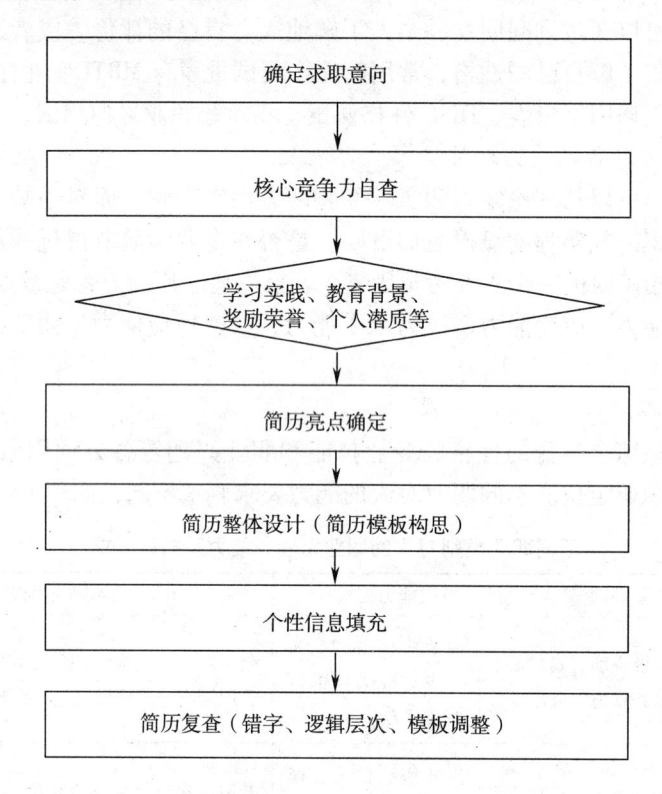

```
确定求职意向
      ↓
核心竞争力自查
      ↓
学习实践、教育背景、
奖励荣誉、个人潜质等
      ↓
  简历亮点确定
      ↓
简历整体设计(简历模板构思)
      ↓
   个性信息填充
      ↓
简历复查(错字、逻辑层次、模板调整)
```

图1-1 简历制作流程

注意事项:
- 个人信息应该清晰、简单明了,能使用人单位快速联系到你即可。
- 求职意向不宜多列,同一序列或相关岗位列示1~3个。
- 简历内容应主次分明,教育背景、实践经历等不能令人眼前一亮的同学可以对简历进行适当修饰,以保证简历丰满。

2. 了解面试流程

首先,学生通过企业的前期招聘宣传、校园宣讲和学校给予的就业指导获知招聘信息;其次,在学生递交应聘简历后招聘企业对收集的简历进行筛选,确定需面试的学生;再次,对已确定的学生进行面试;最后,应聘学生与招聘企业签订就业协议。

3. 准备面试应答

可从以下方面模拟面试问答:

（1）自我介绍，一般 2~3 分钟。
（2）个人信息提问：
- 你的优势/劣势；
- 同学、朋友对你的评价。

（3）教育背景。
（4）实训、实践经历。
（5）未来职业规划。
（6）对公司、行业了解程度。

4. 面试前心态调整

（1）检查面试资料是否完备，简历需要多备几份。
（2）面试着装。
（3）轻松对待。

第 2 章 了解综合实训企业

◆ 学习目标
1. 明晰模拟企业组织结构并理解其作用；
2. 明确模拟企业产品结构层次与组成部分；
3. 了解模拟企业财务状况与经营成果等现实数据；
4. 掌握模拟企业运营流程。

◆ 学习任务
1. 描述模拟企业的组织结构；
2. 描述模拟企业产品的组成部分；
3. 阐述模拟企业业务活动的逻辑关系；
4. 叙述模拟企业财务状况等基础数据。

跨专业综合实训平台仿真企业选择了以生产制造公司为主体。制造企业区别于其他行业的典型特征是生产职能，生产职能是将资源转化为对客户更具有价值的商品的活动。从资源材料的获取到最终消费品有多个阶段，开发最终产品的每个阶段都会增加附加值，从而创造更多的财富。

2.1 企业基本信息

仿真企业是一家中小型制造企业，属于有限责任公司，创建于 2012 年 1 月，主打产品是经济童车。目前企业拥有自主产权的大厂房一座，厂房内设机加车间和组装车间。机加车间内有 10 台普通机床，组装车间内有 1 条组装生产线，设备运行状况良好，目前公司财务状况正常，产品在本地市场有一定知名度。

说明：

有限责任公司，又称有限公司（Co., Ltd.）。有限责任公司指根据《中华人民共和国公司登记管理条例》规定登记注册，由两个以上、五十个以下的股东共同出资，每个股东以其所认缴的出资额对公司承担有限责任，公司以其全部资产对其债务承担责任的经济组织。

下面以明星童车厂为例进行介绍。明星童车厂相关基本信息如下：

企业名称：明星童车厂

地址：哈尔滨市香坊区电碳路 65-1 号

注册资金：900 万元

电话：0451-69706878
法定代表人：黄晓明
组织机构代码：745862890
纳税人识别号：230105745862890
开户银行：中国工商银行哈尔滨市分行
开户银行账号：3500229999888899988
税管单位：香坊区税务局第二税务所
社保登记证号：230220228001

2.2 企业组织结构

企业组织结构是支撑企业生产、技术、经济及其他活动的运筹体系，是企业的"骨骼"系统。没有组织机构，企业的一切活动就无法正常、有效地进行。

企业组织结构指的是企业组织由哪些部分组成，各部分之间存在着怎样的关联，各部分在整个组织中的数量比例关系。企业组织结构表达的是企业的全体人员以怎样的模式及构架被组织起来，形成一个有机的整体。

企业组织机构是由一个个职位组合而成的。从这个意义上讲，企业组织结构也是企业的职位系统。每个职位都有权利和责任，所以企业组织结构可以看成是企业的权责系统。

明星童车厂目前的机构设置如图2-1所示。

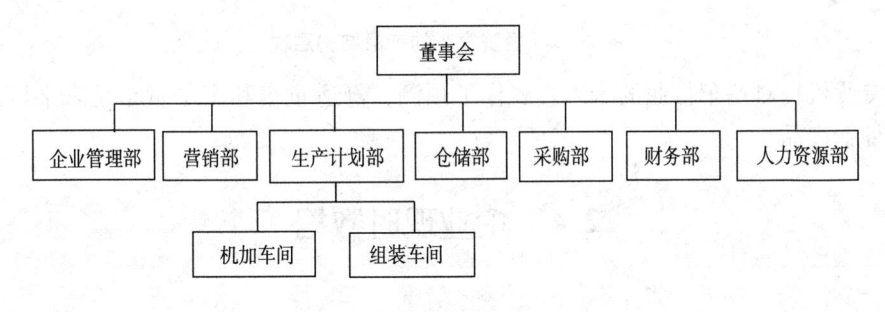

图2-1 明星童车厂机构设置

2.3 企业产品简介

物料清单是产品结构的技术性描述文件，它不仅列出了某一产品的所有构成项目，同时也指出了这些项目之间的结构关系，即表明了产品组件、子件、零件直到原材料之间的结构关系，明确定义了每个组件所需要的下属部件的数量。

物料清单是接收客户订单、选择装配、计算累计提前期，编制生产和采购计划、配套领料、跟踪物流，追溯任务、计算成本、改变成本设计不可缺少的重要文件，上述工作涉及企业的销售、计划、生产、供应、成本、设计、工艺等部门。因此，也有这种说法，物料清单不仅是一种技术文件，还是一种管理文件，是联系与沟通各部门的纽带，企业各个部门都要用到物料清单表。经济童车的物料清单表如表2-1所示。

表2-1　　　　　　　　　　经济童车的物料清单表

结构层次	物料编码	物料名称	单位	总数量	备注
0	P0001	经济童年	辆	1	自产成品
1	M0001	经济车架	个	1	自产半成品
1	B0005	车篷	个	1	外购原材料
1	B0006	车轮	个	4	外购原材料
1	B0007	包装套件	套	1	外购原材料
2	B0001	钢管	根	2	外购原材料
2	B0003	坐垫	个	1	外购原材料

生产制造公司目前拥有经济童车的生产技术，经济童车的产品结构层次如图2-2所示。

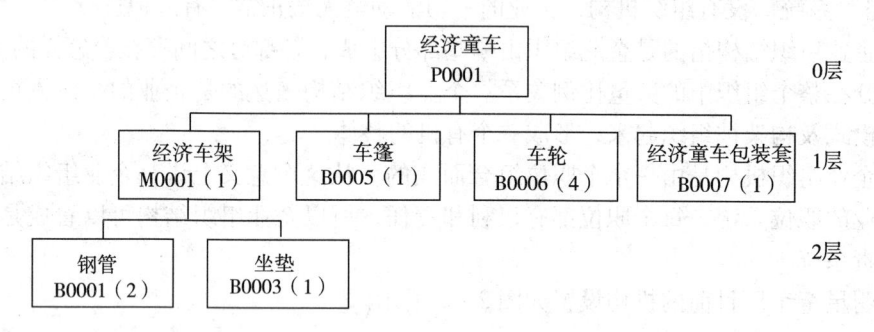

图2-2　经济童车的产品结构层次

专业机构对童车行业的未来发展作了预测，舒适童车和豪华童车是未来可期待的两种新产品。

2.4　企业现时数据

2.4.1　企业的财务状况

截至2013年9月末，每个科目的结算余额如表2-2所示。

表2-2　　　　　　　　　　期初科目余额表

一级科目名称	明细科目	方向	余额	数量
库存现金		借	20 000.00	
银行存款	工商银行	借	2 480 000.00	
应收账款		借	2 808 000.00	4000
	旭日贸易公司	借	2 808 000.00	
	华晨商贸城			
原材料		借	1 450 000.00	
	钢管	借	300 000.00	5 000

20

续表

一级科目名称	明细科目	方向	余额	数量
	坐垫	借	250 000.00	5 000
	车轮	借	100 000.00	20 000
	车篷	借	300 000.00	5 000
	包装套件	借	200 000.00	10 000
库存商品		借	701 000.00	
	经济童车	借	701 000.00	2 000
固定资产		借	9 361 000.00	
累计折旧		贷	637 350.00	
短期借款		贷	1 000 000.00	
应付账款		贷	1 696 500.00	
	海天装饰有限责任公司	贷	643 500.00	
	恒通橡胶	贷	468 000.00	
	哈尔滨彩虹耗材厂	贷	234 000.00	
	河北钢铁公司	贷	351 000.00	
应付职工薪酬		贷	215 060.24	
	应付工资	贷	119 303.24	
	社会保险费	贷	65 557.00	
	住房公积金	贷	30 200.00	
应交税费		贷	604 929.76	
	销项税额	贷	408 000.00	
	进项税额	借	246 500.00	
	应交城建税	贷	11 305.00	
	应交教育费附加	贷	4 845.00	
	应交企业所得税	贷	426 712.00	
	代扣代缴个人所得税	贷	567.76	
长期借款		贷	1 000 000.00	
实收资本		贷	9 000 000.00	
盈余公积		贷	264 575.18	
本年利润		贷	2 190 408.22	
利润分配		贷	2 381 176.60	
	未分配利润	贷	2 381 176.60	
生产成本		借	2 170 000.00	
	经济童车车架—直接材料	借	850 000.00	
	经济童车车架—直接人工	借		
	经济童车车架—制造费用			
	经济童车成品—直接材料	借	1 320 000.00	
	经济童车成品—直接人工			
	经济童车成品—制造费用			
制造费用				

财务状况是指企业资产、负债、所有者权益构成情况及其相互关系。企业的财务状况由企业对外提供的主要财务报告——资产负债表来表述。

资产负债表是根据资产、负债和所有者权益之间的相互关系，即"资产 = 负债 + 所有者权益"的恒等关系，按照一定的分类标准和一定的次序，把企业特定日期的资产、负债、所有者权益三项会计要素所属项目予以适当排列，并对日常会计工作中形成的会计数据进行加工、整理后编制而成的，其主要目的是为了反映企业在某一特定日期的财务状况。通过资产负债表，可以了解企业所掌握的经济资源及其分布情况；了解企业的资本结构；分析、评价、预测企业的短期偿债能力和长期偿债能力；正确评估企业的经营业绩。

在企业管理全景仿真职业认知综合实训中，根据课程设计所涉及的业务对资产负债表中的项目进行了适当的简化，形成如表2-3所示的报表结构。

表2-3　　　　　　　　　　　　资产负债表
编制单位：明星童车厂　　　　编制时间：2013年9月　　　　　　单位：元

资产	金额	负债及所有者权益	金额
流动资产：		流动负债：	
货币资金	2 500 000.00	短期借款	1 000 000.00
应收账款	2 808 000.00	应付账款	1 696 500.00
存货	4 321 000.00	应付职工薪酬	215 060.24
		应交税费	604 929.76
		其他应交款	
流动资产合计	9 629 000.00	流动负债合计	3 516 490.00
		长期负债：	
		长期借款	1 000 000.00
非流动资产：		所有者权益：	
固定资产	8 723 650.00	实收资本	9 000 000.00
		资本公积	
		盈余公积	264 575.18
		未分配利润	4 571 584.82
非流动资产合计	8 723 650.00	所有者权益合计	13 836 160.00
资产总计	18 352 650.00	负债及所有者权益总计	18 352 650.00

2.4.2　企业的经营成果

利润表是用来反映收入与费用相抵后确定的企业经营成果的会计报表。利润表的项目主要分为收入和费用两大类。

在企业管理全景仿真综合实训中，根据课程设计中所涉及的业务对利润表中的项目进行了适当的简化，形成如表2-4所示的简易结构。

表 2－4　　　　　　　　　　　　　利润表

编制单位：明星童车厂　　　　　编制时间：2013 年 9 月　　　　　　　　　单位：元

项目	本月数	7月至9月累计数
一、营业收入	2 400 000.00	7 200 000.00
减：营业成本	1 438 667.33	4 056 000.00
营业税金及附加	16 150.00	51 510.00
销售费用	265 674.07	1 047 022.20
管理费用	139 533.23	318 599.70
财务费用	6 686.67	20 020.00
二、营业利润	533 288.70	1 706 848.10
加：营业外收入		
减：营业外支出		
三、利润总额	533 288.70	1 706 848.10
减：所得税费用	426 712.00	426 712.00
四、净利润	106 576.70	1 280 136.10

2.4.3　企业目前库存

2013 年 9 月 30 日，仓储部对企业目前的原材料、半成品、产成品进行了全面盘点，盘点结果如表 2－5 所示。

表 2－5　　　　　　　　　　　　期初库存情况

单位：明星童车厂　　　　　　编制时间：2013 年 9 月　　　　　　　　　单位：元

项目	期初数量（个）	单价（成本价）	期初库存金额
经济童车	2 000.00	350.50	701 000.00
钢管	5 000.00	60.00	300 000.00
坐垫	5 000.00	50.00	250 000.00
车篷	5 000.00	60.00	300 000.00
车轮	20 000.00	20.00	400 000.00
包装套件	10 000.00	20.00	200 000.00
合计			2 151 000.00

2.4.4　产品在产情况

2013 年 9 月末，机加车间与组装车间均有在产品。机加车间在产经济车架 5 000 个，单价 170 元（不含税），价值 850 000 元。组装生产线在产经济童车 4 000 辆，单价 330 元（不含税），价值 1 320 000 元。

2.4.5　原材料在途情况

2013 年 9 月，原材料在途情况如表 2－6 所示。

表2-6　　　　　　　　　　　　期初原材料在途

订单号	供应商名称	货物名称	数量	计划到货日期
CG-DD-201309005	河北钢铁公司	钢管	15 000	2013-10-08
CG-DD-201309006	海天装饰有限责任公司	坐垫	5 000	2013-10-08
CG-DD-201309006	海天装饰有限责任公司	车篷	5 000	2013-10-08
CG-DD-201309007	恒通橡胶厂	车轮	20 000	2013-10-08

2.4.6 企业固定资产基本信息

企业目前拥有的固定资产汇总信息如表2-7所示。

表2-7　　　　　　　　　　　　固定资产汇总信息

固定资产分类	固定资产名称	数量	原价	累计折旧
房屋及建筑物	办公大楼	1	6 000 000.00	262 500.00
房屋及建筑物	大厂房	1	2 100 000.00	122 500.00
房屋及建筑物	仓库	1	1 000 000.00	175 000.00
电子设备	笔记本电脑	7	56 000.00	24 500.00
电子设备	打印复印一体机	1	20 000.00	7 000.00
电子设备	台式电脑	11	55 000.00	23 100.00
机械设备	普通机床	10	100 000.00	17 500.00
机械设备	组装生产线	1	30 000.00	5 250.00
	合计		9 361 000.00	637 350.00

2.4.7 在册人员基本信息

明星童车厂目前在册人员基本信息如表2-8所示。

表2-8　　　　　　　　　　　　在册人员基本信息

部门	岗位	编制人数	姓名
企管部	总经理	1	黄晓明
企管部	行政助理	1	叶瑛
营销部	营销部经理	1	杨笑笑
营销部	市场专员	1	马博
营销部	销售专员	1	刘思羽
生产计划部	生产计划部经理	1	叶润中
生产计划部	计划员	1	孙盛国
生产计划部	车间管理员	1	周群
仓储部	仓储部经理	1	何明海
仓储部	仓管员（兼原料质检）	1	王宝珠

续表

部门	岗位	编制人数	姓名
采购部	采购部经理	1	李斌
	采购员	1	付海生
人力资源部	人力资源部经理	1	张万军
	人力资源助理	1	肖红
财务部	财务部经理	1	钱坤
	出纳	1	赵丹
	总账会计	1	朱中华
	成本会计	1	刘自强
合计		18	

另外，生产计划部下的机加车间有20名生产工人，组装车间有20名生产工人。

2.4.8 企业销售预测

每年末，企业都会根据国家宏观经济政策、市场对产品的需求情况，结合行业同业竞争情况等对下一年的销售情况进行预测。并于每个季度末对下下季度进行销售预测的调整。每年的9月要出具下年度第一季度的销售预测数据。9月末销售预测调整后的数据如表2-9所示。

表2-9　　　　　　　　　　　　销售预测表

年份 产品	2013						2014		
	7月	8月	9月	10月	11月	12月	1月	2月	3月
经济童车				4 000	5 000	5 000	6 000	5 000	7 000
舒适童车									
豪华童车									

2.5 企业运营流程

企业运营流程是生产制造企业为完成企业目标或任务而进行的一系列有严密逻辑关系的业务活动（如图2-3所示）。

2.5.1 企业的计划层次

企业主要有五个计划层次：经营规划、销售与运作规划、主生产计划、物料需求计划和能力需求计划。这五个层次的计划实现了从宏观到微观、由粗到细的深化过程。五个计划层次之间的关系如图2-4所示。

经营规划是计划与控制的最高层次，是企业制订的全面、长远的发展计划，通常用货币来衡量其收入、成本和利润。销售与运作规划是将经营规划分产品、分区域的细化分解。主生产计划是由宏观到微观的过渡性计划，是沟通企业前方（市

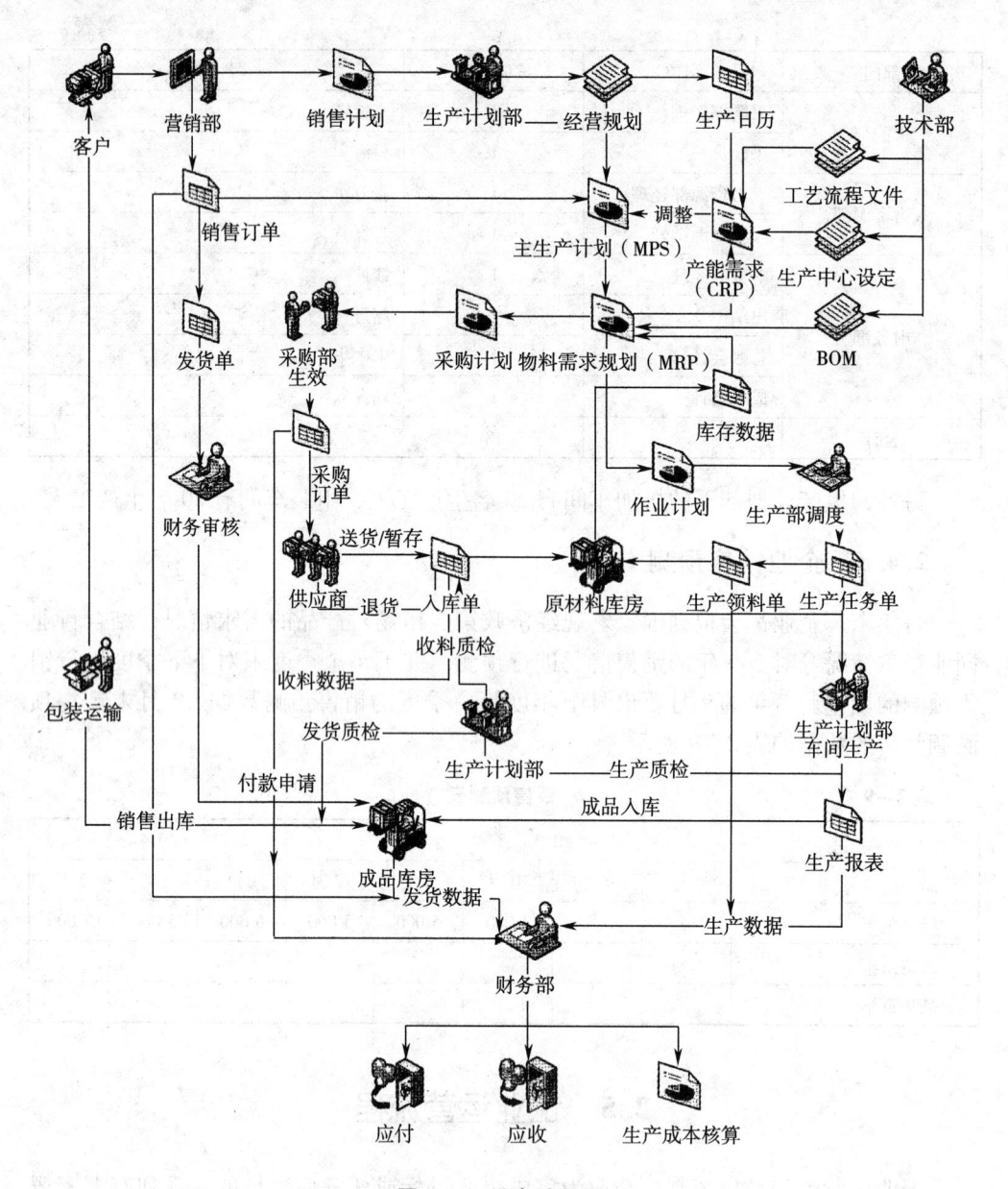

图 2-3 业务流程图

场、销售）和后方（制造、采购）的重要环节。物料需求计划是主生产计划的具体化。能力需求计划是对物料需求计划做能力上的平衡和验证。

2.5.2 制造业基本方程

从数据处理逻辑来看，主生产计划与其他计划层次之间的关系如图 2-5 所示。
主生产计划回答 A：生产什么？生产多少？何时生产？
物料清单回答 B：用什么来生产？
库存记录回答 C：我们已经有什么？

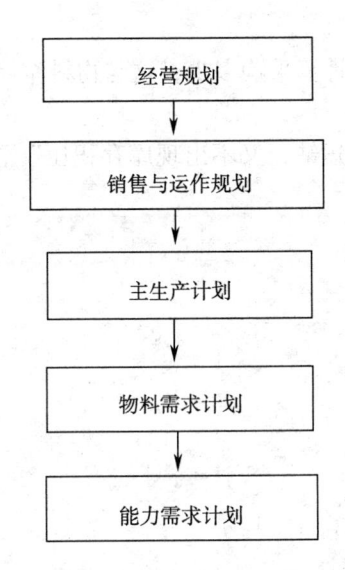

图 2-4 企业的计划层次

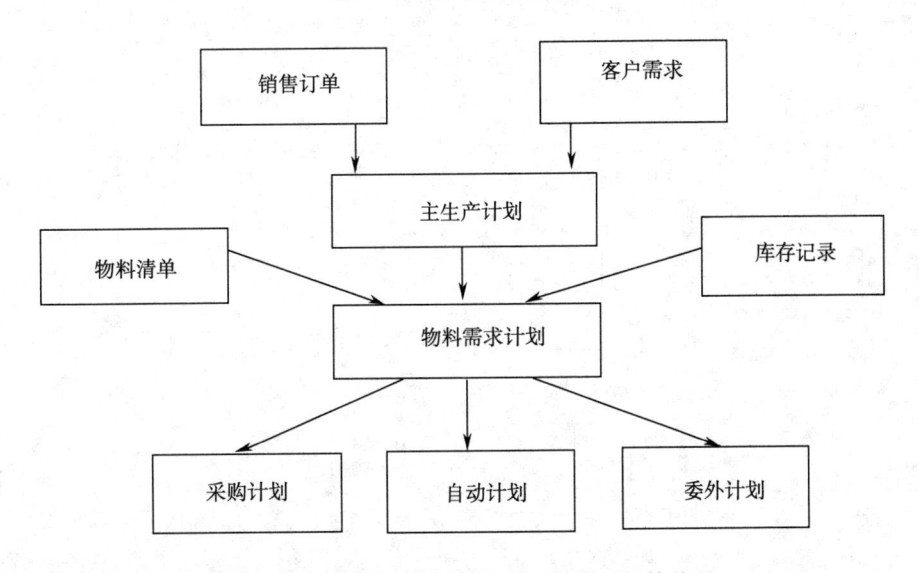

图 2-5 主生产计划与其他计划层次之间的关系

物料需求计划回答 D：还应得到什么？

它们共同构成了制造业的基本方程：$A \times B - C = D$

2.5.3 采购计划

采购计划要回答三个问题：采购什么、采购多少、何时采购。

1. 采购什么

从图 2-5 中不难看出，采购计划的制订与物料需求计划直接相关，并直接上溯到主生产计划。根据主生产计划，减去产品库存，并按照产品的物料清单结构展开，就得到了为满足生产所需还要哪些物料，哪些可以自制，哪些必须委外，哪些需要采购。

2. 采购多少

明确了采购什么，还要计算采购多少，这与物料库存和采购批量有直接联系。

3. 何时采购

要达到"既不出现物料短缺，又不出现库存积压"管理境界，就要考虑采购提前期、采购政策等相关因素。

第 3 章
领会综合实训业务规则

◆ 学习目标
1. 理解制定跨专业综合实训业务规则的意义;
2. 掌握跨专业综合实训销售规则;
3. 掌握跨专业综合实训采购规则;
4. 掌握跨专业综合实训财务规则;
5. 熟悉跨专业综合实训其他规则。

◆ 学习任务
1. 阐述跨专业综合实训业务规则有哪些重要作用;
2. 描述跨专业综合实训销售规则;
3. 描述跨专业综合实训采购规则;
4. 描述跨专业综合实训财务规则。

企业是社会经济的基本单位,企业的发展受自身条件和外部环境的制约。企业的生存与企业间的竞争不仅要遵守国家的各项法规及行政管理规定,还要遵守行业内的各种约定。在开始企业模拟竞争之前,各岗位工作人员必须了解并熟悉这些规则,才能做到合法经营,才能在竞争中求生存、求发展。

生产制造企业仿真业务规则是企业管理全景仿真职业认知综合实训的主体企业——生产制造企业开展生产经营活动时必须共同遵守的行业规则。

3.1 销售规则

市场预测和客户订单是企业制订生产计划的依据。客户获取订单的方式有两种:每月的"商品交易会"和随时可能发生的"紧急客户订单"。

3.1.1 市场预测与分析

市场预测是各企业能够得到的关于产品市场需求预测的可参考信息,对市场预测的分析与企业的营销方案策划息息相关。市场预测包括各市场、各产品的总需求量、价格等。2013 年市场预测如图 3-1 所示。

3.1.2 商品交易会

1. 营销方案

为了让客户了解企业以及企业的产品和服务,企业会投入大量的资金用于企业

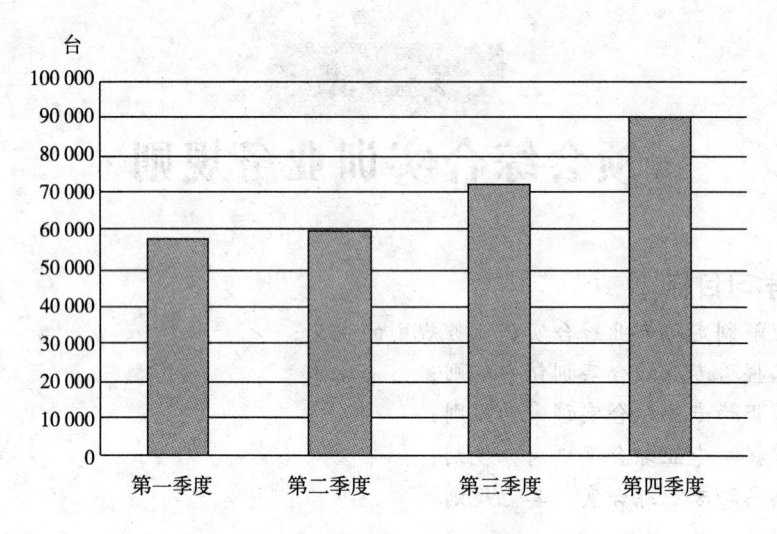

2013年经济童车本地市场数量预测

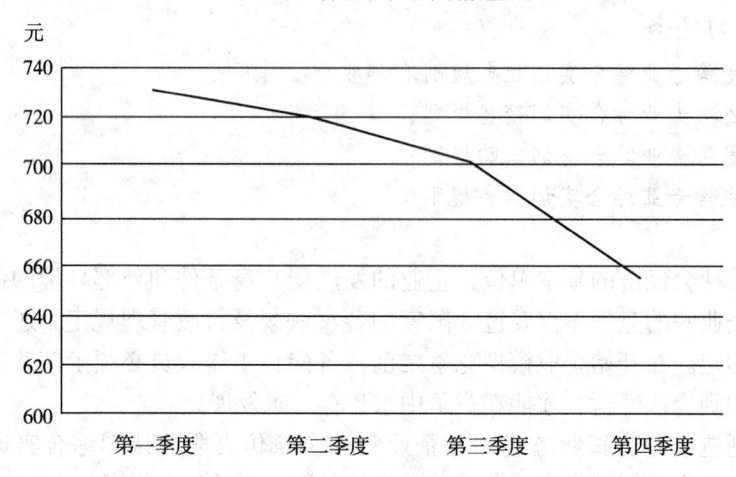

2013年经济童车本地市场价格预测

图3-1　2013年市场预测

整体品牌和产品的宣传，以争取尽可能多的客户订单。为此，要策划营销方案、广告投放渠道、公共关系、产品推介会等一系列营销活动。在企业管理全景仿真职业认知综合实训中，这些活动统一以"广告费"来体现。

广告是分市场、分产品、分季度投放的。各企业需在充分分析市场的基础上，确定广告投放策略，申请广告预算。广告投放申请表如表3-1所示。

表3-1　　　　　　　　　广告投放申请表

编制日期：　　年　月　日

申请人		所属部门	
联系电话		邮箱	
广告策划及实施细节			

续表

目标客户			
广告媒体	□电视 □广播 □网络 □报刊 □杂志 □其他			
	广告投放时间： 年 月 日 至 年 月 日 （单位：万元）			
	广告费用预算			
产品	本地市场	国内市场	国际市场
经济童车			
舒适童车			
豪华童车			
	费用合计：_____元			
申请人	签字：		日期：
部门经理	签字：		日期：
财务经理	签字：		日期：
总经理	签字：		日期：

2. 订单资格要素

一个供应商必须符合一定的最基本条件才能成为市场上的一个竞争者，客户需求可能基于价格、质量、交付、资质等，这些统称为订单资格要素。公司在每个订单资格要素上至少达到最低可接受水平，才有参与竞争的资格。

市场需求用客户订单卡片的形式表示，如图3-2所示。卡片上标注了市场、客户、产品、产品数量、单价、订单价值总额、交货期、账期、特殊要求等要素。

```
2013年第四季度    本地市场    编号：LJ120005
产品数量：  4000 P0001
产品单价：  655.2元/辆
总金额：    2620800元
付款期：    2014年1月
交货期：    2013年12月28日
客  户：    华晨商贸城
资质要求：
```

图3-2 客户订单

某些订单客户会明确要求企业具备一定的资质，如ISO9000认证、ISO14000认证、3C认证等。没有取得认证资格的企业无权接受此类订单。

3. 关于延期交货

产能不够或其他原因可能导致订单不能按交货期交货。发生延期交货时，企业为此应受到相应处罚，为最大限度地减少延期交货造成的损失，企业可以采取分期交货策略。

（1）分期交货

企业可以按规定的交货期先交付一部分货物，并开具相应数量的销售发票，确认应收账款。未及时按期交货的部分延期交货。

(2) 延期交货罚款

发生延期交货的当期，扣除该张订单总额的10%作为违约罚款。对于未能按期交货的部分，可以在三个月之内补齐。如果在三个月之内仍未能全部交货，未能交货部分客户不再收货。

因此，营销部经理接单时要考虑企业的产能。

商品交易会结束后，销售专员需要将客户订单登记在订单明细表中。以备按订单记录市场、产品、数量、收入等基本信息，为今后的销售分析提供基础数据。

4. 企业综合竞争力

具备了订单资格要素不代表能够赢得订单。为了赢得订单，供应商必须具有优于其他竞争对手的让客户乐于选择自己产品或服务的竞争性优势，称之为订单赢得要素，我们通俗地解释为企业竞争力。

在每季度初的商品交易会上，将综合企业的市场占有率、目前市场地位、客户维护水平、广告宣传、准时交货率等因素对企业综合竞争力进行评估，并分市场分产品按排名的先后顺序决定选择客户订单的顺序，同样是一家企业，各市场各产品竞单顺序有可能不同。各种因素对于企业综合竞争力的影响程度——权重不同，列示于表3-2所示。

表3-2　　　　　　　影响企业综合竞争力的因素及权重

影响因素	量化指标	指标说明	权重
市场占有率	该市场各产品往期已实现销售总额	该市场各产品往期已实现销售总额	30%
客户关系维护	上期业务招待费		20%
广告宣传	该市场该产品广告投放	广告费投放不低于1万元	20%
市场地位	上期该市场销售额排名	上期市场各产品的销售总额	10%
准时交货率	按合同准时交货	该市场以往各产品的所有订单是否按时交货	20%
合计			100%

企业产品综合竞争力 = ∑每一影响因素的相对排名分×权重

说明：每一个影响因素都按可量化的指标分别计算排名，按由高到低次序排名分分别为6、5、4、3、2、1。

5. 销售合同

生产制造公司销售产品必须与客户签订销售合同，销售合同是确立购销关系的依据。销售合同中明确约定了销售数量、品种、价格、商业折扣、付款期限、付款方式。有效合同将受到保护，以维护购销双方的正当权益。

销售合同中产品销售为含税价，增值税税率为17%，销售商品时需要给客户开具增值税专用发票。

6. 商业折扣

公司销售产品时有可能向客户提供商业折扣，按一次性销售数量不同商业折扣参考标准如表 3-3 所示。

表 3-3　　　　　　　　　　商业折扣对照表

商业折扣标准	折扣	备注
销售量＜5 000	无	按每种产品计量
5 000≤销售量＜8 000	1%	
8 000≤销售量＜10 000	2%	
10 000≤销售量＜15 000	3%	
15 000≤销售量	5%	

3.1.3　销售费用

企业在开展销售业务过程中，除了广告费外，还会发生差旅费、业务招待费、销售人员报酬等；按照行业一般标准确定如下：

1. 差旅费

市场营销部有关人员外出洽谈业务、开拓市场，视为出差行为。根据地理位置不同，差旅费标准设定有所不同，见表 3-4。

表 3-4　　　　　　　　　　差旅费标准

市场	差旅费标准（元/人·次）
本地	300
国内	500
国际	1 000

2. 业务招待费

客户是企业赖以生存的重要资源，是公司利润的源泉。没有稳定的客户支撑，公司就没有持续发展的可能。如何保有和维护客户是每一个企业营销部门工作中的重中之重。在此过程中会有各式各样的费用发生。业务招待费是指企业为执行公务或开展业务活动而开支的接待费用，包括餐费、礼品等用于接待的费用。

从某种程度上讲，业务招待费的投入与客户关系维护程度呈正相关。将会作为其中的一项重要参数影响到企业综合竞争力排名。

3. 销售提成

每个企业都离不开销售，销售人员的收入分配体系会影响企业的正常运作。销售是企业产品的出口，也是把公司的内在价值变成社会价值的一个手段和通道。企业竞争能力的差别最终是由销售体系的能力决定的。销售体系的能力基本上由两点构成，第一是销售人员的素质和积极性，第二是销售人员的激励体系。

企业管理全景仿真职业认知综合实训中，对销售人员设置了销售激励政策。按每季实现销售收入的千分之三计算销售提成。然后按照营销部经理 20%，市场专员和销售专员各 40% 进行销售激励的分配。

4. 广告费

每季度的广告投放在本季度三个月中按照 30%、30%、40% 的比例与广告公司结算，结算的同时广告公司开具发票。广告费投放必须在1万元以上才有资格参与商品交易会选单。

3.2 采购规则

3.2.1 采购原材料品种

生产制造公司可自主选择原材料供应商，决定采购的品种和数量、采购时间。根据公司可生产的产品类型及物料清单，公司有可能采购的原材料有十种，具体见表3-5所示。

表3-5　　　　　　　　　　　原材料采购相关信息

存货编码	存货名称	规格	计量单位	存货属性	不含税单价（元）	采购/委外提前期（月）
B0001	钢管	Φ外16/Φ内11/L5 000（mm）	棍	外购	60	1
B0002	镀锌管	Φ16/Φ内11/L5 000（mm）	根	外购	120	2
B0003	坐垫	HJM500	个	外购	50	1
B0004	记忆太空棉坐垫	HJM0031	个	外购	110	1
B0005	车篷	HJ72×32×40	个	外购	60	1
B0006	车轮	HJΦ外125/Φ内60mm	个	外购	20	1
B0007	经济童车包装套件	HJTB100	套	外购	20	1
B0008	数控芯片	MC×3154A	片	外购	200	2
B0009	舒适童车包装套件	HJTB200	套	外购	100	1
B0010	豪华童车包装套件	HJTB300	套	外购	150	1

注意：采购价格为不含税价，增值税税率为17%。

3.2.2 采购原材料的流程

1. 每季度初，采购部门根据生产部门的材料净需求，考虑现有原材料库存及原材料市场供求形势、采购提前期、安全库存、采购批量等因素，编制采购计划表；

2. 采购部门与供应商签订意向合同，确定未来一段时间里即将购买的原材料品种、预计数量和约定价格；

3. 采购部门每月根据企业的备料需要向供应商下达采购订单；

4. 供应商根据订单向企业发货，这些货物经过一定时间的提前期后到达企业现场，企业验收入库；

5. 整张订单的所有货物都运到企业后，在次月支付结清该张订单的货款及相关的运费。

注意：采购意向合同中的预计数量仅供乙方作计划参考时使用，甲方对此不作采购承诺。实际的订货数量以每月下达的采购订单为准。

3.2.3 采购批量及价格折扣

采购数量到达一定额度，供应商会提供批量折扣。原材料采购批量及价格折扣如表 3-6 所示。

表 3-6　　　　　　　　　　原材料采购批量及价格折扣

物料编码	存货名称	计量单位	采购批量	折扣率
B0001	钢管	根	40 000	2%
B0002	镀锌管	根	10 000	2%
B0003	坐垫	个	20 000	2%
B0004	记忆太空棉坐垫	个	5 000	2%
B0005	车篷	个	20 000	2%
B0006	车轮	个	100 000	2%
B0007	经济童车包装套件	套		
B0008	数控芯片	片	3 000	2%
B0009	舒适童车包装套件	套		
B0010	豪华童车包装套件	套		

3.2.4 采购运费

原材料从供应商送达企业时会发生相应的运输费用，具体细节在采购合同中由双方进行约定。

3.3 仓储规则

3.3.1 仓库

公司现有三座仓库：原材料库、半成品库和成品库。原材料库用于存放各种生产原材料，半成品库用于存放车架，成品库用于存放产成品。现原材料库是企业自有仓库，半成品库和成品库是租用仓库，仓库信息如表 3-7 所示。

表 3-7　　　　　　　　　　仓库信息表

仓库名称	仓库编码	仓库属性	可存放物资
原材料库	A 库	自有仓库	钢管、坐垫、车篷、车轮、包装套件
半成品库	B 库	租用仓库	经济车架
成品库	C 库	租用仓库	经济童车

35

仓库现场如图 3-3 所示。

图 3-3 仓库现场图

3.3.2 物料及成品

仓储部负责生产所需的原材料的采购入库、生产出库和保管，成品的完工入库和销售出库。公司的物料和成品清单如表 3-8 所示。

表 3-8　　　　　　　　　　物料和成品清单

物料名称	物料编码	单位	物料规格	来源
钢管	B0001	根	Φ外16/Φ内11/L5 000mm	外购
坐垫	B0003	个	HJM500	外购
车篷	B0005	个	HJ72×32×40	外购
车轮	B0006	个	HJΦ外125/Φ内60mm	外购
包装套件	B0007	套	HJTB100	外购
经济车架	M0001	个		自制/委外
经济童车	P0001	辆		自产

物料清单是详细记录一种产品所用到的所有原材料及相关属性，产品结构表反映了生产产品与其物料需求的数量和从属关系，如表 3-9 所示。

表3-9　　　　　　　　　　　经济童车的物料清单表

结构层次	物料编码	物料名称	单位	规格	总数量	备注
0	P0001	经济童车	辆		1	自产
1	M0001	经济车架	个		1	自产
1	B0005	车篷	个	HJ72×32×40	1	外购
1	B0006	车轮	个	HJΦ外125/Φ内60 mm	4	外购
1	B0007	包装套件	套	HJTB100	1	外购
2	B0001	钢管	根	Φ外16/Φ内11/L5000mm	2	外购
2	B0003	坐垫	个	HJM500	1	外购

生产经济童车物料清单结构如图3-4所示。

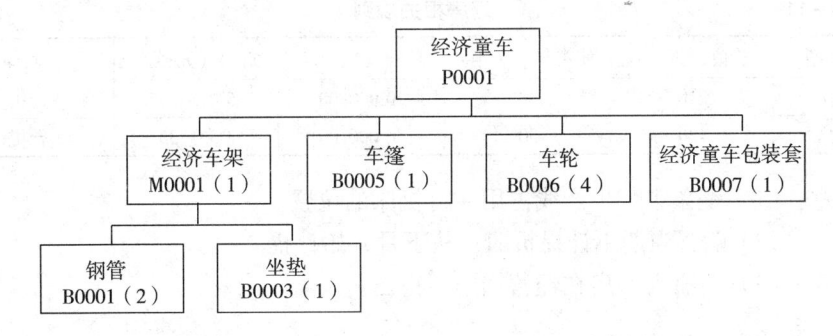

图3-4　经济童车物料清单结构

3.3.3　储位管理

仓库储位采用分区分类策略，给每一类物料分配固定的储存区域，物料储存时必须放在指定区域。储存区域仓位编码规则：仓库编码+储位流水号。储位分配表如表3-10所示。

表3-10　　　　　　　　　　　储位分配表

物料名称	单位	仓位
钢管	根	A01
坐垫	个	A02
车篷	个	A03
车轮	个	A04
包装套件	套	A05
经济车架	个	B01
经济童车	辆	C01

3.3.4　仓储部门人员

仓储部门现设置两个岗位：仓储部经理和仓管员。仓储部经理负责任务单据审核、登记台账、业务统计；仓管员负责物料、成品的入出库业务和物料盘点业务。

3.4 生产规则

企业生产离不开厂房、生产设备、仓库等生产场地及生产设施。我们的企业是一个持续经营的企业，每个企业已经购置了一个大厂房，大厂房内安装有普通机床10台和组装生产线1条，设备运行状况良好。

3.4.1 厂房规则

企业现有大厂房一座。在以后的生产过程中，企业根据自身经营状况可以建造、租赁厂房。厂房有大、小两种类型，厂房类型及相关规则如表3－11所示。

表3－11　　　　　　　　　　厂房相关规则

厂房类型	价值（万元）	使用年限（年）	租金（元/月）	折旧（元/月）	容量
大厂房	210	30	10 000.00	5 833.33	20台机床位
小厂房	120	30	6 000.00	3 333.33	12台机床位

注意：(1) 一条组装生产线占用4台机床的位置。

(2) 购买当期不计提折旧，从下月开始计提。

(3) 自有大厂房在经营期间不得出售。

3.4.2 生产设备规则

根据企业的生产经营状况，企业的生产设备可以随时购买。企业的生产设备有两大类：机床和组装流水线。机床能生产各种类型的车架，组装流水线能组装各种类型的童车，企业生产设备的基本信息如表3－12所示。

表3－12　　　　　　　　　　设备基本信息

生产设备	购置费（万元）	使用年限	折旧费（元/月）	维修费（元/月）	生产能力（台/月） 经济	生产能力（台/月） 舒适	生产能力（台/月） 豪华	出售
普通机床	1	10	83.33	33.00	500	500	—	按账面价值出售
数控机床	5	10	416.67	180.00	3 000	3 000	3 000	按账面价值出售
组装流水线	3	10	250.00	100.00	7 000	7 000	6 000	按账面价值出售

注意：(1) 折旧：生产设备按月计提折旧。

(2) 维修：按月支付维修费用，本月购入生产设备不维修。

设备对技术人员需求情况如表3－13所示。

表3－13　　　　　　　　产品上线生产人员需求表

设备	要求人员配置数量
普通机床	2
数控机床	2
组装流水线	20

3.4.3 工作中心

工作中心（Working Center）指的是直接改变物料形态或性质的生产作业单元。工作中心是用于生产产品的生产资源，包括机器、人和设备，是各种生产或加工单元的总称。一个工作中心可以是一台设备、一条生产线、一个班组或生产单一产品的封闭车间；对于外协工序，对应的工作重心则是协作单位的代号。工件经过每一个工作中心要发生费用，产生成本。工作中心的数据是工艺路线的核心组成部分，是运算物料需求计划、能力需求计划的基础数据之一。

生产制造公司工作中心资料如表3-14所示。

表 3-14　　　　　　　　　　　工作中心

工作中心编码	工作中心名称	产品	定额生产能力（台/月）	所属部门
wc01	普通机床	经济车架	500	生产计划部
wc02	数控机床	经济车架	3 000	生产计划部
wc03	组装流水线	经济童车	7 000	生产计划部

3.4.4 工艺路线

工艺路线用来表示企业各项自制件的加工顺序和在各个工序中的标准工时定额情况，也称为加工路线，是一种计划管理文件，主要用来进行工序排产和车间成本统计。生产制造公司经济童车的工艺路线如表3-15所示。

表 3-15　　　　　　　　　　经济童车的工艺路线

物料编码：P0001-经济童车

工序	部门	工序描述	工作中心	加工工时
10	生产计划部——机加车间	车架加工	普通（或数控）机床	1个月
20	生产计划部——组装车间	组装	组装生产线	1个月

3.5 人力资源规则

人力资源是企业生产经营活动的基本要素。公司的员工配置、工资标准及核算、员工招聘与培训，要在遵循本规则的前提下，作出科学合理的规划安排，以保证公司的生产经营活动协调、有序、高效进行。

3.5.1 人员招聘

年初人力配置情况如表3-16所示。

表 3-16　　　　　　　　　　　　　人力资源配置表

部门	岗位名称	岗位级别	在编人数	直接上级
企业管理部	总经理（兼企管部经理）	总经理	1	董事会
	行政助理（兼商务管理）	职能管理人员	1	总经理
营销部	营销部经理	部门经理	1	总经理
	市场专员	职能管理人员	1	部门经理
	销售专员	职能管理人员	1	部门经理
生产计划部	生产计划部经理	部门经理	1	总经理
	车间管理员	职能管理人员	1	部门经理
	计划员	职能管理人员	1	部门经理
	工人	工人	40	生产管理员
仓储部	仓储部经理	部门经理	1	总经理
	仓管员	职能管理人员	1	部门经理
采购部	采购部经理	部门经理	1	总经理
	采购员	职能管理人员	1	部门经理
人力资源部	人力资源部经理	部门经理	1	总经理
	人力资源助理	职能管理人员	1	部门经理
财务部	财务部经理	部门经理	1	总经理
	出纳	职能管理人员	1	部门经理
	财务会计	职能管理人员	1	部门经理
	成本会计	职能管理人员	1	部门经理

企业需求人才时，可以向人力资源服务公司提供人才需求信息，由人力资源服务公司推荐合适人员，企业择优录用后支付招聘费用。

不同类别人员的招聘提前期不同，招聘费用及招聘提前期如表 3-17 所示。无论何种类别的人员，试用期内无奖金，试用期工资为基本工资的 80%。

表 3-17　　　　　　　　　　　　　人员招聘

人员类别	招聘提前期	招聘费用	试用期（三个月）		基本工资
			入职培训	正式试用	
部门经理	两个月	5 000 元/人	一个月	两个月	6 000
职能管理人员	一个月	1 000 元/人	一个月	两个月	4 000
生产工人	0	500 元/人	一个月	两个月	1 600

新员工试用三个月后，人力资源部组织转正答辩，答辩通过转为正式员工；答辩不通过办理辞退手续。

3.5.2　人员培训

人员培训分新员工培训和在职人员培训两类。

1. 新员工培训

所有新入职人员都必须在试用期间的第一个月参加新员工入职培训和相应的技术培训或管理培训，培训时长为一个月。培训完成后方能上岗。培训期间发放试用期工资。

2. 在职人员培训

在职人员包括企业中高层管理人员、职能部门管理人员和一线生产工人。针对不同类别的人员，人力资源部提供不同的培训内容，并通过不同的培训方式实施培训。为提升管理层管理能力，总经理、部门经理每季度第一个月须参加管理能力提升培训，培训方式为外派培训；职能部门管理人员分批参加外部培训，提升职业素质及工作能力；针对一线工人人力资源部会定期组织技术培训，培训方式为内部培训。如果采用外部培训，培训费用需在当期培训班结束后支付。

培训费用标准如表3-18所示。

表3-18　　　　　　　　　　培训费用标准表

人员类别	部门经理	职能管理人员
培训费用	800元/人·次	500元/人·次

3.5.3 职工薪酬

1. 职工薪酬的构成

职工薪酬是指企业为获得职工提供的服务而给予各种形式的报酬以及其他相关支出。在企业管理全景仿真职业认知综合实训中，职工薪酬主要由以下几个部分构成：

- 职工工资、奖金；
- 医疗保险费、养老保险费、失业保险费、工伤保险费和生育保险费等社会保险费；
- 住房公积金；
- 因解除与职工的劳动关系给予的补偿，即辞退福利。

2. 职工薪酬的计算及发放

企业人员的薪酬组成为

年度总薪酬 = 月基本工资 × 12 + 季度绩效奖金 × 4 + 企业应缴福利

其中，月基本工资由人力资源部在每月月末统计，财务部月末计提相关费用，人力资源部在次月初发放到个人。季度绩效奖金由人力资源部在每个季度绩效考核完成后统计，财务部在下季度第一个月随当月工资一起发放到个人。例如，第三季度（7月至9月）绩效奖金与10月工资一同核算，并于11月初随同10月工资一起发放。企业应缴福利是根据哈尔滨市社保局相关规定，在个人自主缴付福利之外，企业为员工缴付的五险一金福利，包括养老保险、失业保险、工伤保险、生育保险、医疗保险和住房公积金。职工实际领取的薪酬是在扣除个人自主缴付福利和个人所得税之后的实际金额。

职工每月实际领取的工资 = 月基本工资 + 季度绩效奖金 - 缺勤扣款 - 个人应缴

五险一金－个人所得税

缺勤扣款＝缺勤天数×（月基本工资/当月全勤工作日数）

（1）基本工资标准

具体内容见表3-19。

表3-19　　　　　　　　　　基本工资标准表

人员类别	月基本工资
总经理	10 000元/月
部门经理	6 000元/月
职能管理人员	4 000元/月
营销部员工	2 500元/月
生产工人	1 600元/月

（2）奖金与绩效

具体内容见表3-20。

表3-20　　　　　　　　　　绩效奖金标准表

人员分类	季度绩效奖金
生产工人	按1元/辆计件提成
营销部人员	上季度销售总额×3‰×绩效分配比例
除营销部之外的其他职能部门人员	上季度企业净利润/15＋5%×绩效考评结果

所有人员（除工人外）每个季度根据公司业务和经营目标制定个人绩效目标，季度末对个人绩效进行自评。部门经理、人力资源部和总经理共同评定确定个人最终绩效，得出绩效考评结果，最终绩效考评结果按绩效排名强制分布为A、B、C三级。

个人绩效考评结果与季度绩效奖金挂钩。其中，部门经理（除营销部经理）及职能管理人员的绩效考评结果与绩效奖金的应用关系如表3-21所示。

表3-21　　　　　　　　绩效考评与绩效奖金对应关系表

绩效结果	强制分布比例	奖金系数	奖金
A（优秀）	20%（3）	1.1	上季度企业净利润×5%/15×1.1
B（中等）	70%（10）	1.0	上季度企业净利润×5%/15×1
C（合格）	10%（2）	0.9	上季度企业净利润×5%/15×0.9
D（不合格）			建议辞退

营销部经理的绩效奖金为营销部季度绩效奖金的20%，市场专员和销售员绩效奖金为营销部季度绩效奖金的40%。

（3）五险一金

五险一金缴费基数及比例各地区操作细则不一，本实训中社会保险、住房公积金规则参照哈尔滨市有关政策规定设计，略作调整。

社保中心行使社会保障中心和住房公积金管理中心职能。五险一金缴费基数于每年 3 月核定，核定后的职工月工资额即为缴纳基数。五险一金缴费比例如表 3-22 所示。

表 3-22 五险一金缴费比例

分类	养老	失业	工伤	生育	医疗		住房公积金
					基本医疗	大额互助	
单位	20%	1.5%	0.5%	0.8%	9%	1%	10%
个人	8%	0.5%	0	0	2%	3%	10%

注意：单位养老保险缴费 20%，其中 17% 划入统筹基金，3% 划入个人账户。

(4) 个人所得税

个人所得税计算采用 2011 年 9 月 1 日起开始执行的七级超额累进税率。

个人所得税计算方式为

个人所得税 = 全月应纳税所得额 × 税率 – 速算扣除数

全月应纳税所得额 = 应发工资 – 3 500

工资、薪金个人所得税税率如表 3-23 所示。

表 3-23 工资、薪金所得适用个人所得税七级超额累进税率表

工资、薪金所得适用个人所得税税率			
级数	全月应纳税所得额	税率%	速算扣除数（元）
1	不超过 1 500 元	3	0
2	超过 1 500 元至 4 500 元	10	105
3	超过 4 500 元至 9 000 元	20	555
4	超过 9 000 元至 35 000 元	25	1 005
5	超过 35 000 元至 55 000 元	30	2 755
6	超过 55 000 元至 80 000 元	35	5 505
7	超过 80 000 元	45	13 505

例：在核算职工薪酬时，某职工工资在扣除免税项目（包括五险一金、缺勤扣款等）后金额为 8 500 元，则此人应缴纳个人所得税是多少？

8 500 – 3 500 = 5 000 元（从表 3-23 可看出其适用 20% 的税率。）

则 5 000 × 20% – 555（速算扣除数）= 445 元

即应交 445 元的个人所得税。

(5) 辞退福利

企业辞退员工需支付辞退福利，辞退福利为三个月基本工资，辞退当季无绩效奖金。辞退当月的薪酬为

辞退当月薪酬 = 实际工作日数 ×（月基本工资/当月全勤工作日数）+ 辞退福利

3. 考勤管理

跨专业综合实训中实行月度考勤，但因每月只设计 3~5 个虚拟工作日，在进行考勤统计时依照下列规则计算：

员工出勤天数＝当月虚拟工作日出勤天数/当月虚拟工作日总天数×21.75
员工缺勤天数＝21.75－员工出勤天数

考勤周期：实行月度考勤，考勤周期为本月28日至次月27日。

各类假期薪资发放规则：

（1）迟到、早退每次扣款20元；

（2）旷工1日，扣3日工资；

（3）事假为非带薪假期，扣发全部日工资；

（4）病假发放该日工资的50%；

（5）婚假、丧假、产假、计划生育假、年休假为有薪假期，发放全额日工资。

3.6 财务规则

财务业务规则主要包括会计核算制度、会计管理制度、预算管理方法、筹资规则、投资规则、账簿设置与会计核算程序等方面的主要规则。各公司必须按照财务规则的各项规定组织会计核算，进行会计管理。

3.6.1 筹资规则

资金是公司的血液，公司经营与发展离不开资金支持。公司根据财务部门的筹资预案进行充分论证，并考虑合理的资金结构，作出科学的筹资决策。

1. 筹资渠道

在企业管理全景仿真职业认知综合实训中，企业资金来源于以下几种渠道：实收资本、银行信用贷款、商业信用（应收、应付、应计费用等）。

2. 筹资用途

金融机构可以提供的贷款主要有短期贷款和长期贷款。短期贷款用于流动资产周转，长期贷款用于长期投资如购买设备、厂房等固定资产。即长借长用、短借短用、短用短借、长用长借。各种筹资方式的相关信息如表3-24所示。

表3-24　　　　各种筹资方式的相关信息

筹资方式	融资手段	财务费用	最高限额	还款时间	还款约定
银行信用贷款	长期贷款	8%	上月所有者权益×2	按年，最长2年	每季付息，到期还本
	短期贷款	6%	上月所有者权益×2	按月，最短3月，最长6月	到期一次还本付息
应收账款贴现	贴现	10%			

3.6.2 税务规则

生产制造公司从事生产经营活动，涉及国家或地方多个税种，包括：企业所得税、增值税、城建税、教育费及附加、个人所得税。

1. 税种类型

按照国家税法规定的税率和起征金额进行税额的计算，企业所得税按照利润总额的25%缴纳，增值税税率为17%，城建税为增值税税额的7%，教育费及附加为增值税税额的3%。个人所得税按照七级累进税率，起征点为月收入3 500元。

2. 日常纳税申报及缴纳税款

在税收征收期内，按照生产制造公司的经营情况，填制各税申报表，携带相关会计报表，到税务部门办理纳税申报业务，得到税务部门开出的税收缴款书，并到银行缴纳税款。依据税务部门规定，每月初进行上月的纳税申报及缴纳。如遇特殊情况，可以向税务部门申请延期纳税申报。

3.6.3 会计核算规则

1. 结算方式

本公司可以采用现金结算、转账结算和电汇几种方式。原则上，日常经济活动，低于2 000元的可以使用现金，超过2 000元的一般使用转账支票结算（差旅费或支付给个人除外）。

银行支票分为现金支票和转账支票。现金支票用于提取现金，转账支票用于同一票据交换区内的结算。异地付款一般采用电汇方式。

2. 存货计价

存货核算按照实际成本核算，原材料计价采用实际成本计价，材料采购按照实际采购价入账，材料发出按照全月一次加权平均计算材料成本。

全月一次加权平均相关计算：

材料平均单价＝（期初库存数量×库存单价＋本月实际采购入库金额）/（期初库存数量＋本月实际入库数量）

材料发出成本＝本月发出材料数量×材料平均单价

3. 固定资产取得方式及折旧

固定资产可以按照购买的方式取得。固定资产购买当月不计提折旧，从次月开始计提折旧，出售当期照提折旧。折旧相关信息如表3-25所示。固定资产折旧按照直线法计提折旧。

表3-25　折旧相关信息

固定资产名称	原值（元）	残值（元）	预计使用时间（年）	折旧（季度）	折旧（月）
办公大楼	6 000 000.00		40	37 500.00	12 500.00
笔记本电脑	8 000.00		4	500.00	166.67
台式电脑	5 000.00	200.00	4	300.00	100.00
打印复印机	20 000.00		5	1 000.00	333.33
仓库	1 000 000.00		10	25 000.00	8 333.33
大厂房	2 100 000.00		30	175 000.00	5 833.33
普通机床	10 000.00		10	250.00	83.33
组装生产线	30 000.00		10	750.00	250.00

4. 制造费用的归集及分配

为生产管理部门发生的费用以及生产过程中各车间共同的间接费用计入制造费用。制造费用按照费用发生车间设置明细科目——机加车间、组装车间。机加车间发生的费用，如工人工资、工人报销的办公费用、机加车间设备折旧及维修等能够明确确认为机加车间发生的费用计入制造费用——机加车间。同样，组装车间的费用计入制造费用——组装车间。生产计划部管理人员的工资、使用的设备折旧、报销的办公费等计入管理费用。厂房折旧计入制造费用，并按照各类设备占用厂房空间比例进行分配。

5. 成本计算规则

产品成本分为原材料成本、人工成本和制造费用结转。制造费用中车间的费用直接计入该车间生产的产品成本，如果该车间有两个及以上产品生产，则按照该产品生产工时分配车间制造费用。在产品只计算材料费用，不计算制造费用和人工费用。即结转当期生产成本的金额为：期初生产成本（直接材料）＋本期归集的直接人工＋本期归集的制造费用。

（1）成本归集

原材料成本归集按照材料出库单的发出数量×平均单价，人工成本为当月计算的生产部门的人员工资，包括生产管理人员和生产工人。

（2）半成品核算

车架为半成品，车架核算的范围为车架原材料、生产车架发生的人工费、制造费，以及分摊的相关生产制造费用。

（3）产品之间费用分配

如果同一车间生产不同产品，则以各产品数量为权重，分配该车间的直接制造费用和结转的间接制造费用。

6. 坏账损失

生产制造公司采用备抵法核算坏账损失。坏账准备按年提取，按照年末应收账款的3%提取。超过一年未收回的坏账，确认为坏账损失。已经确认为坏账损失的应收账款，并不表明公司放弃收款的权利。如果未来某一时期收回已作坏账的应收账款，应该及时恢复债权，并按照正常收回欠款进行会计核算。

7. 利润分配

公司实现利润，应当按照法定程序进行利润分配。根据公司章程规定，按照本年净利润的10%提取法定盈余公积金。根据董事会决议，提取任意盈余公积金，按照公司制定的股利政策（按照净利润总额的20%分配股利）向股东分配股利，每年年末做一次利润分配。

3.6.4 费用报销

公司发生的费用主要有办公费、差旅费、广告费、市场开拓费、招聘费、培训费、仓储费、招待费等费用。其中办公费按照标准每月报销，其他费用依据实际发生在预算范围内报销，超过预算的，需要总经理批准。

办公费用报销标准如表3-26所示。

表 3-26 办公费报销标准

人员类别	报销标准（元/月）
总经理	1 000.00
部门经理	500.00
职能部门管理人员	300.00
生产工人	60.00

日常费用（办公费、差旅费、招聘费）在预算范围内，部门经理和财务经理审批后，财务部做支出处理。超过预算范围的，需要总经理审批。其他费用（广告费、市场开拓费、培训费、仓储费、招待费），在预算范围内，并在1万元以下的，部门经理和财务经理审批，否则（1万元以上或者超过预算范围的），需要总经理审批。

第4章 熟悉综合实训工作流程

◆ 学习目标
1. 了解跨专业综合实训的工作种类；
2. 熟悉各岗位涉及的业务工作；
3. 熟悉各项业务工作的流程。

◆ 学习任务
1. 阐述日常工作与业务工作的区别；
2. 叙述业务工作流程中各标识符号的含义；
3. 描述各业务工作的标准流程。

就职一个新的工作岗位时，需要与原岗位在职人员办理工作交接。在这个阶段，新员工要尽快熟悉自己的岗位职责，掌握如何做好岗位各项关键工作，熟悉本职工作与他人的协同关系，全面认识企业的运营流程。

4.1 工作分类

在手工阶段的岗位实训中，每个岗位要完成若干项岗位工作。按照这些工作是否与其他岗位有明确的流程关系，我们将这些岗位工作划分为日常工作和业务工作。

4.1.1 日常工作

日常工作是与其他岗位不存在明确的流程关系，自己可以独立完成的工作。如财务部月末要进行凭证装订，企管部牵头企业文化建设等。

4.1.2 业务工作

业务工作具有以下两个特征：一是属于企业的主体业务，如购销存业务、财务相关业务；二是与其他岗位间存在明显的流程关系。企业管理全景仿真职业认知综合实训中包括40项企业运营典型业务工作，如表4-1所示。

表4-1告诉我们，这些工作由谁负责完成？如何完成？具体要求是什么？我们分别来说明。

表 4-1 企业运营典型业务工作表

序号	任务	企业管理部 总经理	企业管理部 行政助理	营销部 经理	营销部 市场专员	营销部 销售专员	生产计划部 计划员	生产计划部 经理	生产计划部 车间管理员	仓储部 经理	仓储部 仓管员	采购部 经理	采购部 采购员	人力资源部 经理	人力资源部 助理	财务部 经理	财务部 出纳	财务部 财务会计	财务部 成本会计	外部机构 政务	外部机构 银行	外部机构 供应商	外部机构 客户	外部机构 综合服务
1	借款	√	√														√	√			√			
2	五险一金财务处理																√							
3	税费计算	√	√														√	√						
4	纳税申报	√															√	√		√	√			
5	薪酬发放	√												√			√	√						
6	广告投放申请	√	√	√	√																			√
7	签订广告合同	√	√	√	√																			
8	申请参加商品交易会	√		√	√												√	√	√					
9	参加商品交易会	√	√	√	√																			
10	货款回收			√		√											√	√						
11	材料款支付									√		√					√	√	√					
12	采购入库									√	√	√	√											
13	车架完工入库						√	√	√	√	√								√					
14	整车组装、完工质检入库						√	√	√	√	√								√					
15	社会保险缴纳与核算													√	√		√							
16	费用报销	√	√											√	√		√	√	√					
17	编制销售发货计划			√		√																		
18	编制主生产计划						√	√																
19	编制物料需求计划						√	√				√												
20	编制设备需求计划						√	√				√							√					
21	编制采购计划											√	√											

续表

序号	任务	企业管理部 总经理	企业管理部 行政助理	营销部 经理	营销部 市场专员	营销部 销售专员	生产计划部 经理	生产计划部 计划员	生产计划部 车间管理员	仓储部 经理	仓储部 仓管员	采购部 经理	采购部 采购员	人力资源部 经理	人力资源部 助理	财务部 经理	财务部 出纳	财务部 财务会计	财务部 成本会计	外部机构 政务	外部机构 银行	外部机构 供应商	外部机构 客户	综合服务
22	签订采购合同	√	√									√	√									√		
23	下达采购订单											√	√									√		
24	生产派工						√	√	√															
25	生产领料、车架开工						√	√	√		√					√								
26	生产领料、童车组装						√	√	√		√					√								
27	销售发货			√		√				√													√	
28	薪酬核算	√												√	√	√								
29	计提折旧															√			√					
30	人员招聘	√	√											√										
31	培训调研	√	√											√	√									
32	在职人员培训													√	√									
33	提现															√	√				√			
34	购买发票																√			√				
35	购买支票																√				√			
36	现金盘点															√	√							
37	库存盘点	√									√													
38	成本核算															√			√					
39	期末结账															√		√						
40	绩效结果评定	√	√	√	√	√	√	√	√	√	√	√	√	√	√	√	√	√	√	√	√	√	√	√

1. 谁来完成这些工作？

在第 1 章表 1-1 中我们列示了岗位分工及岗位职责，按照岗位分工，我们对表 4-1 中的业务工作进行了岗位匹配，明确了每一项业务工作所涉及的部门及其岗位。

2. 如何完成？

每一项业务工作是由不同的工作任务组成的，涉及多个岗位，多种业务单据。针对每一项业务工作，本书都给出了一个完成该工作的工作顺序，并且包括处理逻辑、岗位角色及业务单据流转。流程中所涉及的处理逻辑及单据在各部门工作指南中有详细指导及描述。

3. 什么时间完成？

业务工作彼此之间存在一定的逻辑关系，属于重要而紧急的工作，一旦延误就会影响企业整体的运作效率。企业团队成员需各司其职，有条不紊，在规定的时间内完成各自的工作任务，才能保证整体企业的高效。

4.2 工作流程

本节将按照表 4-1 对每一项业务工作的执行给予流程性说明。

首先对流程中的各种标识符号作简要介绍，如图 4-1 所示。

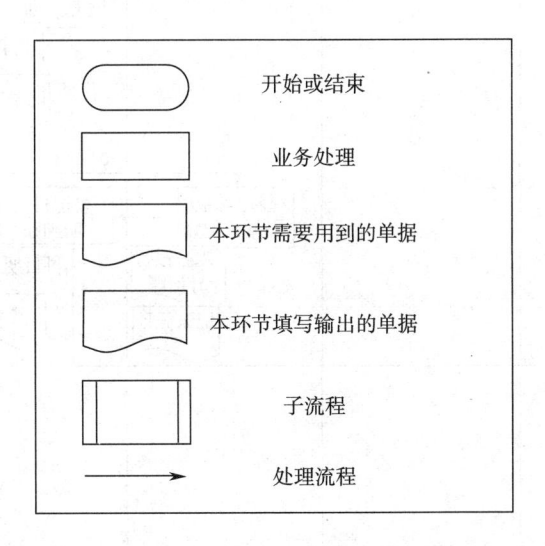

图 4-1 流程中的标识符号

4.2.1 借款

公司的日常费用包括办公费、差旅费、通信费等。有些业务可以先借款，再报销；有些业务费用发生后直接持票报销。借款时员工需填写借款单，经部门主管、财务部经理审批后，到出纳处领取现金，财务做记账处理。

借款的流程如图 4-2 所示。

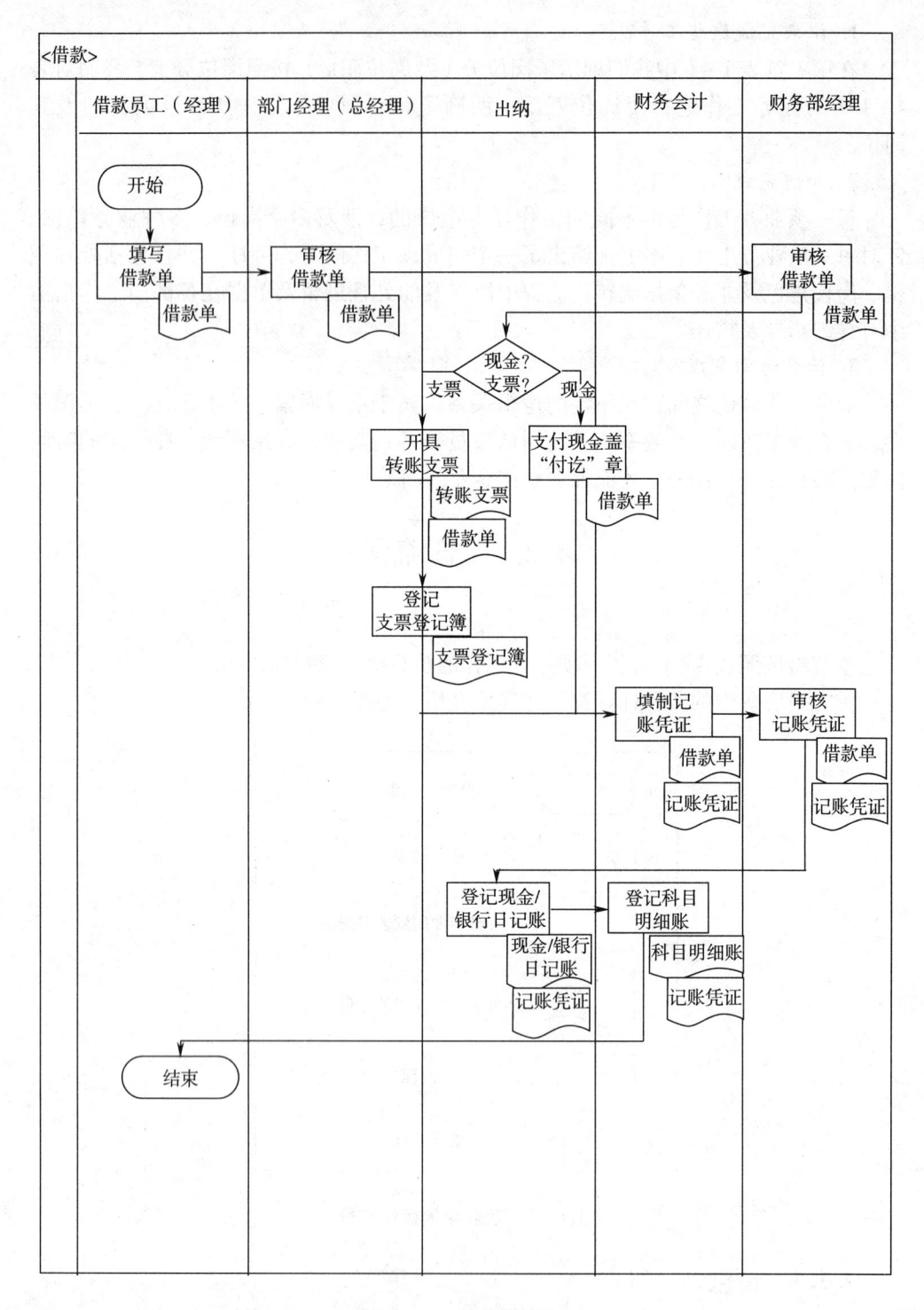

图 4-2 借款的流程

4.2.2 五险一金财务处理

出纳每月去银行领取社会保险、住房公积金委托扣款凭证即付款通知单,并交财务会计记账处理。同时告知人力资源助理本月社会保险、住房公积金扣款金额。

4.2.3 税费计算

财务会计根据上月资产负债表、利润表、科目余额表、职工薪酬统计表等资料计算所得税纳税申报表、增值税纳税申报表、个人所得税纳税申报表各项数据，交财务部经理、总经理审核签字，以备进行纳税申报。

4.2.4 纳税申报

缴纳税款是指纳税人依照国家法律、行政法规的规定，将实现的税款依法通过不同的方式缴纳入库的过程。纳税人应按照税法规定的期限及时足额缴纳应纳税款，以完全彻底地履行应尽的纳税义务。

仿真实训中，设计了企业所得税、增值税、城建税、教育费及附加、个人所得税五个税种，并采取转账缴税的税款缴纳方式。

纳税申报的流程如图4-3所示。

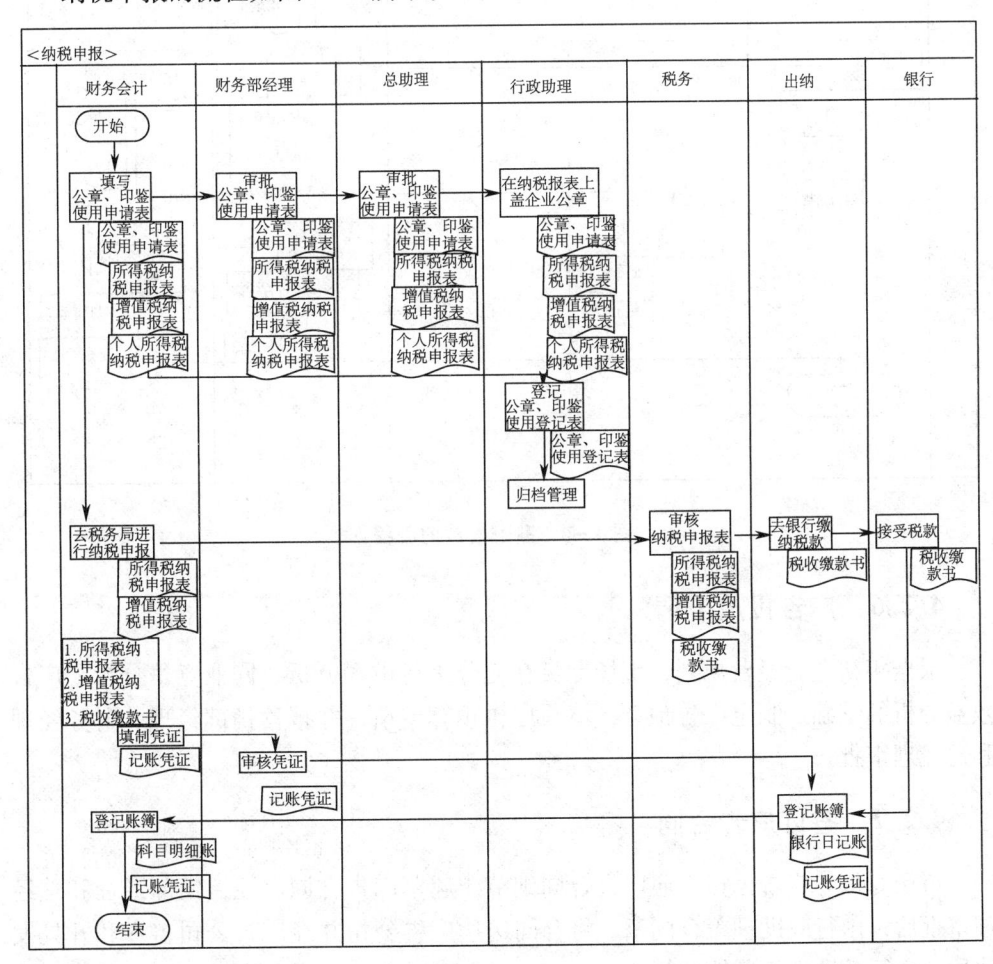

图4-3 纳税申报的流程

4.2.5 薪酬发放

职工薪酬是指企业为获得职工提供的服务而给予各种形式的报酬以及其他相关支出。本企业薪酬当月核算，下月发放。薪酬发放的流程如图4-4所示。

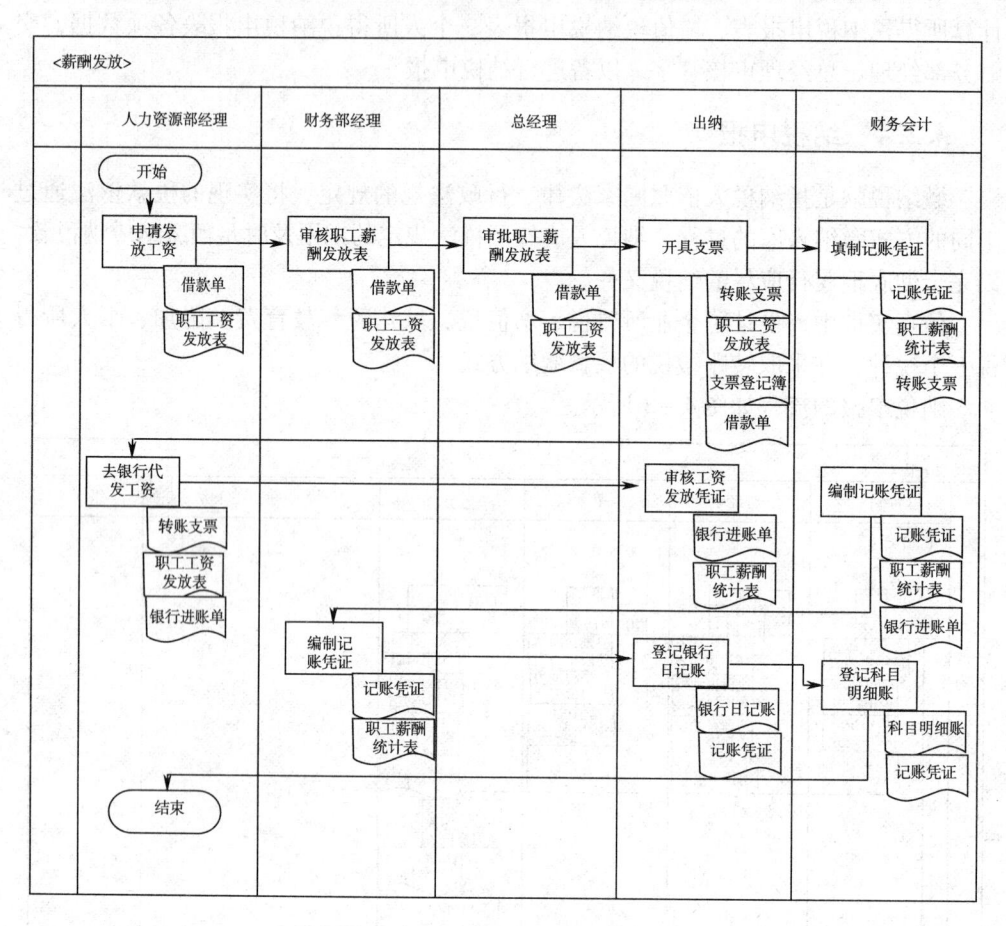

图4-4 薪酬发放的流程

4.2.6 广告投放申请

根据年初企业经营规划，市场专员在充分进行市场分析、同业竞争分析、广告效益分析的基础上制定广告预算，填写广告预算申请，并报营销部经理、财务经理和总经理审批。

4.2.7 签订广告合同

市场专员与广告公司沟通广告合同细节，起草广告合同。经营销部经理和总经理审批后，由行政助理盖合同章。将合同送达广告公司并经广告公司盖章和开具发票后，送行政助理处归档保管。

签订广告合同的流程如图4-5所示。

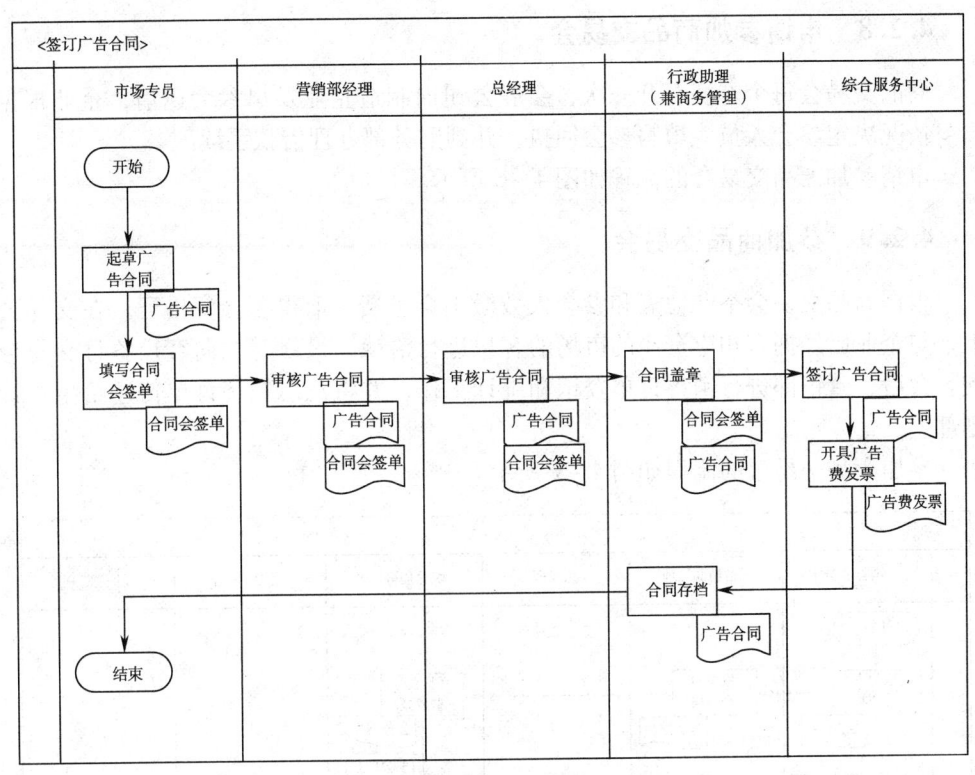

图 4-5　签订广告合同的流程

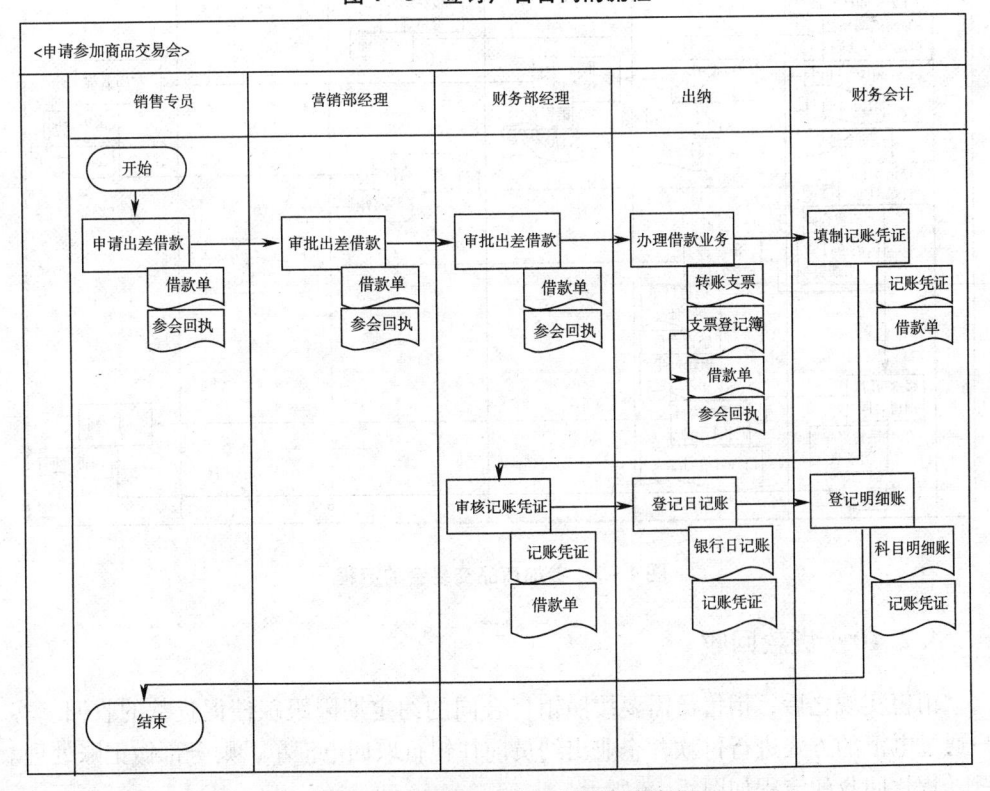

图 4-6　申请参加商品交易会的流程

4.2.8 申请参加商品交易会

商品交易会每个季度召开一次,会展公司向制造企业发出参会邀请,企业根据自身情况决定参会人员,填写参会回执,并到财务部办理借款手续。

申请参加商品交易会的流程如图4-6所示。

4.2.9 参加商品交易会

根据商品交易会举办地点和参会人数缴纳会务费,取得参会资格证。在交易会上,与企业已经拥有相应资质的市场的客户进行洽谈,最终与意向客户签订交易合同。会后,营销部进行销售订单登记和统计工作,并将汇总销售订单传递给生产计划部。

参加商品交易会的流程如图4-7所示。

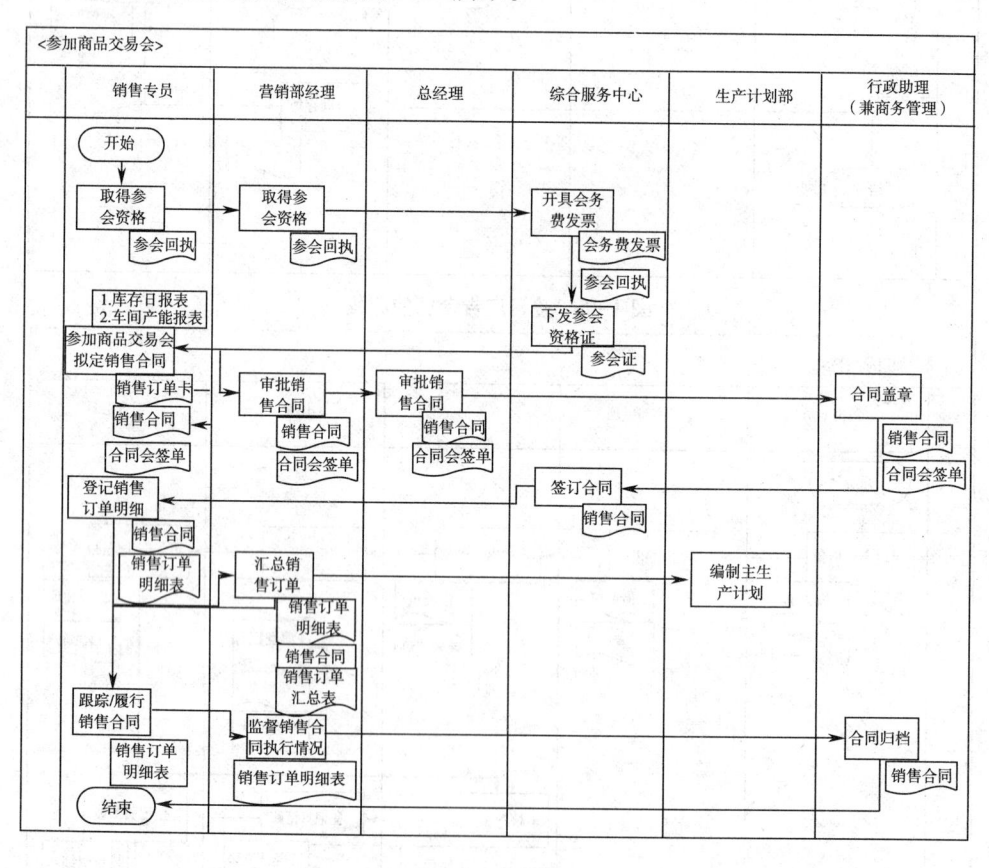

图4-7 参加商品交易会的流程

4.2.10 货款回收

销售实现之后,销售员需要按照销售合同的约定期限跟踪催促货款的收回。客户通过电汇的方式进行付款,企业出纳员前往银行取回电汇单,财务部做记账处理。

货款回收的流程如图4-8所示。

第4章 熟悉综合实训工作流程

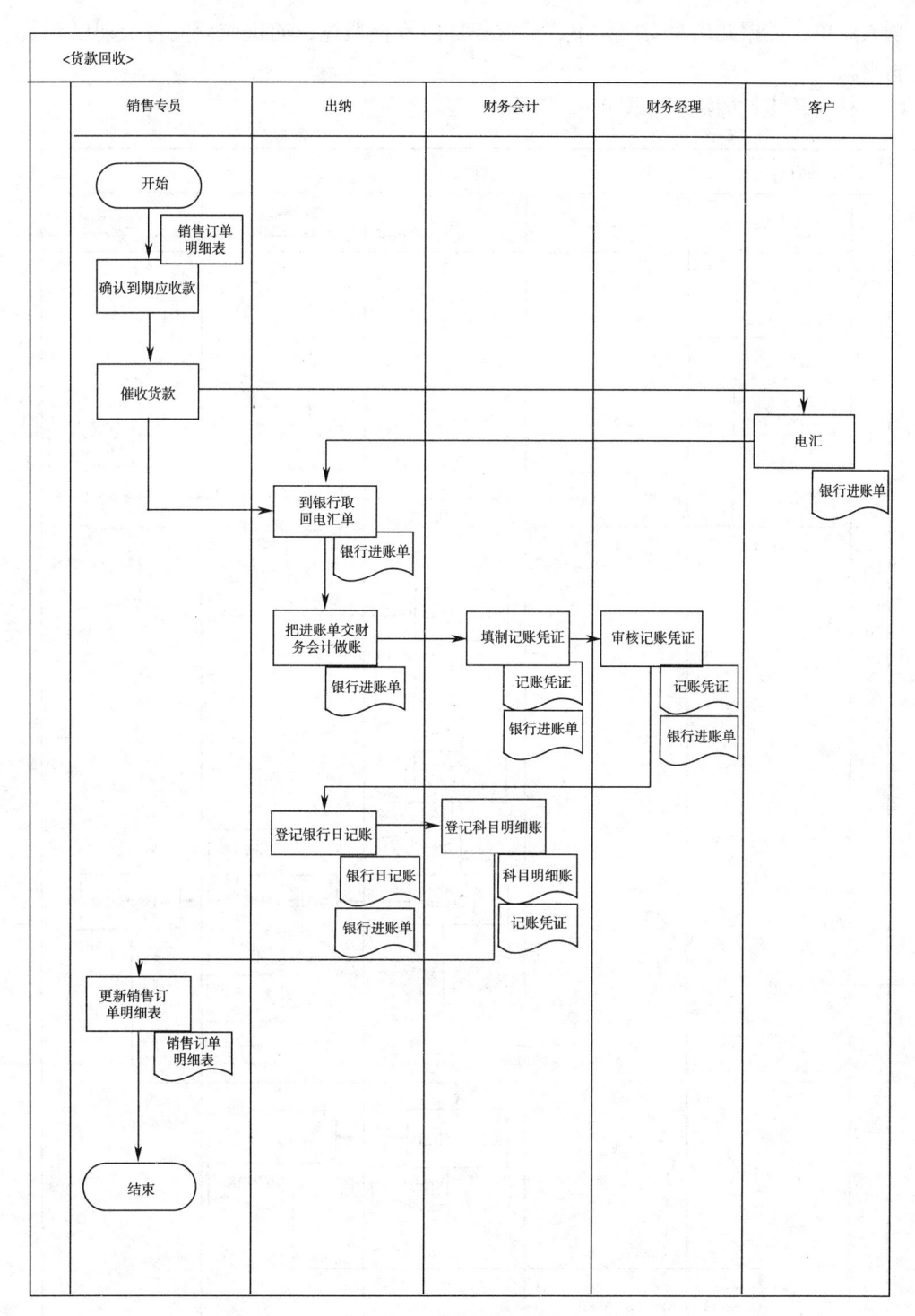

图 4-8 货款回收的流程

4.2.11 材料款支付

采购员查看采购合同执行情况表，确认应付款情况，找到相应的采购订单和采购入库单，并据此填写支出凭单，经财务部门审核通过，向供应商支付上期已到货材料款。

材料款支付的流程如图4-9所示。

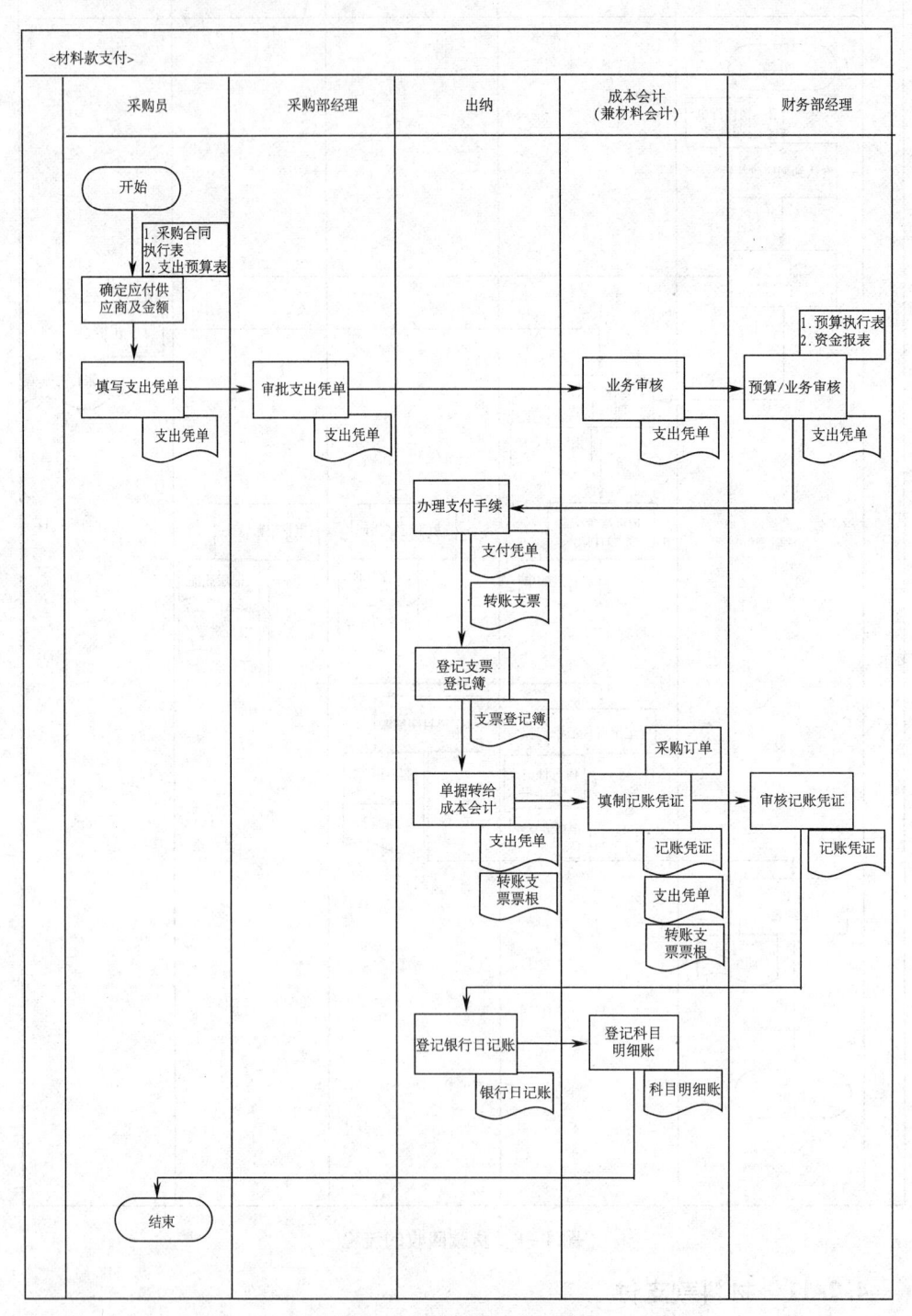

图4-9 材料款支付的流程

4.2.12 采购入库

供应商发出的货物抵达企业，同时开具了该张采购订单所对应的发票。采购员协助供应商办理采购入库手续，仓管员填写入库单确认货物入库，仓储部经理登记存货台账，材料会计登记存货明细账，总账会计凭发票确认应付账款。

采购入库的流程如图 4-10 所示。

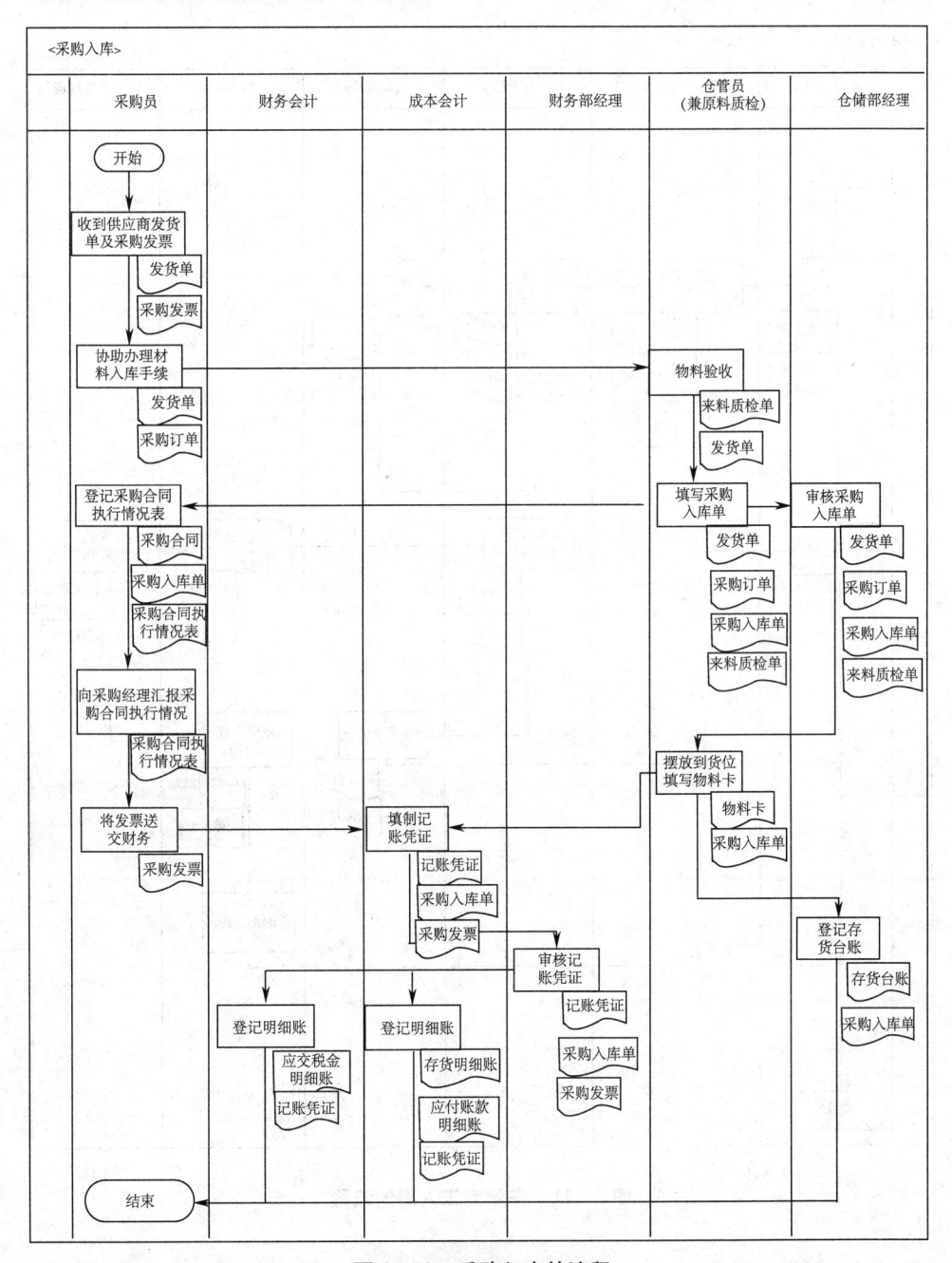

图 4-10 采购入库的流程

4.2.13 车架完工入库

生产管理员对上月开工生产的半成品车架进行生产更新处理,产品完工后填写车架完工单。仓管员办理车架入库手续并填写物料卡,仓储部经理登记存货台账,成本会计对入库车架登记明细账。

车架完工入库的流程如图 4-11 所示。

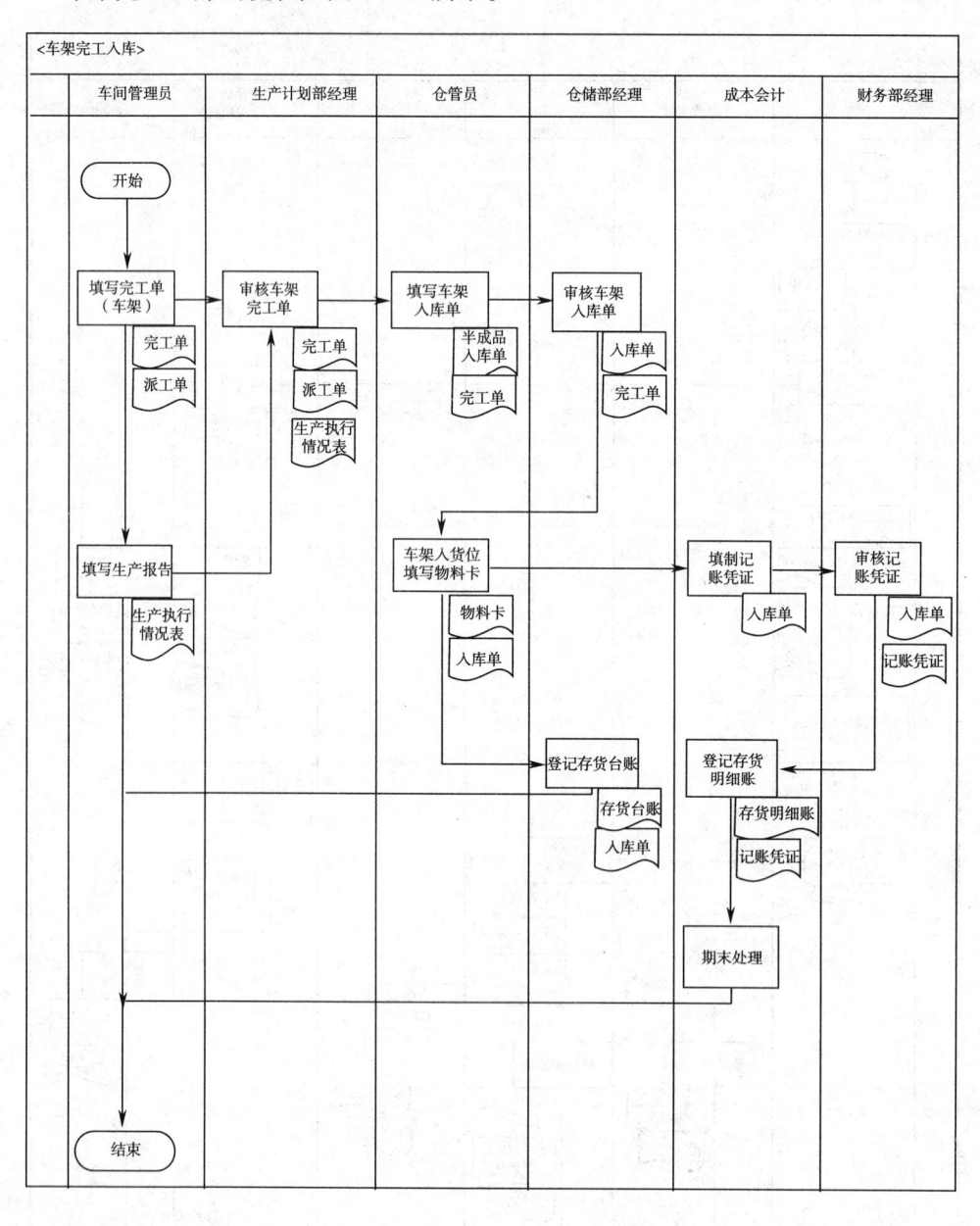

图 4-11 车架完工入库的流程

4.2.14 整车组装、完工质检入库

车间管理员对上月开始组装的产品进行完工处理，填写产成品完工单。质检员对成品进行质检，若合格则到仓储部办理入库手续，填写入库单和物料单，若质检不合格则返工处理。仓储部经理登记存货台账，成本会计计算产成品成本。

整车组装、完工质检入库的流程如图 4-12 所示。

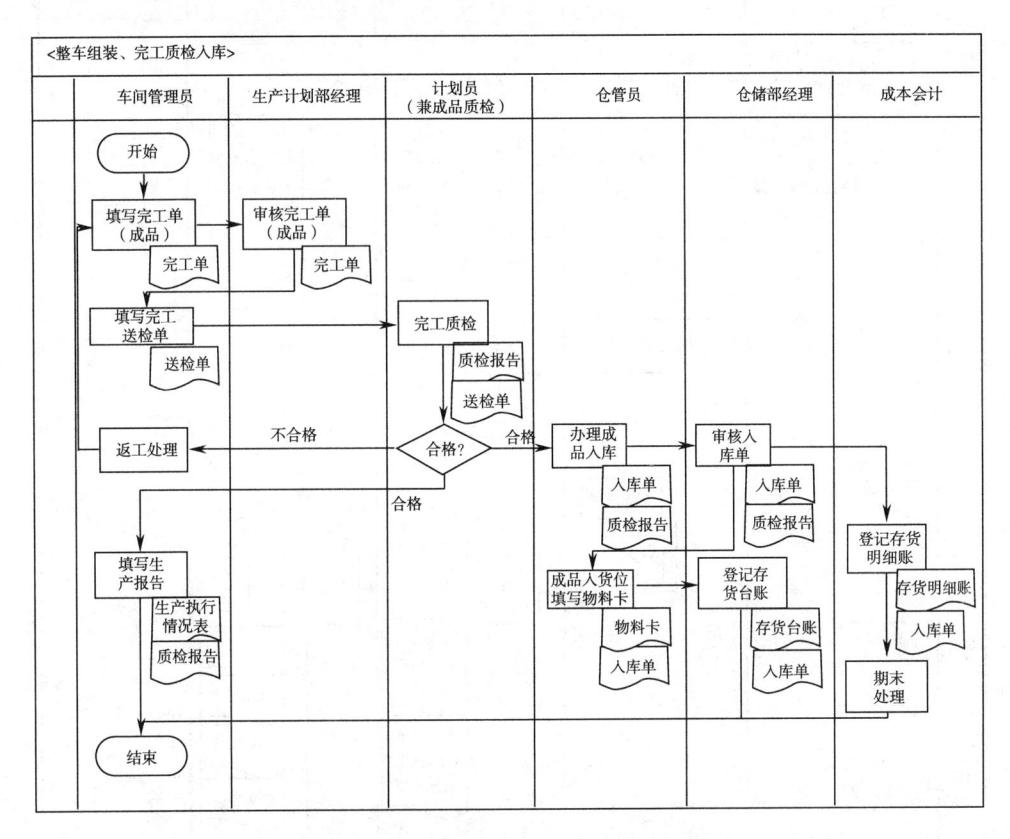

图 4-12 整车组装、完工质检入库的流程

4.2.15 社会保险缴纳与核算

人力资源助理统计五险一金增减员情况，填写相关报表并送社保中心核准确认。统计五险一金个人缴款、企业代缴明细及总额，编制"五险一金核算表"，经人力资源经理审核后，作为核算工资的依据。

4.2.16 费用报销

除了先借款后报销，还有另外一种情况是：发生费用时员工先垫付（如请客户吃饭发生的餐费），事后凭发票和经理审批的支出凭单去财务部门报销，财务经理在预算范围内审核业务后由出纳支付现金。

按照公司的财务制度，1万元以内的费用由财务经理审批，超过1万元（含1万元）额度的需要总经理审批。

费用报销的流程如图4-13所示。

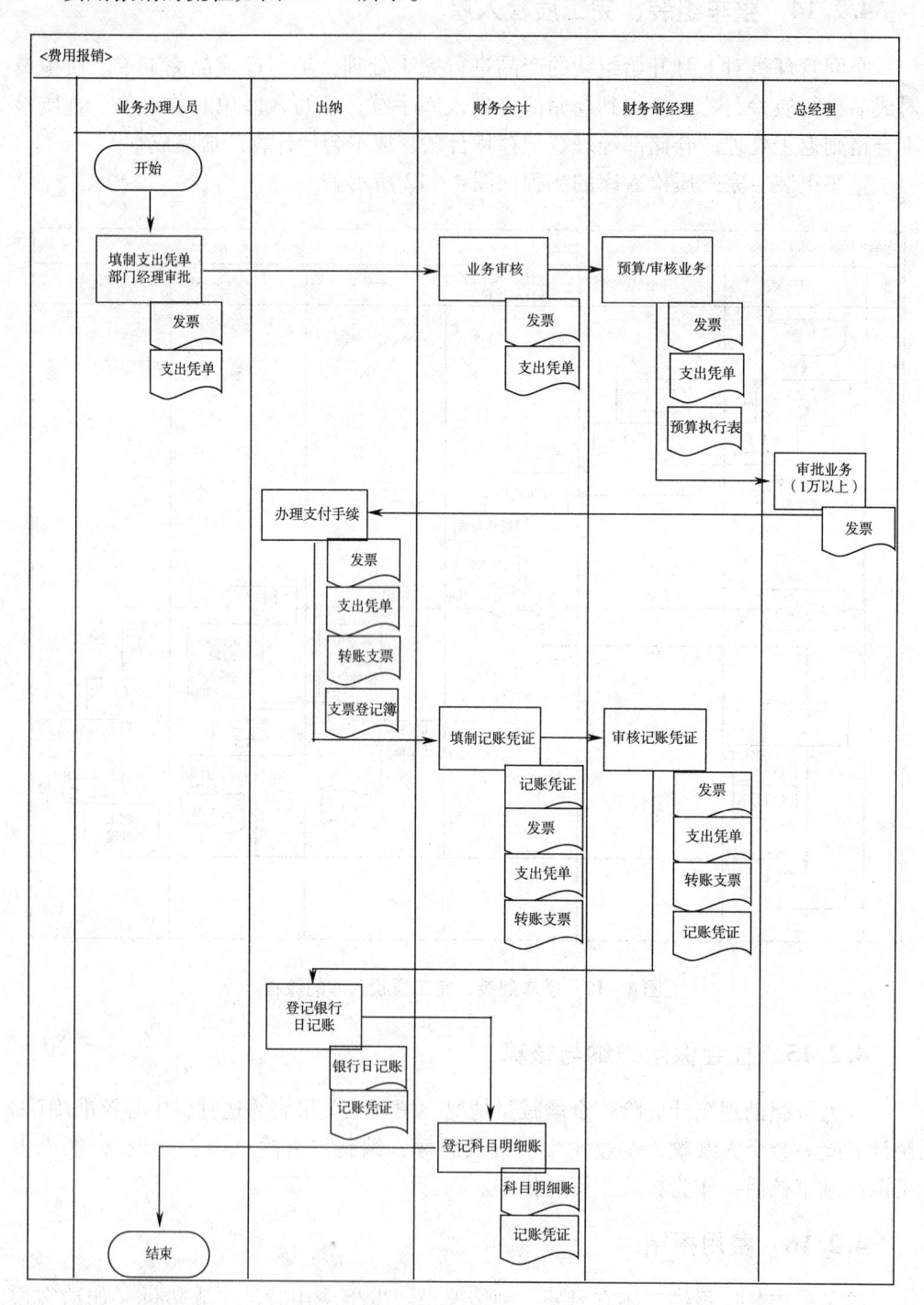

图 4-13 费用报销的流程

4.2.17 制订业务计划

营销部根据客户订单编制销售发货计划；生产计划部根据销售部的销售订单汇

总表及市场预测编制主生产计划、物料需求计划、设备需求计划和人员需求计划；采购部根据生产部的物料需求计划编制采购计划。

4.2.18　签订采购合同

每季度初采购部与供应商签订一份采购合同，称为一揽子采购。合同中约定各种材料的采购单价，本季度每月下达采购订单时都以此合同的单价为准，实际采购数量以每月实际下达的采购订单为准。

签订采购合同的流程如图4-14所示。

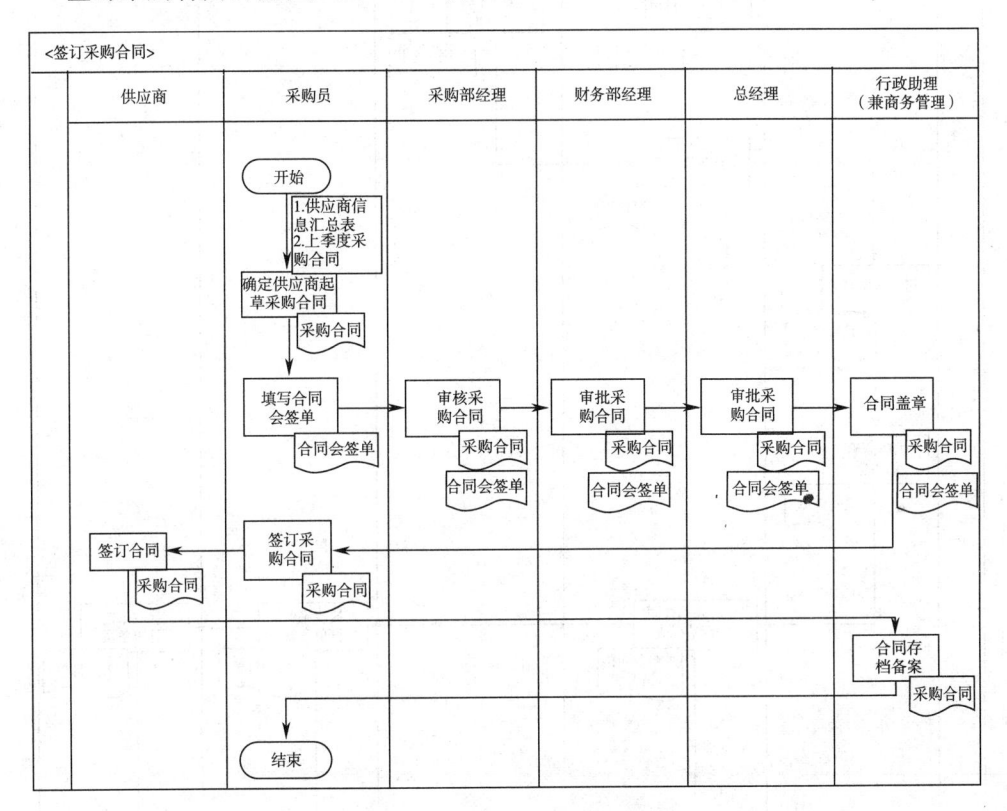

图4-14　签订采购合同的流程

4.2.19　下达采购订单

采购主管按照生产的需求与经济采购的原则，决定采购原料的品种、数量及供应商，向供应商下达采购订单，同时仓管员对采购订单备案。订单上的单价采用之前采购合同上约定的价格。

下达采购订单的流程如图4-15所示。

4.2.20　生产派工

生产部接到计划部下达的生产加工计划，查看车间产能状况，对车间进行派工。对各个工作岗位的生产任务进行具体安排，并检查各项生产准备工作，保证现场按

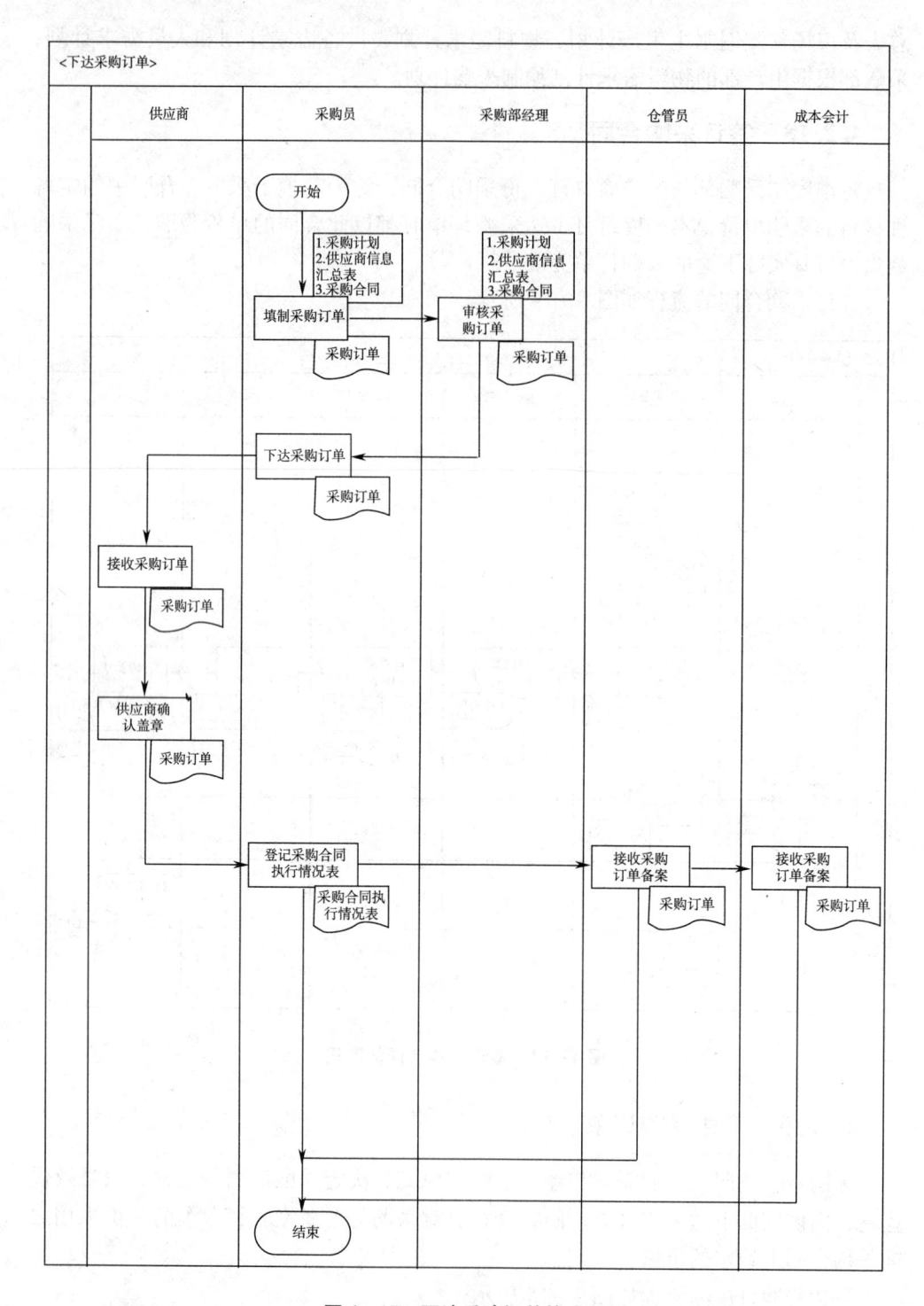

图 4-15 下达采购订单的流程

生产作业计划进行生产。

生产派工的流程如图 4-16 所示。

第4章 熟悉综合实训工作流程

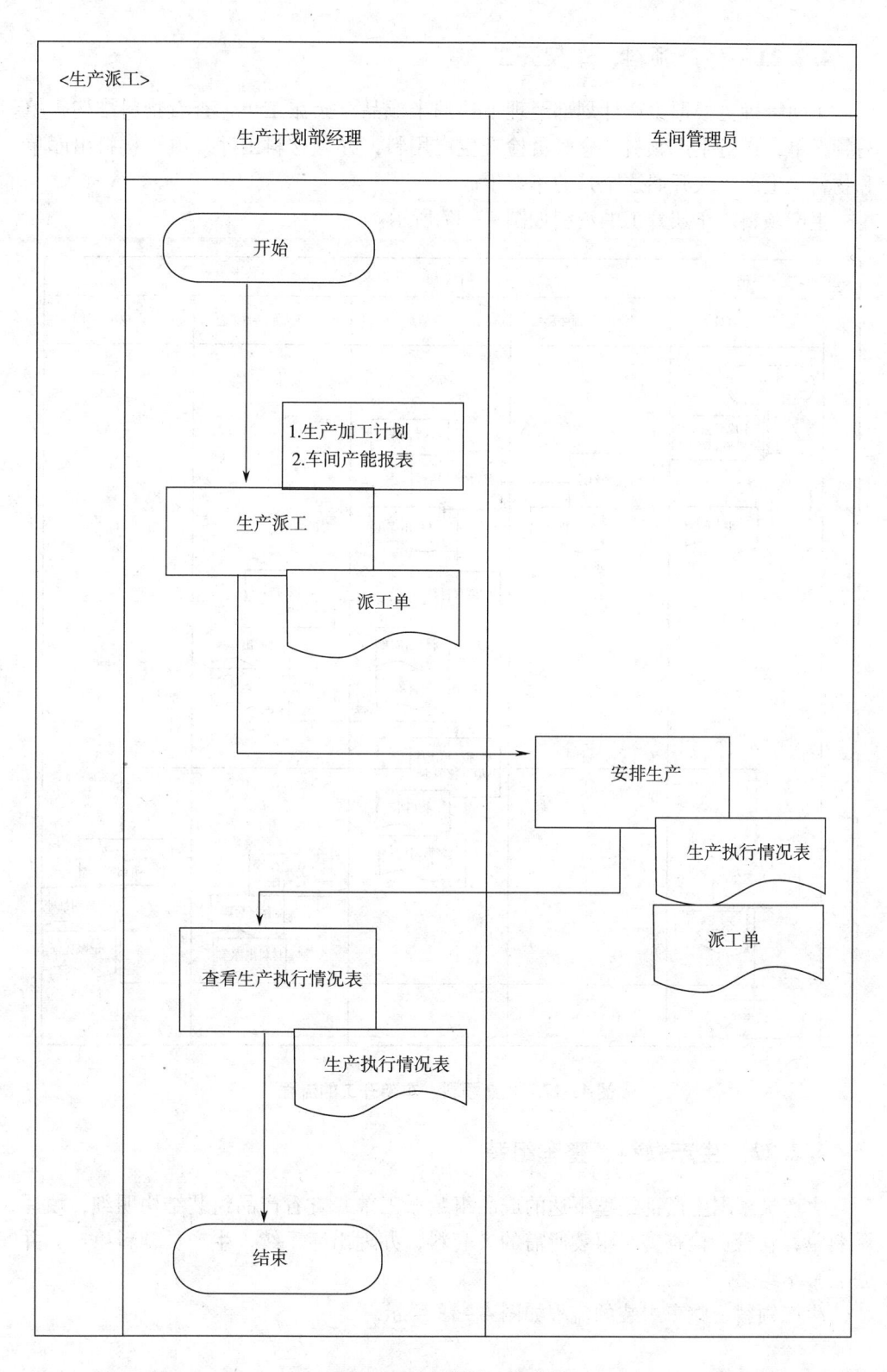

图4-16 生产派工的流程

4.2.21 生产领料、车架开工

车间管理员根据生产计划部经理下达的半成品车架派工单，查看物料结构，填写领料单，进行生产领料。仓管员检查生产用料，办理材料出库，填写材料出库单和物料，生产工人开始这个月的车架生产。

生产领料、车架开工的流程如图 4-17 所示。

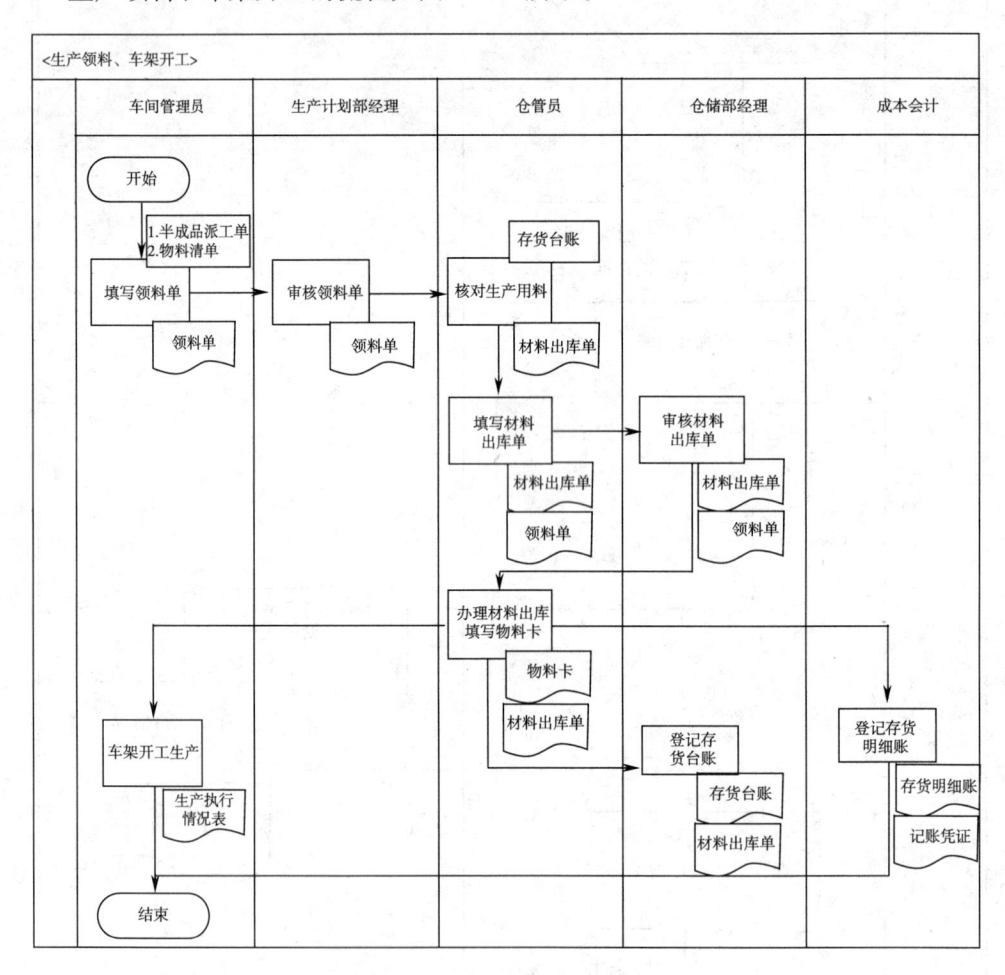

图 4-17 生产领料、车架开工的流程

4.2.22 生产领料、整车组装

生产员根据生产部经理下达的成品组装派工单，查看产品组装结构明细，填写领料单，仓管员检查整车组装所需的齐套料，办理出库手续，生产员领料生产，并进行整车组装。

生产领料、整车组装的流程如图 4-18 所示。

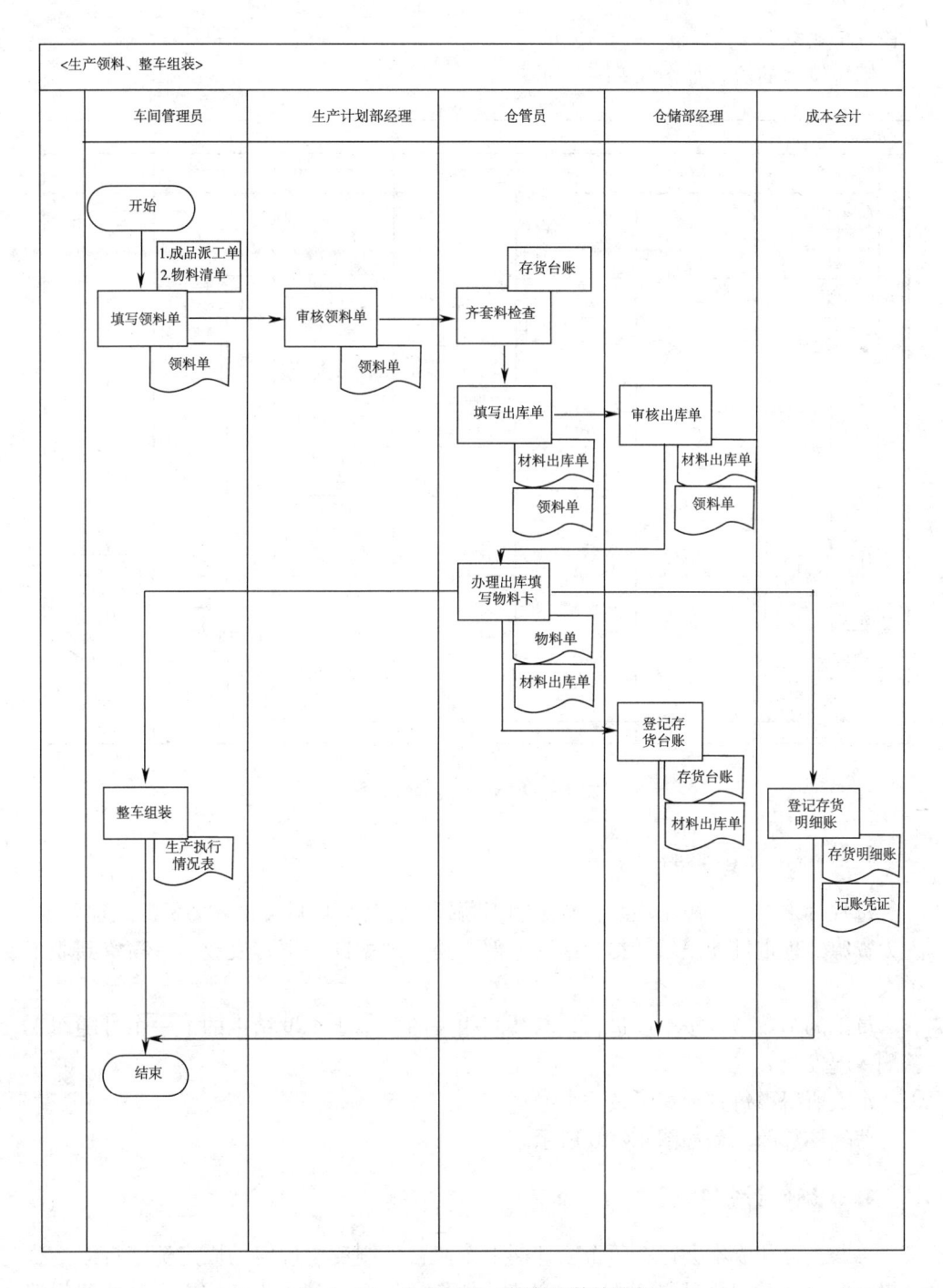

图 4-18 生产领料、整车组装的流程

4.2.23 销售发货

销售员依据销售订单交货日期填写产品发货单，仓管员填写出库单由销售员发货给客户，财务部根据发货出库单开具销售发票，当客户收货确认后销售员需登记销售订单明细。

销售发货的流程如图4-19所示。

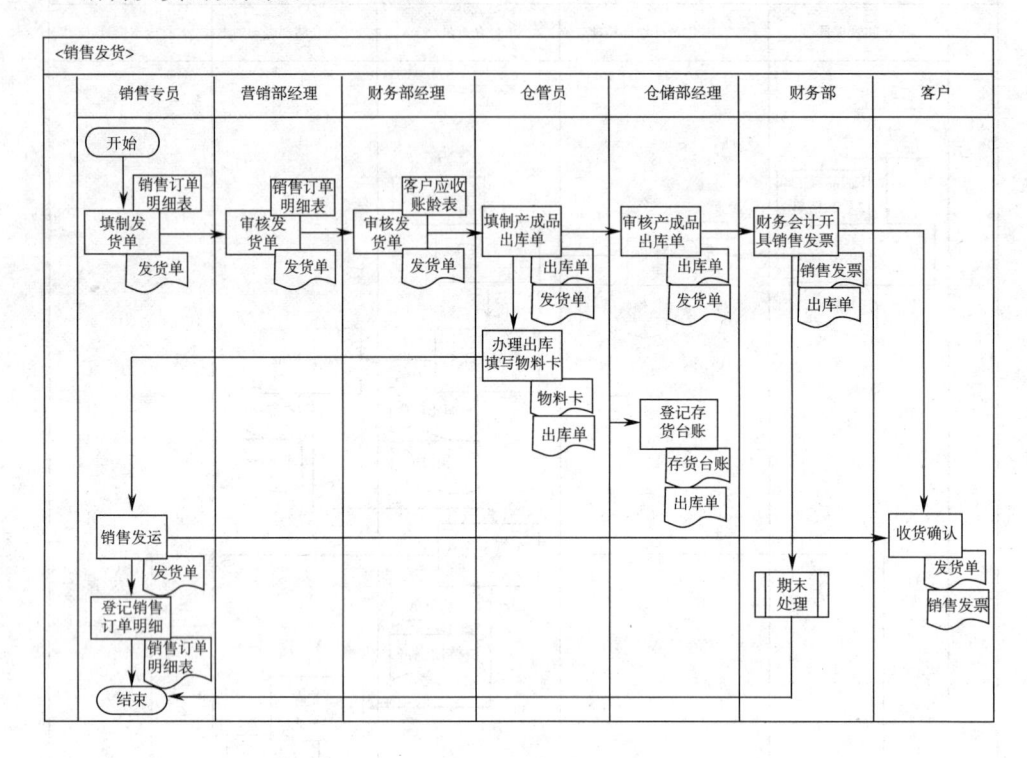

图4-19 销售发货的流程

4.2.24 薪酬核算

每月月末人力资源助理统计核定职工薪酬，统计完成后交由人力资源经理审批。人力资源经理审批无误后，提交给财务部。财务部据此于下月发放本月薪资到职工个人。

员工的绩效考核按季度进行，与绩效相关的奖金于季度结束的下一个月随职工薪酬一起发放。

个人所得税每月计算，按季上缴。

薪酬核算的流程如图4-20所示。

4.2.25 计提折旧

总账会计和成本会计在每个会计期末按照会计制度中确定的固定资产折旧方法计提折旧，并登记科目明细账。生产和计划部门的折旧计入生产成本，其他部门的折旧计入期间费用。

计提折旧的流程如图4-21所示。

4.2.26 人员招聘

人力资源部按照各部门提交的人员需求及岗位说明制订招聘计划和培训计划。

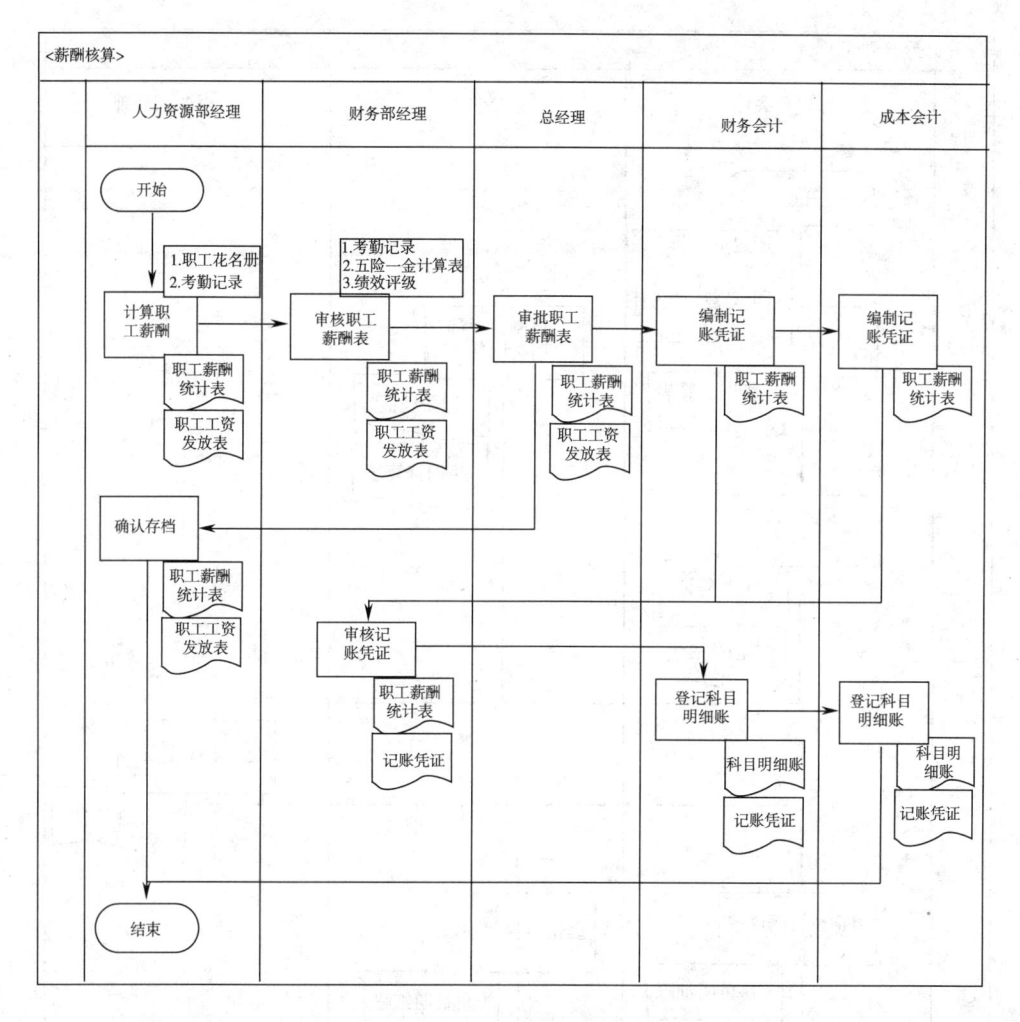

图 4-20 薪酬核算的流程

人才招聘是企业人力资源部的一项重要职能。人才招聘外包是企业人才招聘的重大变革，是指企业将全部或部分招聘流程委托交付专门机构完成招聘工作的一种方式。采用招聘外包方式可以享受专业服务、减少招聘成本、降低招聘风险，使企业收益最大化。

企业需求人才时，可以向综合服务中心提供人才需求信息，由综合服务中心推荐合适人员，招聘费用在完成招聘后与综合服务中心结算。

人员招聘的流程如图4-22所示。

4.2.27 培训调研

人力资源助理下发培训调研问卷，调研企业各部门各类人员的培训需求。培训调研完成后由人力资源经理进行培训需求分析，制订培训工作计划，并做好培训工作准备。

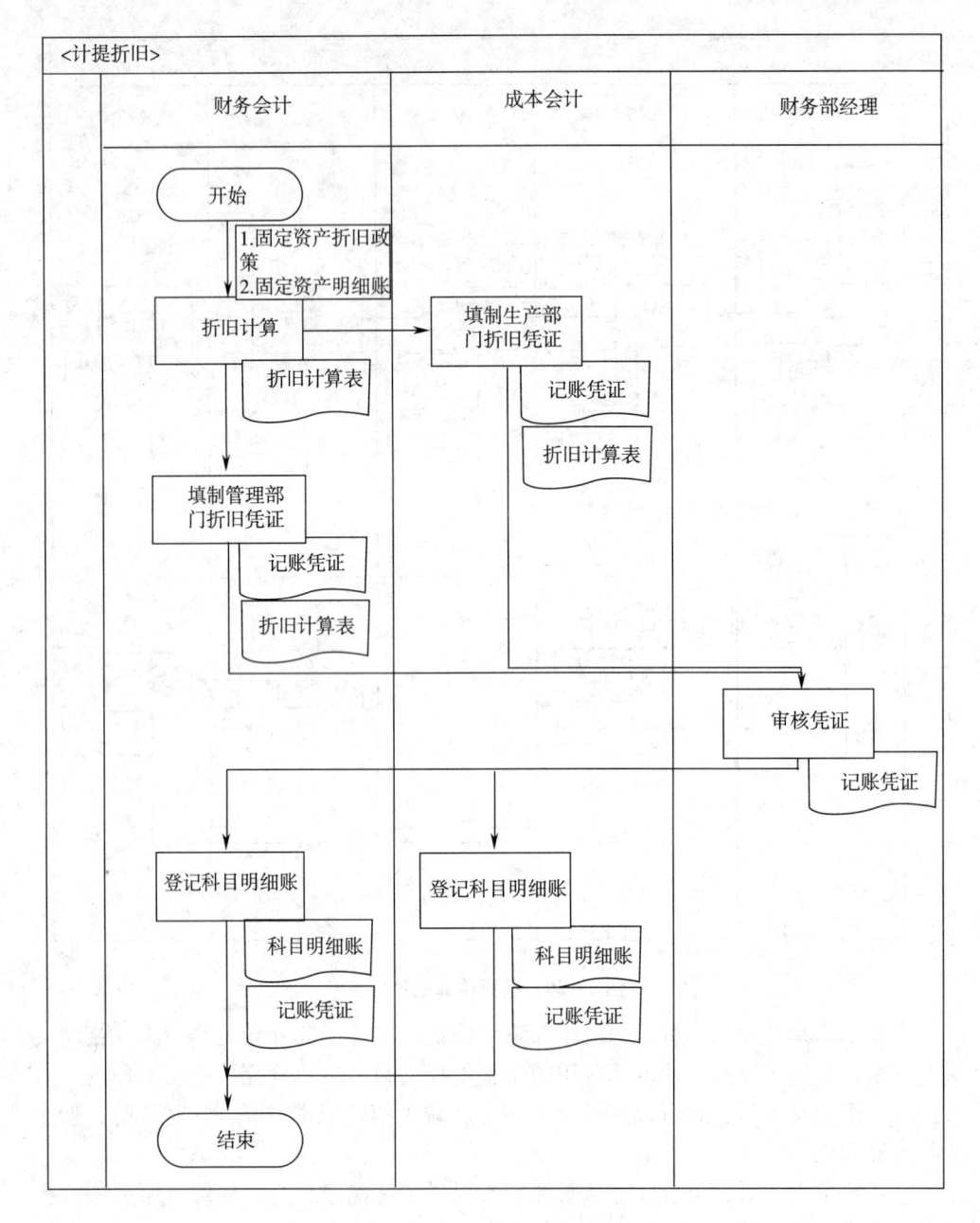

图 4-21 计提折旧的流程

4.2.28 在职人员培训

在职人员培训分为一线生产工人的技术培训和管理人员的能力提升培训。管理人员的培训由人力资源部委托外部专业培训机构提供；培训完成后财务部根据培训费发票向专业培训机构支付培训费。一线生产工人的技术培训由企业内部组织。

在职人员培训费的流程如图 4-23 所示。

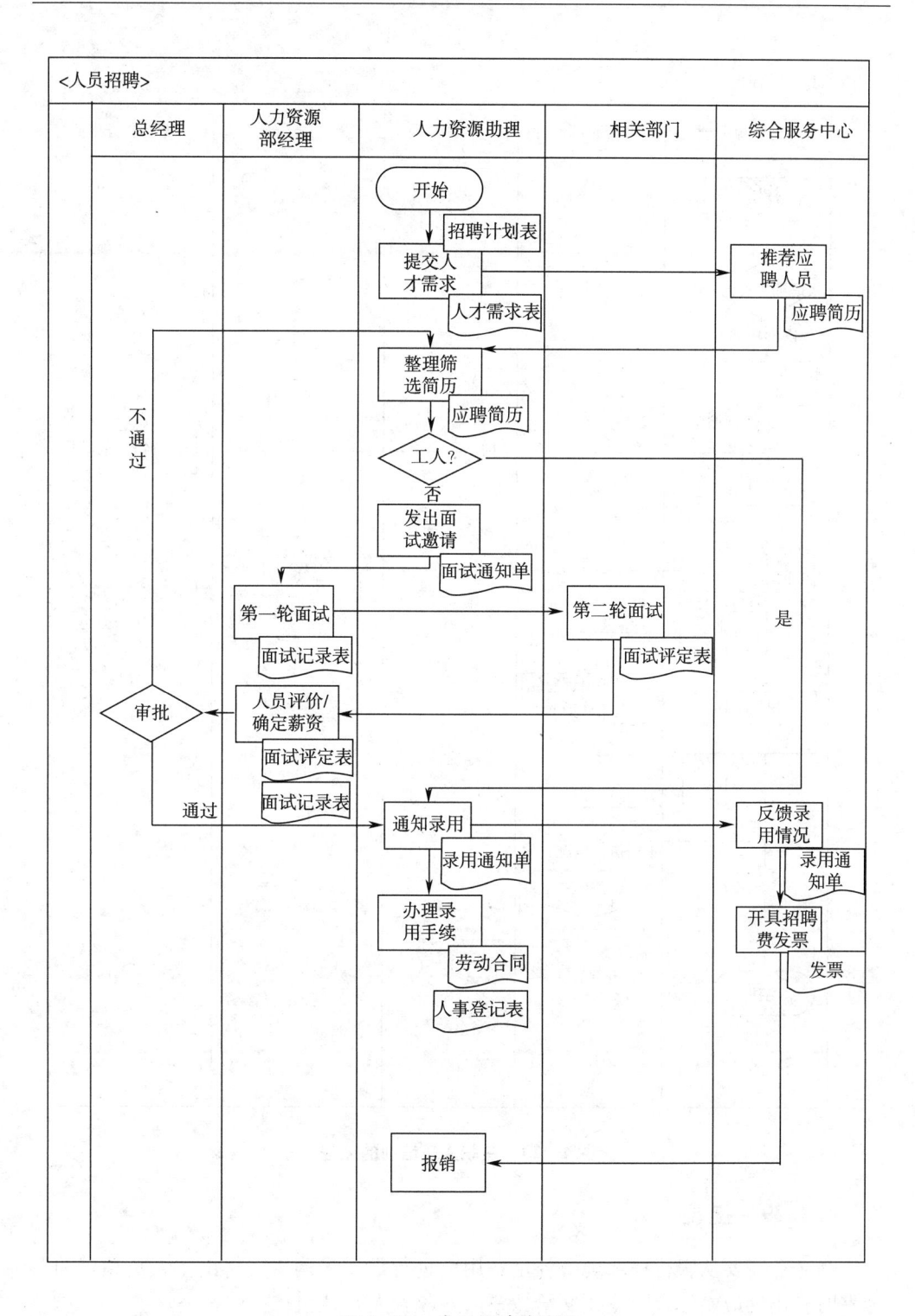

图 4-22 人员招聘的流程

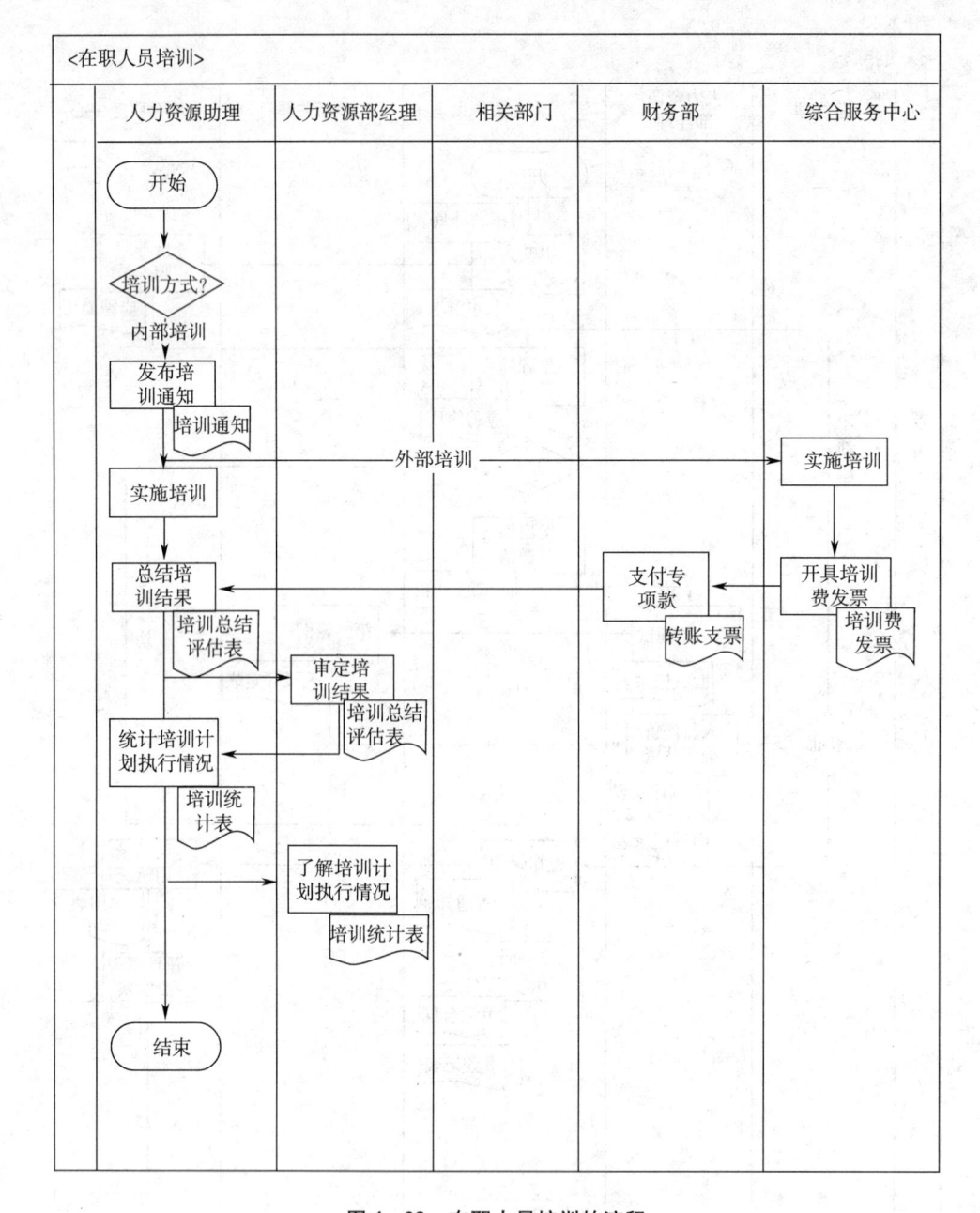

图 4-23 在职人员培训的流程

4.2.29 提现

当企业需要从银行提取现金补足备用金进行零星采购、支付出差人员预借的差旅费时，出纳应签发现金支票交给持票人（收款人）从银行提取现金。

提现的流程如图 4-24 所示。

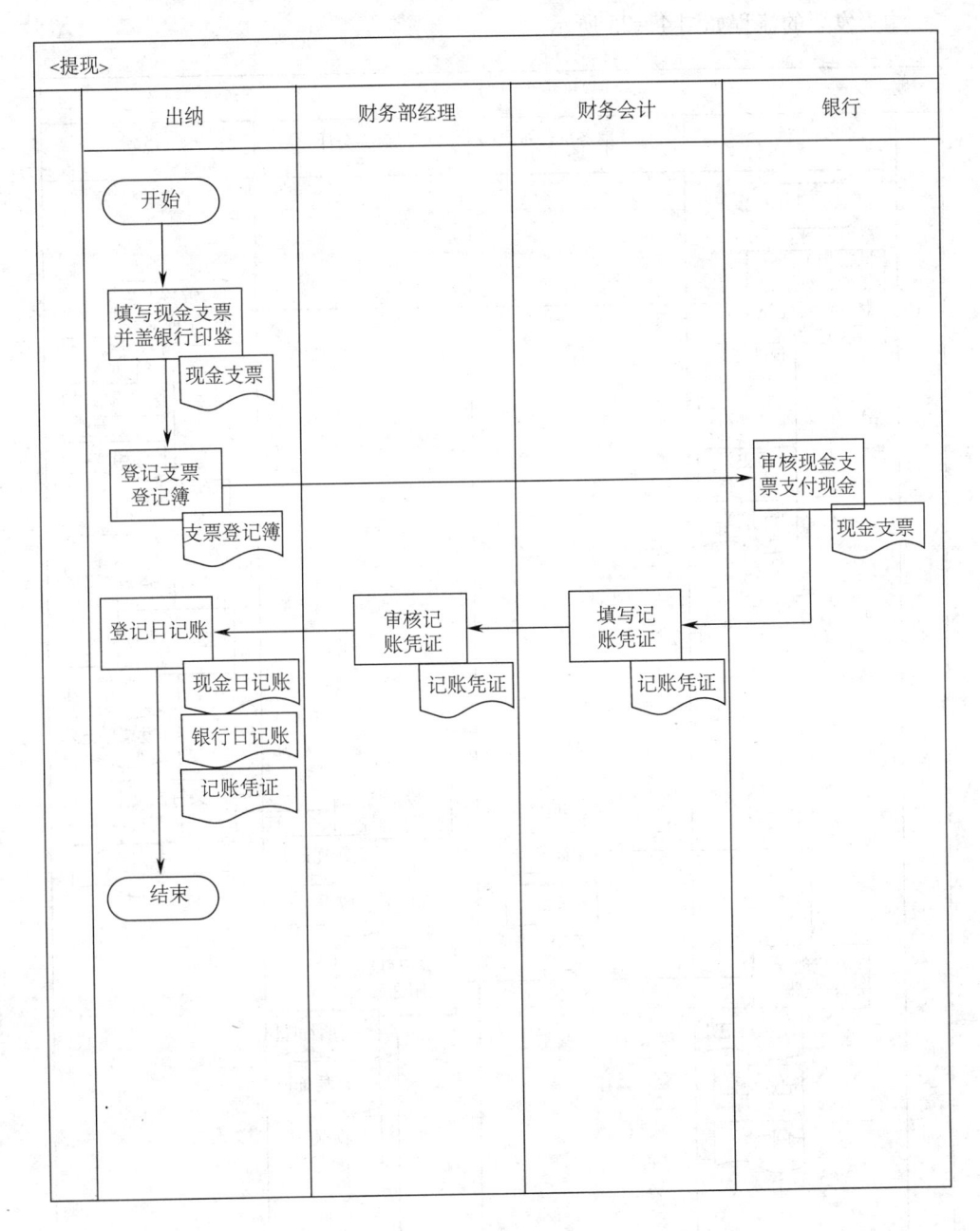

图 4-24 提现

4.2.30 购买发票

已办理税务登记的纳税人需要使用发票的，凭"发票领购簿"核准的种类、数量以及购票方式，向主管税务机关领购发票。

出纳携带相关证明文件、公章和财务章到税务局购买发票，税务部门审核相关文件后登记发票号交付发票本。发票分为普通发票和增值税发票。购买发票时需要支付发票的工本费。

购买发票的流程如图 4-25 所示。

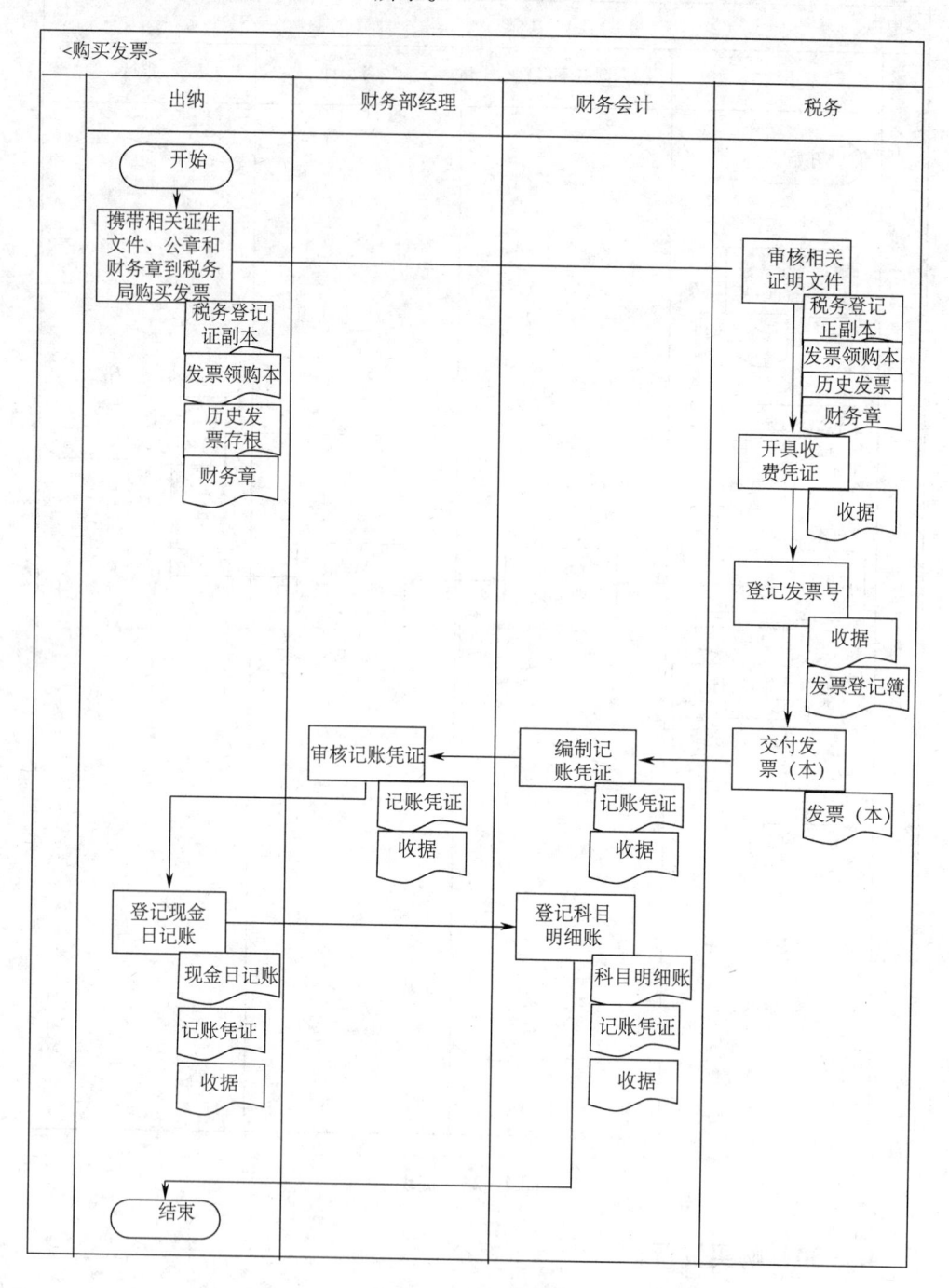

图 4-25 购买发票的流程

4.2.31 购买支票

出纳携带银行印鉴去银行购买现金支票（本）或转账支票（本）。银行审核相关文件后登记支票号交付支票（本）。现金支票用于提取现金，转账支票用于转账付款。

购买支票的流程如图 4-26 所示。

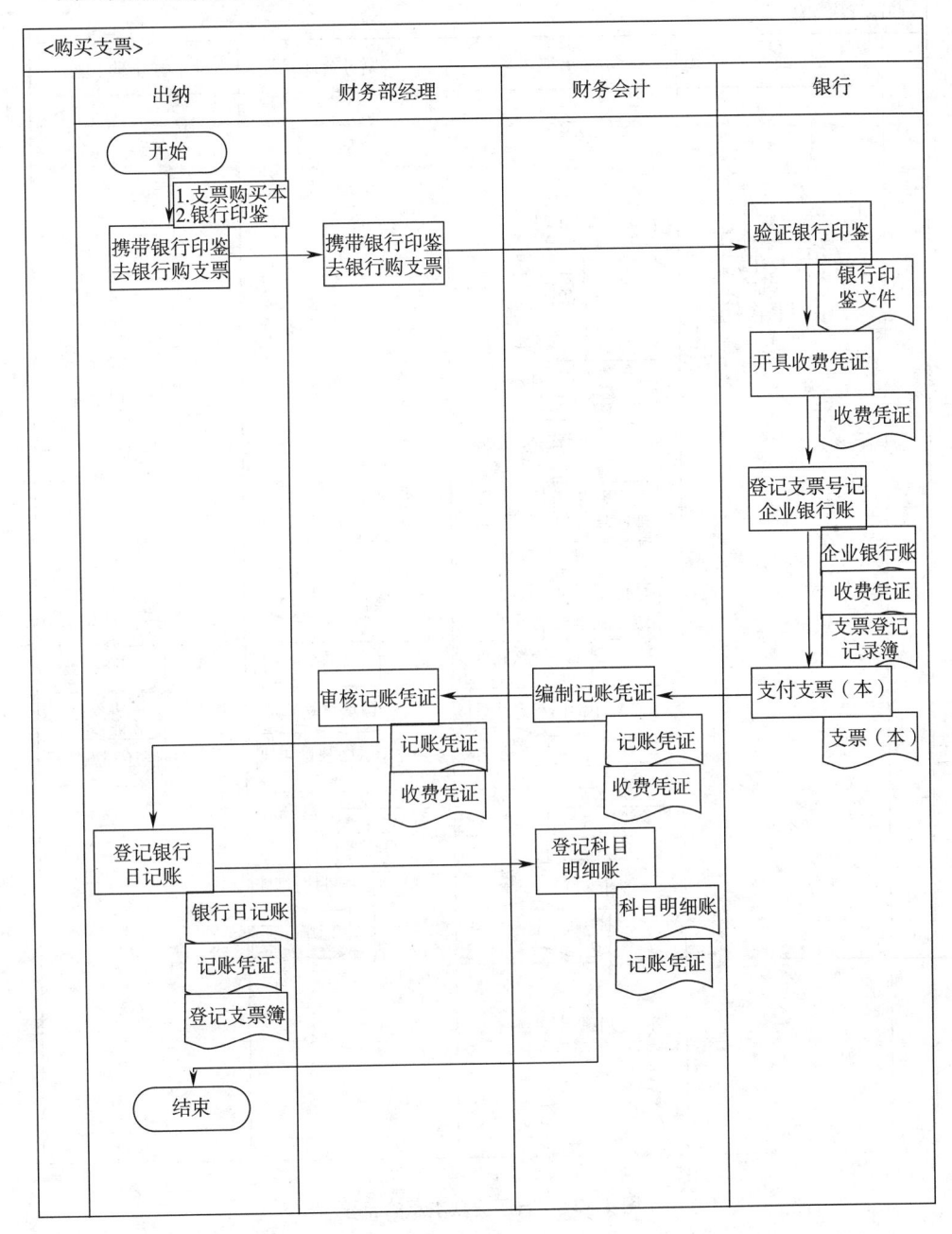

图 4-26 购买支票的流程

4.2.32 归还贷款本息

银行贷款是有一定期限的,企业出纳必须根据融资金额和约定的还款期限,按时去银行取偿还贷款的单据,经财务经理审核同意并支付贷款本金及利息。

归还贷款本息的任务流程如图 4-27 所示。

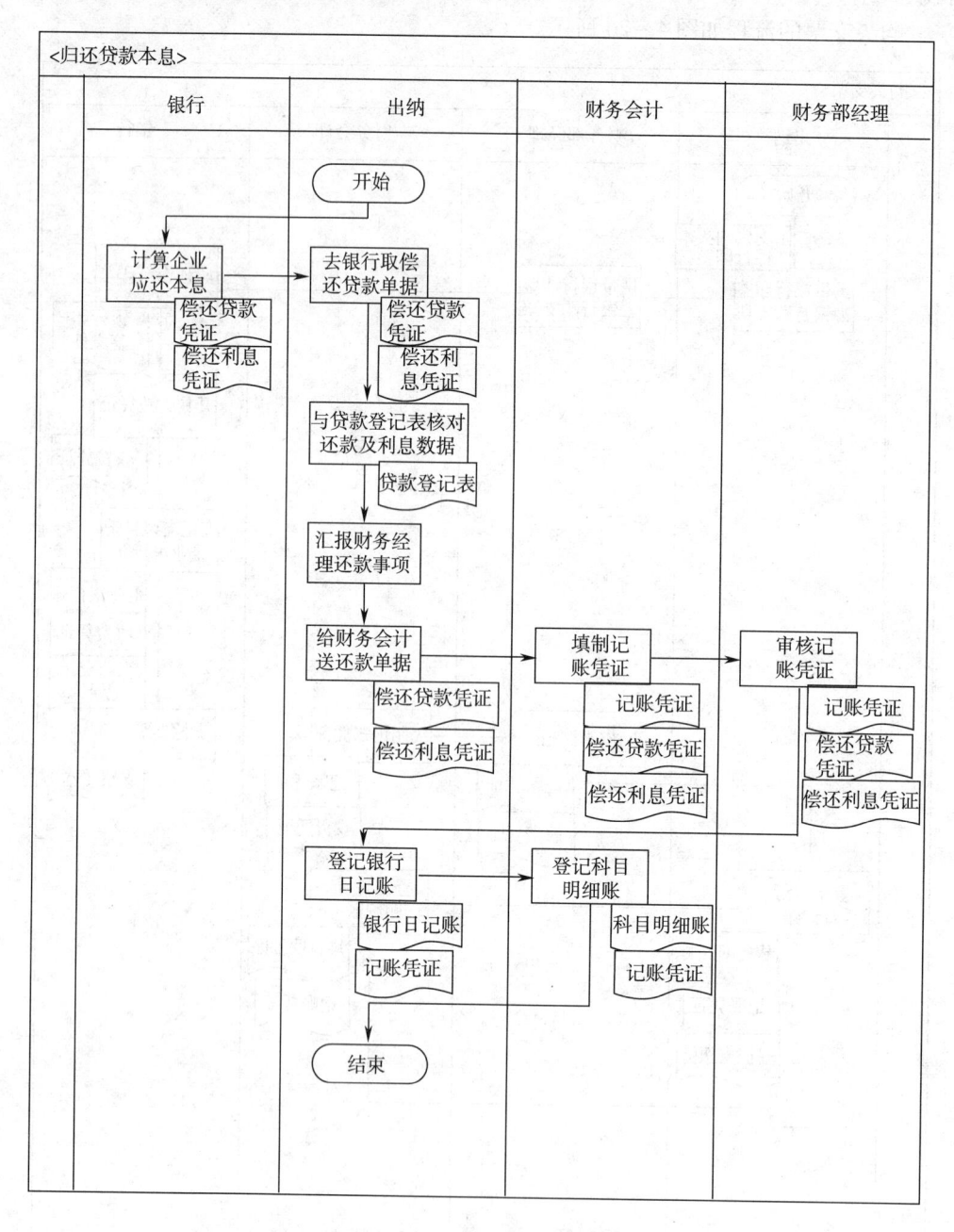

图 4-27 归还贷款本息的流程

4.2.33 现金盘点

现金盘点制度是企业货币资金管理的核心制度。出纳每月均要进行现金盘点。现金盘点是指将现金的账存数与出纳手上实际的现钞进行核对,如果现金实存数大于账存数,就是现金溢余;如果现金实存数小于现金账存数,就是现金短缺。

现金盘点的流程如下:

1. 出纳查询现金日记账账面余额。
2. 出纳进行库存现金盘点，填写现金盘点单。
3. 如果发生现金盘盈盘亏，需要填写现金盘点报告表。盘点发生的盘盈或盘亏，直接计入管理费用。

现金盘点的流程如图 4-28 所示。

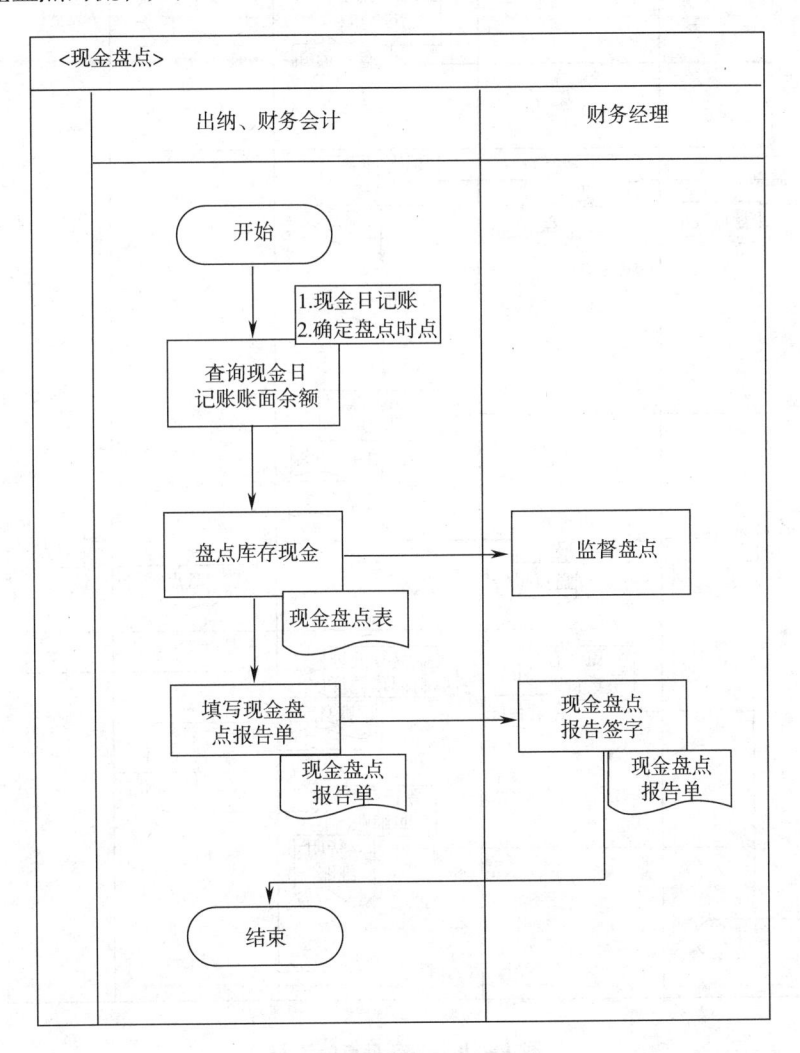

图 4-28 现金盘点的流程

4.2.34 库存盘点

企业存货因为数量较多、收发频繁、计量误差、自然损耗等原因，可能导致库存数量与账面数量不符。为了避免账物不符的现象发生，需要定期进行库存盘点，查明原因并调整账面数，使账物相符。每个季度末，仓储部库管员需要进行实物盘点，确保与仓储部经理记录的存货出入库台账相符，并对盘盈盘亏情况进行处理。仓储部的存货台账还要和成本会计记录的存货明细账进行账账核对，确保账实相符。

库存盘点的流程如图 4-29 所示。

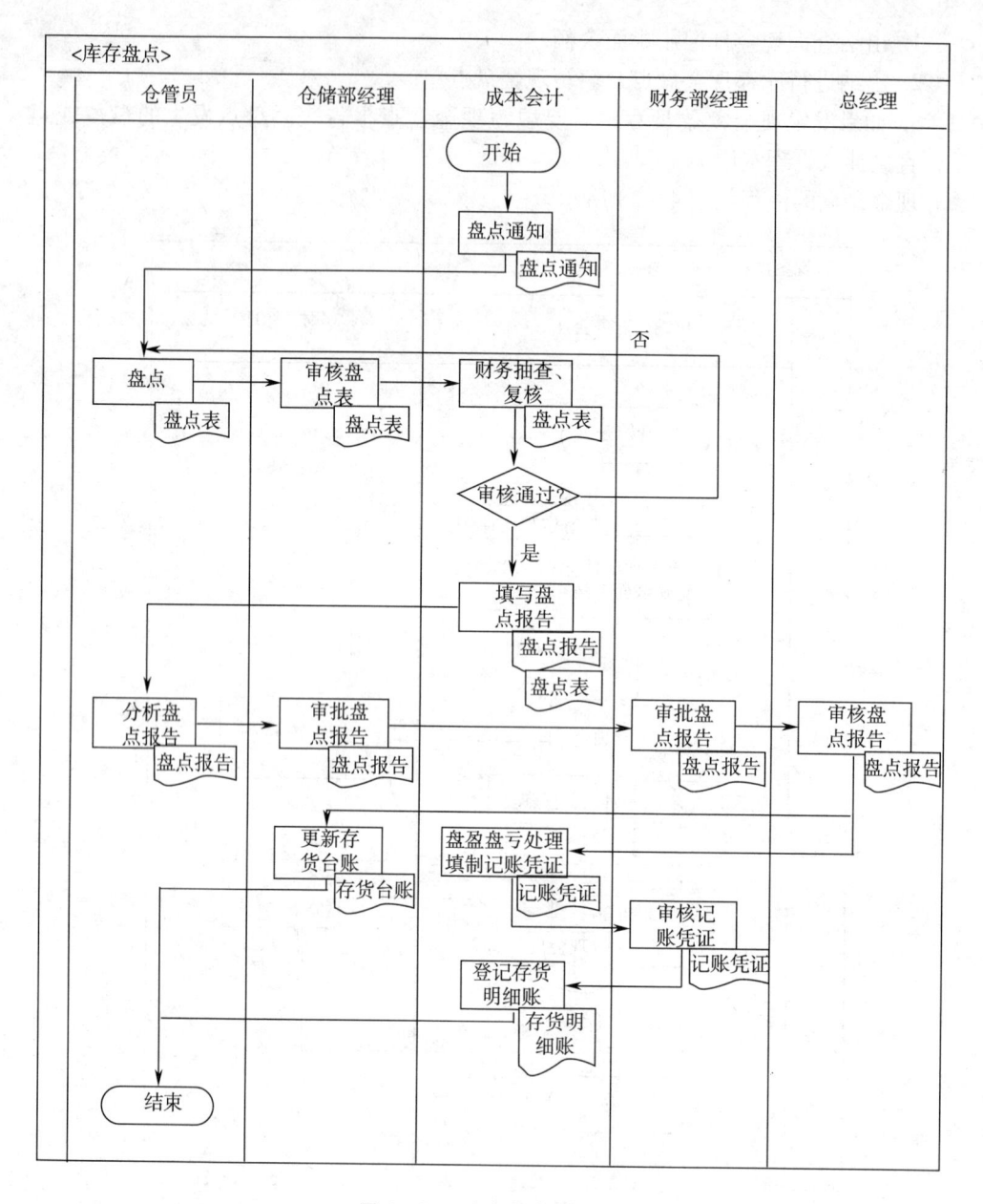

图 4-29　库存盘点的流程

4.2.35　银行对账

银行对账是银行和企业双方对当期发生的业务进行核对，调平双方账户的操作。按期对账既是银行和企业之间最直接、最有效的沟通方式，更是防范风险的关键所在。因此，银行、企业应定期与企业核对账目、轧平账务，查清未达账、错账、乱账，共同筑好控险"篱笆墙"，确保双方账务记载的一致性、正确性和完整性。

银行对账的流程：

（1）银行每季会收到银行发出的对账单。银行对账单是银行和企业核对账务的联系单，也是证实企业业务往来的记录。

（2）将企业银行日记账与银行对账单逐一进行核对。

（3）编制银行存款余额调节表。

4.2.36 成本核算

成本核算包括制造费用分配、车架成本核算和童车成本核算几个部分。

1. 制造费用分配

成本会计首先结出制造费用明细账余额，然后编制制造费用分配表，最后编制制造费用分配凭证，经财务经理审核后登记科目明细账。

2. 车架成本核算

成本会计根据车架生产成本明细账统计生产车架领用原材料、直接人工和制造费用，编制车架的产品成本计算表。成本计算完成后编制记账凭证，经财务经理审核后登记科目明细账。

3. 童车成本核算

成本会计首先根据出库单统计组装童车领用车架的数量及根据自制半成品明细账按照全月平均法计算车架出库成本；根据出库单统计组装童车领用原材料的数量及根据原材料明细账按照全月平均法计算材料出库成本，并填制记账凭证，待财务经理审核后登记科目明细账。然后编制童车的成本计算表。成本计算完成后编制记账凭证，经财务经理审核后登记科目明细账。

4.2.37 期末结账

期末结账包括科目汇总、期末结转和确认本期财务成果几项工作。

1. 科目汇总

出纳、财务会计和成本会计分别根据科目明细账进行科目汇总。

2. 期末结转

财务会计将本期发生的"收入"和"费用"类科目结转，计算并结转所得税。成本会计结转产成品及主营业务成本。

3. 结账

为了正确反映一定时期内在账簿中记录的经济业务，总结有关经济业务活动和财务状况，各单位必须在每一个会计期末结账。

结账是在将本期内所发生的经济业务全部登记入账并对账无误的基础上，按照规定的方法对该期内的账簿记录进行小结，结算出本期发生额合计数和余额，并将其余额结转下期或者转入新账。

4. 编制财务报告

财务经理编制企业资产负债表和利润表并对外发布。

4.2.38 绩效结果评定

每个经营期末，需要进行绩效考评，以调动任职者的工作积极性、改进任职者的工作有效性，最终通过实现人岗匹配的优化促进人均贡献率的提高。

第 2 部分
企业内部岗位实训

第 5 章
企业管理岗位实训

◆ 学习目标

1. 熟悉企业管理部的部门职能、主要岗位职责、主要管理制度及业务处理流程；
2. 明确企业管理部绩效目标及主要工作任务；
3. 编制企业管理部具体工作计划；
4. 熟悉管理业务流程，按规定流程处理具体的管理业务；
5. 对企业管理部主要岗位人员进行绩效考核。

◆ 学习任务

1. 叙述本部门主要职能，熟悉其他部门职能；
2. 根据实际合理设置本部门岗位，合理规定岗位职责；
3. 编写完善本部门主要管理制度，包括各部门业务审批制度、公文档案管理制度、印章管理制度、固定资产管理制度、办公用品管理制度、资质认证管理制度等；
4. 确定本部门具体绩效目标、工作任务，编制本部门工作计划，明确工作任务；
5. 完成各部门项目审批、公文档案管理、印章管理、固定资产管理、资质认证管理、办公用品管理等业务；
6. 编制本部门绩效考核表，并进行个人评价、部门评价和经理评价。

5.1 工作概述

5.1.1 部门职能

企业管理部是公司的综合管理部门，具有企业综合管理职能和做好总经理管理参谋的职能，其直接上级是主管行政的副总经理。在跨专业综合实训中，企业管理部的职能包括总经理办公室和行政管理部两个部门的职能。部门主要职责如下：

- 负责公司战略规划的制订和协助推行；
- 负责公司年度综合性资料的汇总，负责公司年度、季度计划的编制；
- 负责公司年度总结的撰写；
- 负责公司制度建设和各项管理制度的制定、颁发与推行；
- 负责企业固定资产管理；

- 负责公司档案室的管理和各类档案的收集、保管、借阅;
- 负责企业日常工作的管理和协调,指导、督查和考核各部门的工作;
- 负责完善、检查和指导各部门管理制度等工作。

5.1.2 工作流程

与企业管理部业务往来密切的部门主要包括销售部、市场部、采购部、仓储部、财务部、人力资源部,主要业务包括各部门业务审批与文书签字管理、合同档案管理、印章管理、固定资产管理、办公用品管理、资质认证管理、企业变更登记管理等。企业管理部主要业务流程如图5-1所示。

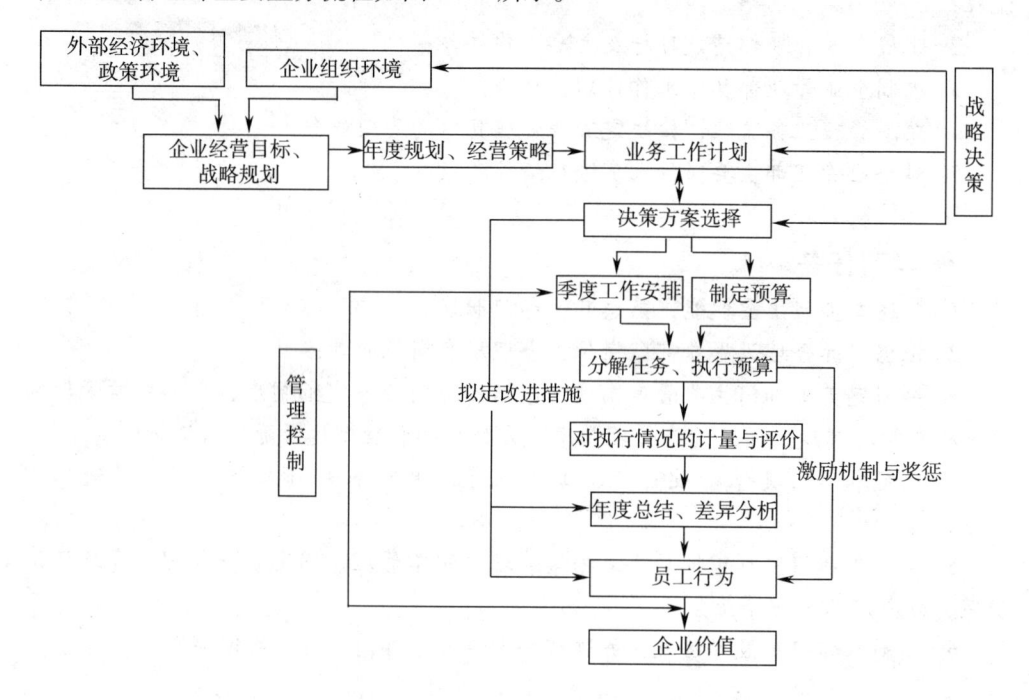

图5-1 企业管理部业务流程

5.2 总经理岗位

5.2.1 岗位职责

总经理是企业管理部的负责人,在董事会领导下,负责总经理办公室职责范围内所有工作。具体职责如下:

- 组织实施经董事会批准的公司企业年度工作计划、财务预算报告及利润分配、使用方案,组织实施经董事会批准的决议;
- 组织指挥企业的日常经营管理工作,在董事会委托权限内,以法人代表的身份代表企业签署有关协议、合同、合约和处理有关事宜;
- 决定组织体制和人事编制,决定行政助理,各职能部门和各部门经理以及其他管理职员的任免、奖惩，建立健全企业统一、高效的组织体系和工作体系。

5.2.2 工作导航

具体内容如表 5-1 所示。

表 5-1　　　　　　　　工作任务与业务流程的对应关系表

任务序号	任务名称	对应工作流程
任务 1	期初资料准备	无
任务 2	公司组建	无
任务 3	团队建设	无
任务 4	借款审批	4.2.1 借款
任务 5	广告投放审批	4.2.6 广告投放申请
任务 6	薪酬核算审核	4.2.24 薪酬核算
任务 7	合同审核	无
任务 8	报销审批	4.2.16 费用报销
任务 9	企业文化建设	无
任务 10	培训调研	4.2.27 培训调研
任务 11	填写岗位工作日志	无

5.2.3 岗位实训

任务 1　期初资料准备

进入总经理岗位前，要熟知学习目标和学习任务，深刻领悟部门职能、岗位职责、业务流程和管理制度的内涵。

总经理在业务工作开展之前需要理解、掌握下列信息：

一、核心制造企业组织结构图

二、岗位设置

三、企业年度经营规划书

四、物料清单

五、生产计划部生产车间产出产能报表

六、期初库存

七、期初资产负债表

八、期初利润表

九、期初固定资产及折旧

十、人力资源部经理岗位工作职责

任务 2　公司组建

一、企业背景

（一）企业现状认知

（二）企业经营思考

（三）总经理角色认知与自我定位

二、人力资源部经理招聘

（一）熟悉人力资源部经理岗位职责

（二）撰写招聘启事

（三）收集简历、组织面试

三、其他团队成员任免

（一）业务背景

（二）操作步骤

1. 了解组建期招聘工作流程且明确工作分工；

2. 宣讲；

3. 现场演讲与互动答疑；

4. 应聘动员；

5. 简历收集与筛选；

6. 候选人筛选、面试时间及组别确定；

7. 面试；

8. 发布录用通知并公布任免决定。

（三）表单填写

任务 3　团队建设

新公司刚刚组建，总经理是团队建设的领航人，综合实训中团队建设从细微处着眼，设置下列三项工作：

一、公司成立致辞

二、团队成员相识、相知

三、团队协同工作

任务 4　借款审批

一、审核企业管理部借款

（一）审核要点

（二）签字

（三）表单填写

二、其他部门借款审核

（一）审核要点

（二）签字

（三）表单填写

任务 5　广告投放审批

总经理接到营销部送交的广告投放申请表后，要结合公司财务状况、市场现状及竞争对手等方面的因素综合考量广告投放金额、目标客户、投放策略等内容，预估广告投放效果并分析确定采取什么样的策略才能获得最大效益。具体内容如下：

（一）审核要点

（二）签字

（三）表单填写

任务6　薪酬核算审核

一、了解职工薪酬构成及计算

（一）职工薪酬构成

（二）职工薪酬的计算及发放

二、薪酬计算的审核

（一）审核要点

（二）签字

（三）表单填写

任务7　合同审核

综合实训中涉及的合同有广告合同、购销合同、材料采购合同、贷款合同、租赁合同等，该项业务发生后总经理接到相关单据时需仔细阅读合同主要条款，认知、规避相关风险。具体内容如下：

（一）审核要点

（二）签字

（三）表单填写

任务8　报销审批

经济业务发生后，业务经办人取得相关发票，填写支出凭单，总经理需对业务的真实性、准确性进行审核。

一、办公费报销审批

（一）审核要点

（二）签字

（三）表单填写

二、广告投放费用审批

（一）审核要点

（二）签字

（三）表单填写

三、业务拓展

（一）审核、审批

（二）指导、改进

任务9　企业文化建设

一、认知企业文化

二、企业文化刊物

（一）操作步骤

1. 构思企业文化刊物方案；

2. 企业文化刊物方案讨论；

3. 企业文化刊物组稿要求及分工；

4. 企业文化刊物方案定稿执行。

（二）表单填写

任务10　培训调研

一、培训需求调研的目的

二、培训需求调查问卷的填写要求

三、表单填写

四、培训工作指导与监督

任务11　填写岗位工作日志

为使整个学习过程有的放矢，增强学习效果，综合实训中要求填写岗位工作日志、任务流程学习表，此类表格属自制表格，没有固定格式。岗位工作日志用于记录工作内容、落实工作过程中遇到的问题、解决及优化建议；任务流程学习表用于强化学员对任务流程、资料与数据传递过程的理解。

一、强化任务工作流程理解与掌握

（一）操作步骤

1. 总任务填写；

2. 业务背景填写；

3. 子任务填写；

4. 职责分工填写；

5. 单据来源填写；

6. 本职工作填写；

7. 任务去向填写。

（二）表单填写

二、工作备忘

（一）操作步骤

1. 工作日志表头填写；

2. 工作日志主要内容填写；

3. 工作日志部门会议讨论备忘。

（二）表单填写

5.3　行政助理岗位

5.3.1　岗位职责

行政助理是在总经理的领导下，努力做好总经理的参谋助手，起到承上启下的作用，认真做到全方位服务。具体职责如下：

- 协助总经理做好企业文化建设，筹划增强员工认同感、凝聚力的各种宣传、教育活动；
- 协助总经理做好综合、协调各部门工作和处理日常事务；
- 及时收集和了解各部门的工作动态，协助总经理协调各部门之间有关的业务工作，掌握公司主要经营活动情况；
- 协助参与企业发展规划的制定、年度经营计划的编制和公司重大决策事项的讨论；
- 协助审核、修订企业各项管理规章制度，进行日常行政工作的组织与管理；
- 配合执行企业管理体系运行，及各项工作进度的监督与跟进；
- 及时处理各种合同、公文、函电、报表等文字资料的签收、拆封、登记、承报、传阅、催办，并做好整理归档工作；
- 企业证照的办理、年审、更换、作废等管理，印章的保管、使用管理等；
- 参与企业行政、设备采购管理，负责企业各部门办公用品的领用和分发工作。

5.3.2 工作导航

具体内容如表 5-2 所示。

表 5-2　　　　　　　　　工作任务与业务流程的对应关系表

任务序号	任务名称	对应工作流程
任务 1	期初资料准备	无
任务 2	办公用品领取	4.2.1 借款
任务 3	借款	4.2.16 费用报销
任务 4	办公费报销	无
任务 5	拟订公章、印鉴管理制度	无
任务 6	公章印鉴、合同管理	无
任务 7	培训调研	4.2.27 培训调研
任务 8	企业文化建设	无
任务 9	填写岗位工作日志	无

5.3.3 岗位实训

任务 1　期初资料准备

进入行政助理岗位前，要熟知学习目标和学习任务，深刻领悟部门职能、岗位职责、业务流程和管理制度的内涵。

一、行政助理期初数据

（一）固定资产卡片

（二）固定资产登记簿

二、企业管理部经理常用表单说明

任务 2　办公用品领取

一、申领企业章证

（一）业务背景

（二）操作步骤

1. 认识综合实训中企业常用章、证；
2. 领取章、证；
3. 各类章、证保管要求。

二、教材、办公用品购买

（一）业务背景

（二）操作步骤

1. 购买办公用品；
2. 清点办公用品种类及数量；
3. 与综合服务中心协商开发票事宜；
4. 取得办公用品申购明细单；
5. 发放办公用品。

三、后续办公用品购买

（一）业务背景

（二）操作步骤

1. 告知各部门办公用品使用、采购要求；
2. 统计各部门缺少单据类型、数量，汇总同类单据用量；
3. 去综合服务中心集中采购；
4. 核对采用办公用品类型及数量，先记账不付款，信息化任务开始后统一开票报销；
5. 依照各部门申请用量发放单据；
6. 办公用品费用报销。

任务 3　借款

为方便公司各部门工作人员结算因公需要而发生的零星开支、业务采购、差旅费报销等款项，新团队接手部门经营后各部门需借一定金额的备用金，在综合实训中各部门备用金金额均为 500 元。具体内容如下：

（一）备用金借款一般流程

（二）操作步骤

1. 去财务部出纳处领取借款单；
2. 填写借款单；
3. 借款审批；
4. 办理借款。

（三）表单填写

任务 4　办公费报销

综合实训中办公用品由各部门申请，企业管理部集中采购，相关费用由行政助理负责报销。具体内容如下：

（一）业务背景

（二）操作步骤

1. 去财务部领取支出凭单；
2. 填写支出凭单；
3. 办理报销。

（三）表单填写

任务 5　拟订公章、印鉴管理制度

企业通过制定内部管理制度来传达高层管理者的经营理念，规范员工的行为，

理顺业务处理流程，节约、高效利用企业资源。拟订一项制度不难，但制度要能够指导、规范企业运营，适应不断变化的外部环境，能够被公司员工认可和接受并不容易。制度的程序、流程、表单，都需要经过反复的修改和论证。具体内容如下：

（一）制度格式

（二）操作步骤

1. 草拟公章、印鉴管理制度；
2. 讨论、修改制度草案；
3. 制度宣贯与修订；
4. 制度颁布施行。

任务6　公章印鉴、合同管理

综合实训中行政助理负责保管公章、合同专用章、组织机构代码证、企业营业执照正副本等资料。企业运营过程中不可避免地与外围机构发生业务往来，而且企业内部间也会有业务往来，某些经济业务需要盖章、需要企业营业执照原件或复印件才能顺利完成业务，如企业对外出售童车签订购销合同时需要盖章。具体操作步骤如下：

1. 发放公章、印鉴、资质证照使用申请表；
2. 核对公章、印鉴、资质证照使用申请表；
3. 合同盖章；
4. 合同归档；
5. 合同、档案借阅。

任务7　培训调研

综合实训中人力资源部负责培训工作，接收填写培训需求调查问卷任务后从人力资源助理处领取培训需求调查表。问卷项目介绍及填写规范可参考岗前培训中"填写培训需求调查问卷"的问卷。填写问卷过程中遇到困难可以向人力资源部相关人员寻求帮助。具体内容如下：

1. 培训需求调研的目的；
2. 培训需求调查问卷的填写要求；
3. 表单填写。

任务8　企业文化建设

企业管理部负责企业形象管理，企业文化建设组织工作。行政助理协助总经理做好公司的团队、文化建设。具体操作步骤如下：

1. 组织召开企业文化刊物方案讨论会；
2. 约稿、审稿；
3. 企业文化刊物出版；
4. 协助总经理进行争先创新评比资料准备。

任务9　填写岗位工作日志

为使整个学习过程有的放矢，增强学习效果，综合实训中要求填写岗位工作日志、任务流程学习表，此类表格属自制表格，没有固定格式。岗位工作日志用于记录工作内容、落实工作过程中遇到的问题、解决及优化建议；任务流程学习表用于强化学员对任务流程、资料与数据传递过程的理解。

一、强化任务工作流程理解与掌握

（一）操作步骤

1. 总任务填写；
2. 业务背景填写；
3. 子任务填写；
4. 职责分工填写；
5. 单据来源填写；
6. 本职工作填写；
7. 任务去向填写。

（二）表单填写

二、工作备忘

（一）操作步骤

1. 工作日志表头填写；
2. 工作日志主要内容填写；
3. 工作日志部门会议讨论备忘。

（二）表单填写

第6章

人力资源管理岗位实训

◆ **学习目标**

1. 熟悉企业人力资源部的部门职能、主要岗位职责、主要管理制度及业务处理流程；
2. 结合具体案例，掌握企业人力资源部的绩效目标及主要工作任务；
3. 编制具体的人力资源工作计划和目标；
4. 结合具体案例，按规定流程处理具体的人力资源业务；
5. 展示工作成果，并对人力资源部主要岗位人员进行绩效考核。

◆ **学习任务**

1. 熟悉企业的组织架构，理解掌握人力资源部的部门职能和绩效目标，能够根据部门职能合理设置岗位及编制人数；
2. 理解和掌握企业的战略人力资源目标，熟悉企业各部门的部门职能和绩效目标，清晰描述组织的人力地图，确定各部门的职权表，明晰相应的权利、资源和责任；
3. 理解、掌握、编写企业人力资源相关管理制度；
4. 梳理人力资源业务处理流程，编制人力资源部的业务流程图，说明与其他岗位的相互关系；
5. 确定人力资源部主要岗位人员的关键任务、流程及绩效目标，按工作计划和流程完成各项工作任务，展示工作最终成果；
6. 按工作计划完成企业人力资源规划、人员招聘、员工培训、绩效考评、薪资福利、员工关系等关键任务；
7. 汇报部门工作成果，对个人和部门的绩效进行综合评价。

6.1 工作概述

6.1.1 部门职能

人力资源部是企业发展的助推器，其核心职能是选、训、考、用、留五个方面。人力资源部是对公司人力资源管理工作全过程中的各个环节实行管理、监督、协调、培训、考核评比的专职管理部门，对所承担的工作负责。主要工作职责如下：

- 制订人力资源规划，拟订企业人员编制，编制人力资源支出预算，进行成本控制；
- 拟订、修改、废止、解释人力资源管理制度，进行各部门职责权限划分；
- 负责组织结构设计和职位说明书的编写；
- 进行人员招聘与录用、员工异动和离、退职管理；
- 拟订、研究、改进薪酬管理制度，进行薪酬调整，进行考勤管理，核算和发放职工工资；
- 建设完善培训管理体系，调查、统计分析培训需求，拟订培训计划，组织监督培训工作，进行培训效果评估；
- 负责绩效考核体系建立和绩效考核工作的组织、实施与反馈；
- 劳动关系管理，解决处理人事问题、劳动纠纷，维护稳定和谐的劳动关系；
- 负责人事档案、劳动合同、培训服务协议等资料的汇集整理、存档保管、统计分析；
- 部门内部组织、协调、提升工作的管理。

6.1.2 工作流程

人力资源部的工作目标和标准来源于企业的经营战略和经营目标，其主要业务是招聘与配置、培训与开发、绩效管理、薪酬福利、劳动关系管理等，而这些业务的顺利达成通常需要人力资源部和公司各部门的协同配合。

图6-1表示的是人力资源部的整体结构和各业务流程之间的联系。

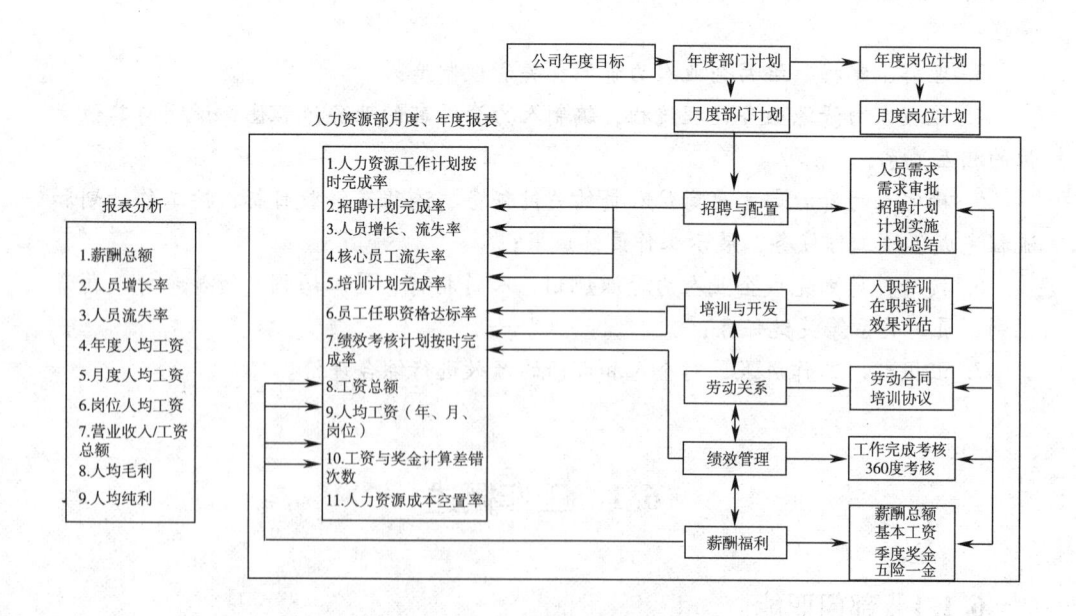

图6-1 人力资源部整体框架

6.2 人力资源部经理岗位

6.2.1 岗位职责

- 建立、健全公司人力资源管理制度;
- 制订招聘计划、培训计划,组织技能考核鉴定和培训实施;
- 人力资源支出预算的编制,成本控制;
- 负责组织公司人员招聘活动;
- 人事材料及报表的检查、监督;
- 组织制定公司考核制度,定期进行员工考核;
- 负责公司全员薪资核算与发放;
- 建立人力资源管理信息系统,为公司的人力资源管理决策提供参考;
- 部门内组织、管理、协调工作。

6.2.2 工作导航

具体内容如表6-1所示。

表6-1　　　　　　　　工作任务与业务流程的对应关系表

任务序号	任务名称	对应工作流程
任务1	期初资料准备	无
任务2	招聘	4.2.26 人员招聘
任务3	借款	4.2.1 借款
任务4	公司组建期人员招聘工作总结	无
任务5	薪酬核算	4.2.24 薪酬核算
任务6	薪酬发放	4.2.5 薪酬发放
任务7	培训调研	4.2.27 培训调研
任务8	审核、指导	无
任务9	填写岗位工作日志	无

6.2.3 岗位实训

任务1　期初资料准备

进入人力资源部经理岗位前,要熟知学习目标和学习任务,深刻领悟部门职能、岗位职责、业务流程和管理制度的内涵。

人力资源部经理在业务工作开展之前需要理解、掌握下列信息:

一、核心制造企业组织结构图

二、岗位设置

三、各岗位工作职责

四、考勤统计表

五、职工薪酬统计表

六、企业代缴福利表

七、职工薪酬统计——部门汇总表

八、银企代发工资协议、职工薪酬发放表

九、第三季度企业经营成果、绩效评定结果

任务2　招聘

一、企业现状

二、招聘工作认识

三、校园招聘操作步骤

具体操作如下：

1. 测评工具准备；

2. 编制校园招聘任务分工日程表；

3. 准备宣讲资料；

4. 发布招聘会通知；

5. 发布招聘会通知宣讲；

6. 收集、筛选简历；

7. 确定面试时间；

8. 发布面试通知；

9. 面试；

10. 公布招聘结果。

四、日常招聘操作步骤

具体操作如下：

1. 面试；

2. 面试结果评定；

3. 面试结果反馈。

五、招聘效果评估

六、任务拓展。

任务3　借款

为方便公司各部门工作人员结算因公需要而发生的零星开支、业务采购、差旅费报销等款项，新团队接手部门经营后各部门需借一定金额的备用金，在综合实训中各部门备用金金额均为500元。

一、部门备用金借款

（一）备用金借款一般流程

（二）操作步骤

1. 去财务部出纳处领取借款单；

2. 填写借款单；

3. 借款审批；

4. 办理借款。

（三）表单填写

（四）业务拓展

二、工资发放借款

（一）业务操作背景

（二）操作步骤

1. 填写借款单；

2. 办理借款。

（三）表单填写

任务4　公司组建期人员招聘工作总结

本实训开始时就要进行公司的组建工作，人力资源部经理需要负责公司除总经理、人力资源部经理两个岗位外的其他岗位的招聘配置工作。本任务要求人力资源部经理以实际的招聘工作过程为背景，撰写公司组建期的招聘总结报告。详细介绍招聘的流程、测评方法的选择、如何面试、招聘的效果分析及这一时期招聘工作经验与不足等。

一、招聘工作总结要求

二、招聘工作心得与体会

三、争先创优评比规则及打分标准

任务5　薪酬核算

人力资源部经理每月月末核算当月工资，制作职工薪酬统计表、职工薪酬统计——部门汇总表、企业代缴福利表、职工薪酬发放表，并将制作完成的表格交财务部经理和总经理审核、签字，准备发放工资。

一、薪酬核算、编制职工薪酬统计表

（一）业务完成资料准备

（二）操作步骤

1. 计算考勤扣款金额；

2. 计算五险一金单位代缴、代扣金额；

3. 计算季度奖金金额；

4. 计算辞退福利；

5. 其他扣款项目金额；

6. 计算应税工资金额；

7. 计算个人所得税金额；

8. 计算实发工资金额。

（三）表单填写

二、制作企业代缴福利表

（一）筛选企业承担五险一金项目

（二）表单填写

三、制作职工薪酬统计——部门汇总表

四、表单审核步骤

具体操作如下：

1. 编制完成报表交财务经理审核签字；

2. 编制完成报表交总经理审核签字；

3. 将签字完成的职工薪酬统计—部门汇总表交财务会计做账；

4. 将职工薪酬统计表、职工薪酬统计—部门汇总表存档。

任务6　薪酬发放

一、业务背景

二、操作步骤

具体操作如下：

1. 制作职工薪酬发放表；

2. 填写借款单；

3. 去银行办理发放手续。

任务7　培训调研

一、培训需求调研

（一）培训需求调研的目的

（二）培训需求调查问卷的填写要求

（三）表单填写

二、培训需求分析

（一）业务背景

（二）操作步骤

1. 汇总整理问题、挑战及培训需求信息；

2. 培训需求分析；

3. 表单填写。

任务8　审核、指导

人力资源部负责公司人力资源的规划、开发与管理工作。"人尽其才，才尽其用"是人力资源部的主要目标。本实训中设有人力资源部经理、人力资源助理两个岗位，人力资源部经理主要负责人力资源部各种业务和日常管理工作的有条不紊运行。

一、人力资源业务工作指导

（一）招聘工作

（二）绩效考核工作

（三）员工辞退

二、部门日常管理工作

任务9　填写岗位工作日志

为使整个学习过程有的放矢，增强学习效果，综合实训中要求填写岗位工作日志、任务流程学习表，此类表格属自制表格，没有固定格式。岗位工作日志用于记录工作内容、落实工作过程中遇到的问题、解决及优化建议；任务流程学习表用于强化学员对任务流程、资料与数据传递过程的理解。

一、强化任务工作流程理解与掌握

（一）操作步骤

1. 总任务填写；

2. 业务背景填写；

3. 子任务填写；

4. 职责分工填写；

5. 单据来源填写；

6. 本职工作填写；

7. 任务去向填写。

（二）相关表单

二、工作备忘

（一）操作步骤

1. 工作日志表头填写；

2. 工作日志主要内容填写；

3. 工作日志部门会议讨论备忘。

（二）相关表单

6.3 人力资源助理岗位

6.3.1 岗位职责

- 招聘渠道的管理与维护，发布招聘信息；
- 筛选应聘简历，预约、安排面试，跟进面试流程；
- 员工档案管理、劳动合同的管理；
- 招聘和培训的组织和实际开展；
- 人事政策和管理制度的执行和贯彻；
- 负责人事信息的实时更新与维护；
- 负责公司员工考勤管理及汇总整理；
- 办理社会保险、住房公积金缴纳等相关手续；
- 负责员工入职、调动、离职等手续办理；
- 协助上级做好人力资源各模块日常性事务工作；
- 负责协助经理做好部门内其他工作。

6.3.2 工作导航

具体内容如表6-2所示。

表6-2　　　　　　　工作任务与业务流程的对应关系表

任务序号	任务名称	对应工作流程
任务1	期初资料准备	无
任务2	完善人事档案	4.2.26 人员招聘
任务3	培训调研	4.2.27 培训调研
任务4	在职人员培训	4.2.28 在职人员培训
任务5	考勤管理	无
任务6	五险一金缴纳与核算	4.2.15 社会保险缴纳与核算
任务7	费用报销	4.2.16 费用报销
任务8	填写岗位工作日志	无

6.3.3 岗位实训

任务1　期初资料准备

进入人力资源助理岗位前，要熟知学习目标和学习任务，深刻领悟部门职能、岗位职责、业务流程和管理制度的内涵。

人力资源助理在业务工作开展之前需要理解、掌握下列信息：

一、人力资源部经理期初数据

（一）人事登记表

（二）职工银行账号信息

（三）哈尔滨市社会保险基数采集表

（四）哈尔滨市社会保险缴费月报表

（五）委托银行代收社会保险协议

（六）五险一金核算表

（七）社会保险、住房公积金同城委托扣款

二、人力资源助理常用表单

任务2　完善人事档案

公司组建后，18名同学正式进入企业学习，人力资源助理负责劳动合同签订事宜，更新人事登记表。

一、签订劳动合同

（一）业务背景

（二）操作步骤

1. 准备劳动合同；

2. 签订劳动合同；

3. 劳动合同盖章；

4. 劳动合同发放与存档。

（三）表单填写

1. 劳动合同签订；

2. 公章、印鉴、资质证照使用申请表填写；

3. 劳动合同管理表。

二、更新人事登记表及银行账号信息

（一）业务背景

（二）操作步骤

1. 制作新的"在职人员花名册"和"员工银行账号信息"；

2. 将制作完成的表单与人力资源部经理共享。

任务3　培训调研

培训需求收集是进行培训需求分析的前期准备工作，人力资源助理在收集资料时要注意把握收集内容的有效性。一般培训需求调查就是对企业中哪些人最需要培训、为什么需要培训、需要培训什么内容等信息进行收集的过程。在综合实训中培训需求调查侧重对各岗位完成工作任务中所遇到的问题、困难、疑惑的收集与汇总。

一、业务背景

二、操作步骤

具体操作如下：

1. 发放培训需求调查问卷；
2. 培训调查问卷填写；
3. 收集培训调查问卷。

三、表单填写

任务 4　在职人员培训

在职人员培训主要是基于企业发展对人员素质要求与现存人力基本现状之间的差距、员工职业发展的要求，是企业为在职人员提供的提升知识储备和工作技能、技巧和实际操作经验的课程、实践安排。

一、培训准备工作

具体内容如下：

1. 联系培训讲师、确定培训场地、协调培训时间；
2. 确定培训目的及培训结果的应用；
3. 依据培训对象设计培训内容、授课方式、考核方式。

二、操作步骤

具体操作如下：

1. 发布培训通知；
2. 组织集中培训；
3. 培训工作总结。

三、表单填写

四、培训结果反馈与应用

任务 5　考勤管理

一、考勤日常管理

（一）业务场景

（二）表单填写

二、考勤统计

（一）操作步骤

1. 考勤结果统计；
2. 考勤结果复核；
3. 送交人力资源经理审核、核算工资。

（二）表单填写

任务 6　五险一金缴纳与核算

"五险"指的是五种保险，包括养老保险、医疗保险、失业保险、工伤保险和生育保险，"一金"指的是住房公积金。其中，养老保险、医疗保险和失业保险这三种险是由企业和个人共同缴纳的保费，工伤保险和生育保险完全是由企业承担的，个人不需要缴费。住房公积金是由企业、个人以职工的月工资为基数按相同比例缴纳。五险一金属国家社会保障制度的重要部分，具有强制性。

一、五险一金增减员申报

（一）五险一金缴费规则

（二）操作步骤

1. 月度增减员信息统计；

2. 五险一金增减员表格填制；

3. 五险一金增减员表盖章；

4. 五险一金缴纳。

（三）表单填写

二、五险一金核算

（一）业务背景

（二）操作步骤

1. 初步计算五险一金缴费金额；

2. 编制五险一金核算表；

3. 核对五险一金缴费金额。

（三）表单填写

三、任务拓展

任务7　费用报销

一、业务背景

二、操作步骤

具体操作如下：

1. 取得发票；

2. 填写支出凭单；

3. 支出凭单审核；

4. 费用报销。

三、表单填写

任务8　填写岗位工作日志

为使整个学习过程有的放矢，增强学习效果，综合实训中要求填写岗位工作日志、任务流程学习表，此类表格属自制表格，没有固定格式。岗位工作日志用于记录工作内容、落实工作过程中遇到的问题、解决及优化建议；任务流程学习表用于强化学员对任务流程、资料与数据传递过程的理解。

一、强化任务工作流程理解与掌握

（一）操作步骤

1. 总任务填写；

2. 业务背景填写；

3. 子任务填写；

4. 职责分工填写；

5. 单据来源填写；

6. 本职工作填写；

7. 任务去向填写。

（二）表单填写

二、工作备忘

（一）操作步骤

1. 工作日志表头填写；
2. 工作日志主要内容填写；
3. 工作日志部门会议讨论备忘。

（二）表单填写

第7章
财务管理岗位实训

◆ 学习目标

1. 熟悉财务部的部门职能、主要岗位职责、绩效考核目标、主要管理制度及业务处理流程（共同要求）；
2. 能熟练且规范地填制、审核各种单据、凭证和账表（共同要求）；
3. 按规定流程处理具体的财务及其相关业务（共同要求）；
4. 展示工作成果（共同要求）；
5. 完成企业财务总体规划，编制财务部的具体工作计划（财务经理）；
6. 对财务部主要岗位人员进行绩效考核（财务经理）；
7. 严格票据管理，保管和使用空白发票、收据要规范（财务会计、出纳）；
8. 组织车间成本核算，保证及时提供准确的原始资料（成本会计）。

◆ 学习任务

财务部经理：

1. 叙述本部门职能，并知道其他部门职能，根据本部门职能，合理设置岗位和实际人数；
2. 编写公司财务方面的主要管理制度，包括会计核算制度和核算方法、费用报销制度、会计工作管理制度等；
3. 绘制本岗位的业务流程图并说明与其他岗位的相互关系；
4. 确定本部门的具体绩效目标，确定本部门的具体工作任务，将工作任务分解到个人，明确时间、进度和工作成果；
5. 按计划完成企业财务部的支付货款、销售开票、报销、成本核算等工作的审核任务；
6. 组织各部门编制收支计划，编制公司的月、季、年度营业计划和财务计划，定期对执行情况进行检查分析；
7. 负责全公司各项财产的登记、核对、抽查及调拨，按规定计算折旧费用，保证资产的资金来源；
8. 进行总账核算、财务报告和财务分析工作；
9. 参与审核公司的重大经济活动；
10. 管理与银行及其他机构的关系；
11. 完成上级交给的其他日常事务性工作。

财务会计：

1. 开具和保管增值税专用发票和普通发票；

2. 办理各种税款的核算、申报与交纳；
3. 除货币资金、存货、生产成本、销售成本外的其他科目的核算；
4. 负责除出纳和成本会计核算以外的其他业务记账凭证的编制；
5. 除货币资金、存货、生产成本、销售成本外的其他科目的账簿的登记；
6. 完成上级交给的其他日常事务性工作。

成本会计：
1. 生产部门日常费用报销；
2. 领用材料的核算；
3. 人工费用的核算；
4. 其他生产费用的核算；
5. 辅助生产的归集与分配；
6. 制造费用的归集与分配；
7. 生产成本的核算；
8. 销售成本的核算；
9. 资产盘点的核算；
10. 记账凭证的编制；
11. 账簿的登记；
12. 完成上级交给的其他日常事务性工作。

出纳：
1. 办理现金收付、银行结算、其他货币资金的收付业务；
2. 保管库存现金、有价证券；
3. 管理"现金收讫"、"现金付讫"印章；
4. 签发并保管支票等重要空白凭证；
5. 登记现金日记账和银行存款日记账；
6. 完成上级交给的其他日常事务性工作。

7.1 工作概述

7.1.1 部门职能

财务部是企业的重要管理部门，主要负责核算和监控企业经营情况、税务管理、资金筹措和运用、向利益关系人报送财务报告和经营管理报告等。其主要职能如下：

会计核算与报表职能。包括会计核算，即依据会计准则归集、处理各类会计信息；报表编制及分析，即及时编制和提交财务报表，按时编制企业对外报送的财务报告；资产管理，保证企业资源的有效利用；成本核算与监控。

会计监督职能。主要包括制定企业的会计制度，编制财务计划或预算，对部门资金的使用情况进行绩效考核等。

参与管理职能。主要包括建立内部控制制度，编制内部管理用报表，进行资金管理，实施财务资金运作，促使企业形成和保持健康的经营状态。

财务部门的这三个职能各不相同，但都基于企业最基本的会计数据。通过对会计数据的分析，了解企业目前的资源情况，随市场变化作出积极的调整，实现企业价值和股东价值最大化。

7.1.2 工作流程

财务部具体工作流程如图7-1所示。

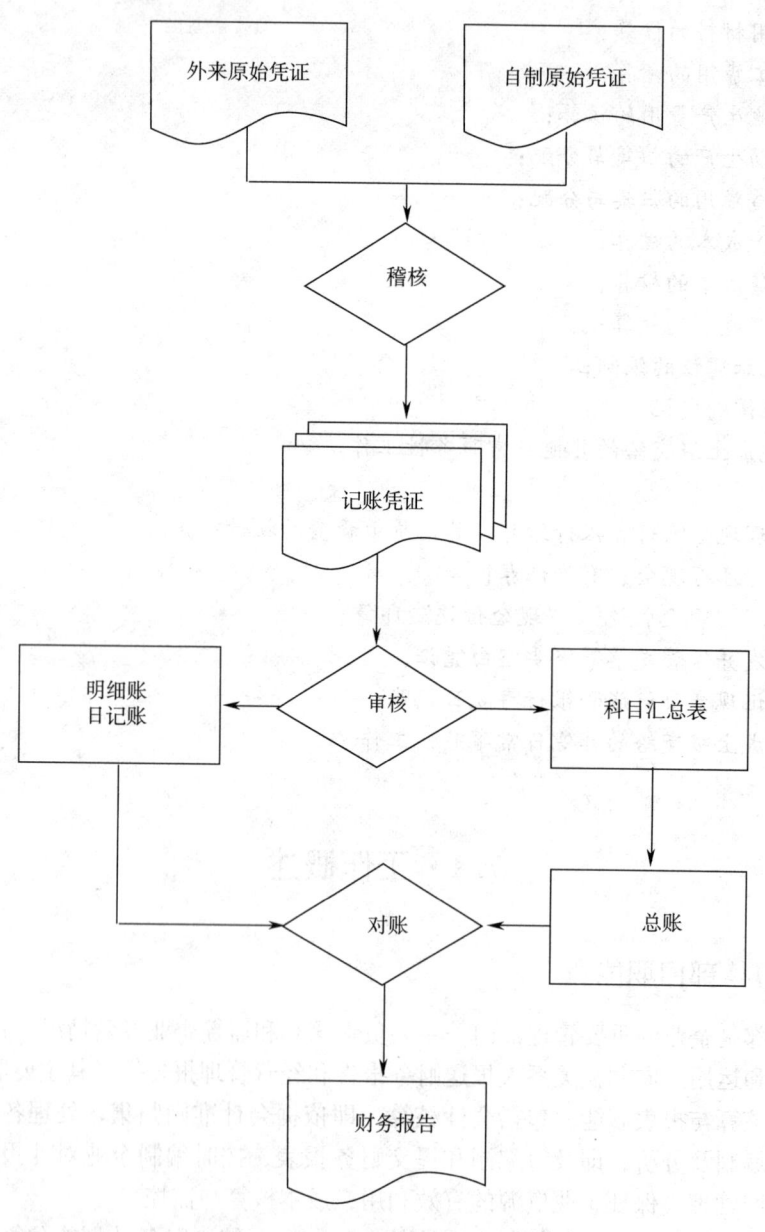

图7-1 财务部工作流程

流程说明：

1. 外来原始凭证是指从和本企业有关系的外部单位得到的单据，如从税务局获得的税收缴款书、办公费发票、车票等；
2. 自制原始凭证是指在企业内部各部门形成的单据，如入库单、工资单、盘点表等；
3. 稽核由编制记账凭证的会计来进行，稽核无误后，编制记账凭证；
4. 审核由财务经理来完成；
5. 根据审核无误的记账凭证，相关人员登记明细账和日记账；
6. 财务经理定期编制科目汇总表并登记总账；
7. 期末，明细账与实物进行账实相对，明细账与总账进行账账相对；
8. 核对无误后，由财务经理编制财务表并进行财务分析。

7.2 财务部经理岗位

7.2.1 岗位职责

财务部经理是财务部的负责人，在总经理或主管副总经理的领导下，负责财务部职责范围内所有工作。具体职责如下：

- 根据公司发展战略，协助公司领导组织制订财务部的战略规划，制订部门工作目标和计划并分解到个人；
- 负责公司的全面财务会计工作；
- 负责制定并完成公司的财务会计制度、规定和办法；
- 解释、解答与公司的财务会计有关的法规和制度；
- 分析检查公司财务收支和预算的执行情况；
- 审核公司的原始单据和办理日常的会计业务；
- 编制财务报表、登记总账及财务数据审定；
- 日常会计凭证审核，包括财务会计的凭证审核和成本会计凭证审核；
- 部门预算制定；
- 负责定期财产清查；
- 负责公司预算制定与监控，包括预算体系建设、日常预算控制、预算支出审核；
- 资金管理、筹融资管理、资金使用计划等；
- 组织期末结算与决算，进行经营分析；
- 保证按时纳税，负责按照国家税法和其他规定严格审查应交税费，督促有关岗位人员及时办理手续；
- 管理与维护更新部门所需的信息。

7.2.2 工作导航

具体内容如表 7-1 所示。

表 7-1　　　　　　　　　工作任务与业务流程的对应关系表

任务序号	任务名称	对应工作流程
任务 1	期初建账	无
任务 2	审核借款单	4.2.1 借款
任务 3	审核税费的缴纳	4.2.4 纳税申报
任务 4	薪酬发放	4.2.5 薪酬发放
任务 5	审批广告投放	4.2.6 广告投放申请
任务 6	审核商品交易会费用	4.2.8 申请参加商品交易会
任务 7	货款回收	4.2.10 货款回收
任务 8	支付材料款	4.2.11 材料款支付
任务 9	审核五险一金缴纳	4.2.15 社会保险缴纳与核算
任务 10	材料入库	4.2.12 采购入库
任务 11	办公费报销	4.2.16 费用报销
任务 12	提现	4.2.29 提现
任务 13	销售发货	4.2.23 销售发货
任务 14	薪酬核算	4.2.24 薪酬核算
任务 15	会务费报销	4.2.16 费用报销
任务 16	计提折旧	4.2.25 计提折旧
任务 17	资产盘点	4.2.34 库存盘点
任务 18	制造费用分配	无
任务 19	结转车架领料成本	无
任务 20	车架成本计算	4.2.13 车架完工入库
任务 21	结转童车领料成本	无
任务 22	整车成本计算	4.2.14 整车组装、完工质检入库
任务 23	在职人员培训	4.2.28 在职人员培训
任务 24	期末结转	无
任务 25	登记总账	无
任务 26	结账	4.2.37 期末结账
任务 27	编制报表	无
任务 28	培训调研	4.2.27 培训调研
任务 29	填写岗位工作日志	无

7.2.3 岗位实训

任务 1　期初建账

进入财务部经理岗位，首先需要检查实训用品，包括总账、期初数据资料、报表及相关办公用品等；然后，根据已经具备的实训装备，开设总账账簿。

一、取得期初科目余额表

二、建账及初始余额登记

（一）认识总账

（二）总账的启用

（三）开设账户

（四）期初余额的过入

任务 2　审核借款单

一、审核借款单

二、签字

三、审核记账凭证

任务 3　审核税费的缴纳

在该业务中，财务部经理要做的主要是对纳税申报表的审核、对纳税申报表盖章的审批和对缴纳税款后记账凭证的审核。

一、审核纳税申报表

二、对公章、印鉴使用申请表的审批

三、记账凭证审核

任务 4　薪酬发放

在该业务中，财务部经理要做的主要是签批转账支票、审核记账凭证。

一、签批支票

二、盖章

三、审核记账凭证

任务 5　审批广告投放

在该业务中，财务部经理要做的主要是审核广告投放申请表、审核支付凭单、签发支票和审核记账凭证。

一、审核广告投放申请表

二、审核支付凭单

三、审核签发支票

四、审核记账凭证

任务 6　审核商品交易会费用

在该业务中，财务部经理要做的主要是审核借款单及参会回执和审核会务费记账凭证。

一、审核会务费借款

二、办理

三、审核记账凭证

任务 7　货款回收

在该业务中，财务部经理要做的主要是审核货款回收的记账凭证。具体内容为：

1. 接收财务会计送来的记账凭证；

2. 审核记账凭证的附件是否齐全、正确；

3. 审核记账凭证的编制是否正确；

4. 审核完毕，签章，交出纳及会计记账。

任务 8　支付材料款

在该业务中，财务部经理要做的主要是审核支付凭单、审核付款的记账凭证。

一、审核支付凭单

二、审核付款的记账凭证

任务 9　审核五险一金缴纳

在该业务中，财务部经理要做的主要是审核缴纳五险一金的记账凭证。

1. 接收财务会计送来的记账凭证；
2. 审核记账凭证；
3. 审核无误，在记账凭证复核处签章，将记账凭证交给会计及出纳记账。

任务 10　材料入库

在该业务中，财务部经理要做的主要是审核材料入库的记账凭证。

1. 接收财务会计交来的记账凭证，进行审核；
2. 审核后，交成本会计登记科目明细账。

任务 11　办公费报销

在该业务中，财务部经理要做的主要是审核支出凭单和记账凭证。

一、审核支出凭单

二、审核记账凭证

任务 12　提现

在该业务中，财务部经理要做的主要是签发现金支票和审核记账凭证。

一、签发支票

二、审核记账凭证

任务 13　销售发货

在该业务中，财务部经理要做的主要是确定客户信用、审核发货单、审核记账凭证。

一、确定客户信用

二、审核发货单

三、审核记账凭证

任务 14　薪酬核算

在该业务中，财务部经理要做的主要是审核职工薪酬统计表、部门汇总表的计算是否正确和薪酬分配审核。

一、薪酬计算的审核

（一）职工薪酬的组成

（二）薪酬计算的审核

二、薪酬分配的审核

（一）科目设置

（二）企业发生应付职工薪酬的主要账务处理

（三）审核记账凭证

任务 15　会务费报销

在该业务中，财务部经理要做的主要是审核报销会务费的记账凭证。此笔报销业务在以前有借款，因此，此处在核对准确借款的情况下进行借款冲回的处理，多退少补。

任务16　计提折旧

在该业务中，财务部经理要做的主要是审核计提折旧的记账凭证，涉及的表单主要有：记账凭证、折旧计算表。

任务17　资产盘点

企业每天都有大量资产的出入库行为，而期间的丢失、破损、报废等损耗更是无法准确掌握，就企业自身而言，盘点就是为了确切掌握某段时期内的库存数量以及损耗等信息，据此分析盈亏、改善管理，避免物料需求计划不准的问题。

一、组织盘点工作

二、审批盘点报告

三、审核记账凭证

以材料盘盈盘亏为例来说明审核的处理。

1. 审核盘盈盘亏记账凭证；

2. 审核报批后的记账凭证。

任务18　制造费用分配

如果一个车间生产两种以上的产品，那么按车间归集的制造费用要在各产品间进行分配。制造费用的分配方法，一般有按生产工人工资、按生产工人工时、按机器工时、按产品产量等标准分配。具体采用哪种分配方法，由企业自行决定。分配方法一经确定，不得随意变更。如需变更，应当在会计报表附注中予以说明。财务部经理的任务主要是对制造费用分配记账凭证进行审核。

任务19　结转车架领料成本

在该业务中，财务部经理要做的主要是审核车架生产领料的记账凭证。

任务20　车架成本计算

在该业务中，财务部经理要做的主要是审核车架完工入库的记账凭证。

任务21　结转童车领料成本

在该业务中，财务部经理要做的主要是审核童车组装领料的记账凭证（重点审核成本科目运用是否正确）。

任务22　整车成本计算

在该业务中，财务部经理要做的主要是审核整车完工入库的记账凭证。

任务23　在职人员培训

在该业务中，财务部经理要做的主要是审核支出凭单、签发支票和审核记账凭证。

一、审核支出

二、签发支票

三、审核记账凭证

任务24　期末结转

在该任务中，财务部经理要做的主要是审核期末结转的系列凭证，包括计提营业税金及附加、销售成本结转、损益结转等。若为年底，还包括本年利润结转和利润分配的核算与结转。

一、审核营业税金及附加计提

二、审核销售成本结转

三、审核损益结转

任务25　登记总账

在该业务中，财务部经理要做的主要是编制科目汇总表和登记总账。

总账的登记依据和方法主要取决于所采用的会计核算形式。它可以直接根据各种记账凭证逐笔登记，也可以先把记账凭证按照一定方式进行汇总，编制成科目汇总表或汇总记账凭证，然后据以登记。实训企业采用科目汇总表方式。

科目汇总表的编制是科目汇总表核算程序的一项重要工作，它是根据一定时期内的全部记账凭证，按科目作为归类标志进行编制的。

一、填写会计科目

二、汇总发生额

三、试算平衡

四、登记总账

任务26　结账

结账是指在把一定时期内发生的全部经济业务登记入账的基础上，计算并记录本期发生额和期末余额。

一、检查记账情况

二、结账

（一）月结

（二）年结

任务27　编制报表

在该任务中，财务部经理的工作主要是编制利润表和资产负债表。

一、编制利润表

二、编制资产负债表

任务28　培训调研

一、培训需求调研的目的

二、培训需求调查问卷的填写要求

三、表单填写

任务29　填写岗位工作日志

为使整个学习过程有的放矢，增强学习效果，综合实训中要求填写岗位工作日志、任务流程学习表，此类表格属自制表格，没有固定格式。岗位工作日志用于记录工作内容、落实工作过程中遇到的问题、解决及优化建议；任务流程学习表用于强化学员对任务流程、资料与数据传递过程的理解。

一、强化任务工作流程理解与掌握

（一）操作步骤

1. 总任务填写；

2. 业务背景填写；

3. 子任务填写；

4. 职责分工填写；

5. 单据来源填写；

6. 本职工作填写；

7. 任务去向填写。

（二）表单填写

二、工作备忘

（一）操作步骤

1. 工作日志表头填写；

2. 工作日志主要内容填写；

3. 工作日志部门会议讨论备忘。

（二）表单填写

7.3 财务会计岗位

7.3.1 岗位职责

财务会计是在财务部经理的领导下，承担除出纳和成本会计核算以外的会计业务的凭证编制和各种明细账的登记；开具、保管增值税发票、普通发票及编制有关的纳税申报表；办理各种税款的核算、申报与缴纳。具体职责如下：

- 开具和保管增值税专用发票和普通发票；
- 办理各种税款的核算、申报与缴纳；
- 除货币资金、存货、生产成本、销售成本外的其他科目的核算；
- 负责除出纳和成本会计核算以外的其他业务记账凭证的编制；
- 除货币资金、存货、生产成本、销售成本外的其他科目的账簿的登记；
- 期末损益结转；
- 保管好各种凭证、账簿、报表及有关纳税计算资料，防止丢失或损坏，按月装订并定期归档。

7.3.2 工作导航

具体内容如表7-2所示。

表7-2　　　　　　　　工作任务与业务流程的对应关系表

任务序号	任务名称	对应工作流程
任务1	期初建账	无
任务2	各部门借款	4.2.1 借款
任务3	税费计算	4.2.3 税费计算
任务4	纳税申报	4.2.4 纳税申报

续表

任务序号	任务名称	对应工作流程
任务5	薪酬发放	4.2.5 薪酬发放
任务6	五险一金缴纳与核算	4.2.2 五险一金财务处理
任务7	薪酬核算	4.2.24 薪酬核算
任务8	日常费用报销	4.2.16 费用报销
任务9	支付专项款	4.2.11 材料款支付（参照）
任务10	货款回收	4.2.10 货款回收
任务11	提现	4.2.29 提现
任务12	销售发货	4.2.23 销售发货
任务13	计提折旧	4.2.25 计提折旧
任务14	期末结账	4.2.37 期末结账
任务15	填写岗位工作日志	无

7.3.3 岗位实训

任务1 期初建账

进入财务会计岗位，首先需要检查实训装备，包括科目余额表、期初文档及相关办公用品等；然后，根据已经具备的实训装备，开设负责的各个明细账账簿。

一、取得期初科目余额表

二、建账及期初余额录入

（一）认识明细账

1. 三栏式；

2. 数量金额式；

3. 多栏式。

（二）明细账的启用

（三）开设账户

（四）期初余额的录入

任务2 各部门借款

一、根据审核后的借款单等编制记账凭证

（一）操作步骤

1. 根据出纳转过来的部门借款单等单据，编制记账凭证；

2. 将记账凭证送交财务部经理审核。

（二）表单填写

1. 编制记账凭证；

2. 后附原始单据。

二、登记明细账

（一）操作步骤

（二）表单填写

任务 3　税费计算

企业根据税法规定应缴纳的各种税费包括增值税、消费税、营业税、城市维护建设税、资源税、企业所得税、土地增值税、房产税、车船使用税、土地使用税、教育费附加、矿产资源补偿费、印花税、耕地占用税等。

模拟企业中的税费主要包括企业所得税、增值税、个人所得税、城建税、教育费附加。按照季度；本季度初缴纳上季度税金。目前企业暂不提供服务项目，所以不用缴纳营业税。

缴纳税费任务主要包括：在已有会计信息基础上，确定税费金额；填写申报资料；送审申报资料；记录税费申报业务。

企业所得税按照上季利润总额的 25% 缴纳；个人所得税按照国家标准的累进税率进行计算及缴纳；增值税的计算，按照会计科目"应交税费＝增值税－销项税"期末贷方余额，减去会计科目"应交税费＝增值税－进项税"期末借方余额，得出的差额，确认当季需要上缴的增值税。城建税按照当季上缴增值税金额的 7% 计算，教育费附加按照当季上缴增值税的 3% 计算确认。

一、计算税费金额并编制纳税申报表

（一）操作步骤

1. 根据资产负债表、利润表及科目余额表计算税费，确定各种税费的金额；

2. 根据资产负债表、利润表及科目余额表和计算的各种税费金额编制各个纳税申报表。

（二）表单填写

（三）任务拓展

二、带财务报表及各纳税申报表送财务部经理和总经理审核

任务 4　纳税申报

一、纳税申报表盖章申请

（一）操作步骤

1. 去行政助理处领取公章、印鉴使用申请表；

2. 填写公章、印鉴使用申请表；

3. 带公章、印鉴使用申请表，所得税纳税申报表，增值税纳税申报表，个人所得税纳税申报表送部门经理审核；

4. 带公章、印鉴使用申请表，所得税纳税申报表，增值税纳税申报表，个人所得税纳税申报表送总经理审批；

5. 带审核并签字完毕的记账凭证附件公章、印鉴使用申请表，所得税纳税申报表，增值税纳税申报表，个人所得税纳税申报表，职工薪酬统计表去行政助理处盖章。

（二）表单填写

二、去税务局纳税申报

（一）操作步骤

1. 去税务局进行纳税申报，向税务人员提交企业所得税纳税申报表、增值税纳

税申报表、个人所得税纳申报表、资产负债表、利润表和职工薪酬统计表；

2. 领取税务申报完成后税务人员签字盖章的企业所得税纳税申报表、增值税纳税申报表、个人所得税纳税申报表、税收缴款书；

3. 回公司后，将企业所得税纳税申报表、增值税纳税申报表、个人所得税纳税申报表归档保存；

4. 将税收缴款书送交出纳。

（二）表单填写

三、编制凭证

（一）操作步骤

1. 接收出纳送来的税收缴款书；

2. 根据出纳交来的税收缴款书编制记账凭证，并将税收缴款书作为附件粘贴在记账凭证后面；

3. 将记账凭证送交财务部经理审核。

（二）表单填写

（三）任务拓展

四、登记应交税费明细账

（一）操作步骤

根据经务财部经理审核无误的记账凭证，登记应交税费明细账。

（二）表单填写

（三）任务拓展

任务 5　薪酬发放

一、根据职工薪酬统计表等编制记账凭证

（一）操作步骤

1. 根据出纳转过来的转账支票存根及职工薪酬统计表，编制记账凭证；

2. 将记账凭证送交财务部经理审核。

（二）表单填写

1. 编制记账凭证；

2. 后附原始单据。

二、登记明细账

（一）操作步骤

根据经财务部经理审核无误的记账凭证，登记应付职工薪酬明细账。

（二）表单填写

任务 6　五险一金缴纳与核算

一、根据五险一金付款通知编制记账凭证

（一）操作步骤

1. 根据出纳转过来的社会保险费收款凭证（付款通知）及住房公积金收款凭证（付款通知），编制记账凭证；

2. 将记账凭证送交财务部经理审核。

（二）表单填写

1. 编制记账凭证；
2. 后附原始单据。

二、登记明细账

（一）操作步骤

根据经财务部经理审核无误的记账凭证，登记应付职工薪酬明细账。

（二）表单填写

登记应付职工薪酬明细账。

任务 7　薪酬核算

一、根据职工薪酬统计表等编制记账凭证

（一）操作步骤

1. 根据人力资源部提交过来的分部门的职工薪酬统计表编制记账凭证；
2. 将记账凭证送交财务部经理审核。

（二）表单填写

1. 编制记账凭证；
2. 后附原始单据。

（三）任务拓展

二、登记明细账

（一）操作步骤

根据经财务部经理审核无误的记账凭证，登记应付职工薪酬、管理费用、销售费用等明细账。

（二）表单填写

任务 8　日常费用报销

日常费用主要包括差旅费、电话费、交通费、办公费、低值易耗品及备品备件、业务招待费、会务费、培训费、资料费等。

费用报销的一般流程：报销人整理报销单据并填写对应费用报销单→部门经理审核签字→财务部门复核→总经理审批→到出纳处报销。

一、对支出凭单进行审核并根据发票等编制记账凭证

（一）操作步骤

1. 对业务人员提供的支出凭单进行业务审核，确认无误后签字；
2. 根据出纳员提供的支出凭单、发票、支票存根等编制记账凭证；
3. 将记账凭证送交财务部经理审核。

（二）表单填写

1. 编制记账凭证；
2. 后附原始单据。

二、登记明细账

（一）操作步骤

根据经财务部经理审核无误的记账凭证，登记管理费用或者销售费用等明细账。

（二）表单填写

任务9 支付专项款

本公司专项款的范围包括材料款、广告费、固定资产购置款等。

一、对支出凭单进行审核并根据其编制记账凭证

（一）操作步骤

1. 对业务办理人员提供的支出凭单进行业务审核，确认无误后签字；
2. 根据出纳员提供的支出凭单、发票和转账支票存根等编制记账凭证；
3. 将记账凭证送交财务部经理审核。

（二）表单填写

1. 编制记账凭证；
2. 后附原始单据。

二、登记明细账

（一）操作步骤

根据经财务部经理审核无误的记账凭证，登记销售费用等明细账。

（二）表单填写

任务10 货款回收

一、根据银行进账单编制记账凭证

（一）操作步骤

1. 根据出纳转交过来的银行进账单编制记账凭证；
2. 将记账凭证送交财务部经理审核。

（二）表单填写

1. 编制记账凭证；
2. 后附原始单据。

二、登记明细账

（一）操作步骤

1. 根据财务部经理审核无误后的记账凭证，登记科目明细账；
2. 将记账凭证转交出纳登记银行存款日记账。

（二）表单填写

任务11 提现

一、根据现金支票存根编制记账凭证

（一）操作步骤

1. 根据出纳转交过来的现金支票存根编制记账凭证；
2. 将记账凭证送交财务部经理审核。

（二）表单填写

1. 编制记账凭证；
2. 后附原始单据。

二、出纳登记现金和银行存款日记账

财务部经理审核无误后，由出纳登记现金和银行存款日记账，此笔业务财务会计不登记明细账。

任务 12　销售发货

一、开具销售发票

（一）操作步骤

1. 从销售专员处获取卖给该客户的销售价格；

2. 根据仓储部提交的销售出库单，结合销售价格，开具销售发票。

（二）表单填写

（三）任务拓展

二、编制记账凭证并登记明细账

（一）操作步骤

1. 根据出库单和销售发票编制记账凭证；

2. 将记账凭证送交财务部经理审核；

3. 根据财务部经理审核后的记账凭证登记主营业务收入、应收账款、应交税费明细账。

（二）表单填写

1. 编制记账凭证；

2. 后附原始单据。

任务 13　计提折旧

一、编制折旧计算表

（一）操作步骤

1. 根据固定资产政策及固定资产折旧计算表计提折旧；

2. 编制固定资产折旧计算表。

（二）表单填写

二、根据折旧计算表编制记账凭证

（一）操作步骤

1. 根据折旧计算表编制记账凭证；

2. 将记账凭证送交财务部经理审核。

（二）表单填写

1. 编制记账凭证；

2. 后附原始单据。

（三）任务拓展

三、登记明细账

（一）操作步骤

根据经财务部经理审核无误的记账凭证，登记管理费用、累计折旧等明细账。

（二）表单填写

任务 14　期末结账

一、计提营业税金及附加并编制凭证

（一）操作步骤

1. 对所有流转税进行汇总；

2. 将应交税费——应交增值税、应交税费——应交营业税和应交税费——应交消费税明细账进行结账；

3. 结出应交流转税余额，以其为依据计提城市维护建设税和教育费附加。

（二）表单填写

二、将损益类科目转入本年利润科目

（一）操作步骤

1. 对所有损益类科目进行汇总；

2. 将汇总后的损益类科目转入本年利润科目，结转后的损益类科目余额为零；

3. 将以上记账凭证送交财务部经理审核。

（二）表单填写

三、登记明细账并进行月末结账

结账是指在把一定时期内发生的全部经济业务登记入账的基础上，计算并记录本期发生额和期末余额。

（一）操作步骤

1. 根据经财务部经理审核无误的记账凭证，登记所有损益类科目和本年利润明细账；

2. 月末对账无误后，进行上述各科目结账。

（二）表单填写

（三）任务拓展

任务15　填写岗位工作日志

为使整个学习过程有的放矢，增强学习效果，综合实训中要求填写岗位工作日志、任务流程学习表，此类表格属自制表格，没有固定格式。岗位工作日志用于记录工作内容、落实工作过程中遇到的问题、解决及优化建议；任务流程学习表用于强化学员对任务流程、资料与数据传递过程的理解。

一、强化任务工作流程理解与掌握

（一）操作步骤

1. 总任务填写；

2. 业务背景填写；

3. 子任务填写；

4. 职责分工填写；

5. 单据来源填写；

6. 本职工作填写；

7. 任务去向填写。

（二）表单填写

二、工作备忘

（一）操作步骤

1. 工作日志表头填写；

2. 工作日志主要内容填写；

3. 工作日志部门会议讨论备忘。

（二）表单填写

7.4 成本会计岗位

7.4.1 岗位职责

成本会计是在财务部经理的领导下,承担材料及产品成本核算,主要包括存货入库和领用记账、销售记账、存货成本计价、产品成本核算、成本分析等。具体职责如下:
- 材料采购入库登记;
- 材料领用登记及计价;
- 产品出入库登记;
- 费用归集与分摊;
- 产成品成本计算;
- 销售成本结转;
- 成本分析及控制;
- 负责生产成本的核算,认真进行成本、开支的事前审核;
- 认真核对各项原料、物料、成品、在制品收付事项;
- 保管好各种凭证、账簿、报表及有关成本计算资料,防止丢失或损坏,按月装订并定期归档;
- 参与存货的清查盘点工作,企业在财产清查中盘盈、盘亏的资产,要分别情况进行不同的处理。

7.4.2 工作导航

具体内容如表 7-3 所示。

表 7-3　　　　　　　工作任务与业务流程的对应关系表

任务序号	任务名称	对应工作流程
任务1	期初建账	无
任务2	材料款支付	4.2.11 材料款支付
任务3	采购入库	4.2.12 采购入库
任务4	车架完工入库	4.2.13 车架完工入库
任务5	整车完工入库	4.2.14 整车组装、完工质检入库
任务6	车架生产领料	4.2.21 生产领料、车架开工
任务7	整车生产领料	4.2.22 生产领料、童车组装
任务8	薪酬核算	4.2.24 薪酬核算
任务9	计提折旧	4.2.25 计提折旧
任务10	资产盘点	4.2.34 库存盘点
任务11	制造费用分配	无
任务12	销售发货	4.2.23 销售发货

续表

任务序号	任务名称	对应工作流程
任务13	结转车架领料成本	无
任务14	车架成本计算	无
任务15	结转童车领料成本	无
任务16	整车成本计算	无
任务17	计算商品销售成本	无
任务18	结账	4.2.37 期末结账
任务19	培训调研	4.2.27 培训调研
任务20	填写岗位工作日志	无

7.4.3 岗位实训

任务1 期初建账

进入成本会计岗位，首先需要检查实训装备，包括单据、期初文档、账簿、报表及相关办公用品等；然后，根据已经具备的实训装备，开设数量金额明细账。

一、取得期初科目余额表

二、建账及初始余额登记

1. 认识三栏式明细账、数量金额明细账、多栏式明细账。
2. 明细账的启用。
3. 开设账户。
（1）数量金额明细账的开设；
（2）多栏式明细账的开设方法；
（3）三栏式明细账的开设。
4. 数量金额明细账期初余额的登记。
5. 多栏式明细账期初余额的登记。
6. 三栏式明细账期初余额的登记。

任务2 材料款支付

在该业务中，成本会计要做的主要是审核支出凭单、编制记账凭证和登记往来明细账。

一、任务拓展

（一）记账凭证简介

（二）记账凭证的分类

（三）记账凭证的基本内容

（四）记账凭证编制要求

二、操作步骤

（一）审核支出凭单

（二）签字确认

（三）编制记账凭证

（四）登记明细账

任务 3　采购入库

在该业务中，成本会计要做的主要是编制材料入库的记账凭证和登记材料明细账。

一、任务拓展

（一）原始凭证的审核

（二）增值税专用发票的审核

二、具体操作

我们以车轮为例来说明采购入库成本会计的业务操作。

1．审核原始凭证；

2．编制记账凭证；

3．登记材料明细账和应付账款明细账。

任务 4　车架完工入库

在该任务中，成本会计要做的主要根据入库单登记半成品明细账的数量（成本月末统一计算）。

任务 5　整车完工入库

在该任务中，成本会计要做的主要根据入库单登记库存商品明细账的数量（成本月末统一计算）。

任务 6　车架生产领料

在该任务中，成本会计要做的主要根据材料出库单登记原材料明细账（成本月末统一计算）。

任务 7　整车生产领料

在该任务中，成本会计要做的主要是根据材料出库单登记原材料明细账的数量（成本月末统一计算）。

任务 8　薪酬核算

在该任务中，成本会计要做的主要是根据记账凭证登记生产成本明细账。

任务 9　计提折旧

在该任务中，成本会计要做的主要是根据折旧计提的凭证登记制造费用明细账。

任务 10　资产盘点

企业每天都有大量资产的出入库行为，而期间的丢失、破损、报废等损耗更是无法准确掌握，就企业自身而言，盘点就是为了确切掌握某段时期内的库存数量以及损耗等信息，据此分析盈亏、改善管理，避免物料需求计划不准的问题。

盘点方式有多种，而且不同的盘点方式可以组合运用，企业可以根据自身的情况加以选择。常见的盘点方式有定期盘点（年终盘点、年中盘点、季度盘点、月度盘点）和不定期盘点（如为特定目的对特定物料进行的临时盘点）。

在该任务中，成本会计要做的主要是参与盘点工作、编制盘点记账凭证、登记相关资产明细账。

一、参与盘点工作

二、编制盘点记账凭证

三、登记资产明细账

任务 11　制造费用分配

制造费用包括产品生产成本中除直接材料和直接工资以外的其余一切生产成本，主要包括企业各个生产单位（车间、分厂）为组织和管理生产所发生的一切费用。制造费用一般间接计入成本，当制造费用发生时一般无法直接判定它所归属的成本计算对象，因而不能直接计入所生产的产品成本中去，而须按费用发生的地点先行归集，月终时再采用一定的方法在各成本计算对象间进行分配，计入各成本计算对象的成本中。

成本会计的任务主要是对制造费用进行分配和结转，计入各产品的生产成本并编制记账凭证，登记明细账。

一、制造费用分配

（一）结转制造费用账户余额

（二）编制制造费用分配表

二、编制记账凭证

三、登记制造费用明细账

四、登记生产成本明细账

任务 12　销售发货

在该任务中，成本会计要做的主要是根据销售出库单登记库存商品明细账的数量部分（成本月末统一核算）。

一、销货记账凭证及附件

二、库存商品明细账登记

任务 13　结转车架领料成本

在该任务中，成本会计要做的主要是计算领用材料的成本、编制领料的记账凭证、登记生产成本明细账。

一、计算领料成本

二、编制领料汇总表

三、编制记账凭证

四、登记明细账

任务 14　车架成本计算

在该任务中，成本会计要做的主要是计算完工车架的成本、编制完工入库的记账凭证、补记半成品明细账、登记生产成本明细账。

一、计算完工车架成本

二、编制记账凭证

三、补记半成品明细账

四、登记生产成本明细账

任务 15　结转童车领料成本

在该任务中，成本会计要做的主要是计算童车领用材料的成本、编制领料的记账凭证、登记生产成本明细账。

一、计算领料成本

二、编制领料汇总表
三、编制记账凭证
四、登记生产成本明细账

任务 16　整车成本计算

在该任务中，成本会计要做的主要是计算完工童车的成本、编制完工入库的记账凭证、登记库存商品明细账和生产成本明细账。

一、计算完工童车成本
二、编制记账凭证
三、登记库存商品明细账
四、登记生产成本明细账

任务 17　计算商品销售成本

在该任务中，成本会计要做的主要是计算已售商品的销售成本、编制销售成本结转的记账凭证和登记库存商品明细账。

一、计算商品销售成本
二、编制记账凭证
三、登记库存商品明细账

任务 18　结账

结账是指在把一定时期内发生的全部经济业务登记入账的基础上，计算并记录本期发生额和期末余额。结账程序一般为：

一、检查记账情况
二、结账
（一）月结时
（二）年结时

任务 19　培训调研

一、培训需求调研的目的
二、培训需求调查问卷的填写要求
三、表单填写

任务 20　填写岗位工作日志

为使整个学习过程有的放矢，增强学习效果，综合实训中要求填写岗位工作日志、任务流程学习表，此类表格属自制表格，没有固定格式。岗位工作日志用于记录工作内容、落实工作过程中遇到的问题、解决及优化建议；任务流程学习表用于强化学员对任务流程、资料与数据传递过程的理解。

一、强化任务工作流程理解与掌握
（一）操作步骤
1. 总任务填写；
2. 业务背景填写；
3. 子任务填写；
4. 职责分工填写；
5. 单据来源填写；

6. 本职工作填写；
7. 任务去向填写。
（二）表单填写
二、工作备忘
（一）操作步骤
1. 工作日志表头填写；
2. 工作日志主要内容填写；
3. 工作日志部门会议讨论备忘。
（二）表单填写

7.5　出纳岗位

7.5.1　岗位职责

出纳是在财务部经理的领导下，承担现金收付、银行结算、其他货币资金的收付业务以及登记现金日记账和银行存款日记账。具体职责如下：

- 负责现金收入和支出管理，检查和清点每日收到和支出现金的余额，做到日清日结；
- 负责签收和整理各种支票、汇票等，编制进账单，及时送存银行；
- 保管库存现金、有价证券；
- 管理"现金收讫"、"现金付讫"印章；
- 签发并保管支票等重要空白凭证；
- 登记现金日记账和银行存款日记账；
- 及时将原始单据传递给财务会计或成本会计编制记账凭证，配合同事的工作；
- 严格执行现金清点盘点制度，每日核对库存现金，做到账款相符，确保现金的安全；
- 保管好收支结算报表，防止丢失或损坏，按月装订并定期归档；
- 完成上级交给的其他日常事务性工作。

7.5.2　工作导航

具体内容如表7-4所示。

表7-4　　　　　　　　工作任务与业务流程的对应关系表

任务序号	任务名称	对应工作流程
任务1	期初建账	无
任务2	各部门借款	4.2.1 借款
任务3	提现	4.2.29 提现
任务4	纳税申报	4.2.4 纳税申报

续表

任务序号	任务名称	对应工作流程
任务5	薪酬发放	4.2.5 薪酬发放
任务6	五险一金缴纳与核算	4.2.15 社会保险缴纳与核算
任务7	材料款支付	4.2.11 材料款支付
任务8	日常费用报销	4.2.16 费用报销
任务9	支付专项款	4.2.11 材料款支付（参照）
任务10	货款回收	4.2.10 货款回收
任务11	现金盘点	4.2.33 现金盘点
任务12	期末结账	4.2.37 期末结账
任务13	填写岗位工作日志	无

7.5.3 岗位实训

任务1 期初建账

进入出纳岗位，首先需要检查实训装备，包括现金日记账、银行存款日记账、期初文档及相关办公用品等；然后，根据已经具备的实训装备，开设日记账账簿。

一、取得期初科目余额表

二、建账及期初余额录入

具体步骤如下：

（一）认识日记账

（二）日记账的启用

（三）开设账户并录入期初余额

任务2 各部门借款

一、办理部门借款手续

（一）操作步骤

1. 根据签字手续齐全的借款单确定看是支付现金还是开具转账支票；

2. 支付现金500元给借款人，并在借款单上盖"现金付讫"印章（举例：营销部借备用金500元）；

3. 开具转账支票2 000元给借款人，并在借款单上盖"银行付讫"印章（举例：采购部申请参加商品交易会借会务费2 000元）。

（二）表单填写

（三）任务拓展

二、登记现金日记账或者银行存款日记账

（一）操作步骤

1. 将借款单等交给财务会计编制记账凭证；

2. 根据财务部经理审核后的记账凭证登记现金日记账或银行存款日记账；

3. 登账后将记账凭证交财务会计登记科目明细账。

（二）表单填写

任务3　提现

一、签发现金支票。

（一）操作步骤

1. 填写现金支票并找财务部经理加盖预留银行印鉴；
2. 登记支票登记簿；
3. 将现金支票交给银行，银行审核后支付现金。

（二）表单填写

（三）任务拓展

二、登记现金日记账和银行存款日记账

（一）操作步骤

1. 将现金支票存根交财务会计填写记账凭证；
2. 根据财务部经理审核后的记账凭证，登记现金日记账和银行存款日记账。

（二）表单填写

（三）任务拓展

任务4　纳税申报

一、缴纳税款

（一）操作步骤

1. 持财务会计送来的税务局开具的税收缴款书去银行缴纳税款；
2. 领取银行划款完毕盖章后的税收缴款书；
3. 将税收缴款书、个人所得税完税证明送交财务会计。

（二）表单填写

（三）注意事项

二、登记银行存款日记账

（一）操作步骤

1. 根据财务部经理审核后的记账凭证登记银行存款日记账；
2. 将记账凭证交财务会计登记科目明细账。

（二）表单填写

任务5　薪酬发放

一、办理职工薪酬支付手续

（一）操作步骤

1. 接收人力资源部经理送来的职工薪酬发放表；
2. 核对财务部经理、总经理是否已审核职工薪酬发放表并签字；
3. 核对无误，在职工薪酬发放表上盖财务专用章；
4. 根据职工薪酬发放表的实发工资总额签发转账支票，然后找财务部经理盖章；
5. 将支票存根剪裁下来留存，将盖章后的支票交给人力资源部经理，由他去银行代发工资；
6. 登记支票登记簿。

（二）表单填写

（三）任务拓展

二、登记银行存款日记账

（一）操作步骤

1. 将职工薪酬发放表和转账支票存根交财务会计填写记账凭证；

2. 根据财务部经理审核后的记账凭证登记银行存款日记账；

3. 将记账凭证交财务会计登记科目明细账。

（二）表单填写

任务6　五险一金缴纳与核算

一、领取银行五险一金扣款回执

（一）操作步骤

1. 去银行领取社会保险、住房公积金委托扣款凭证——付款通知单；

2. 告知人力资源助理本月社会保险、住房公积金扣款金额；

3. 将去银行领取的社会保险、住房公积金委托扣款凭证——付款通知单交给财务会计编制记账凭证。

（二）表单填写

二、登记银行存款日记账

（一）操作步骤

1. 根据财务部经理审核后的记账凭证，登记银行存款日记账；

2. 把审核后的记账凭证转给财务会计登记明细账。

（二）表单填写

任务7　材料款支付

一、签发转账支票（同城）或者办理电汇（异地）付款

（一）操作步骤

1. 根据财务部经理审核的支付凭单办理支付手续；

2. 若是同城付款，签发转账支票，将财务部经理盖章后的转账支票交采购员，支票存根留下；

3. 登记支票登记簿；

4. 若是异地付款，出纳根据业务员提供的收款人全称、账号、汇入行等信息到银行办理电汇；

5. 将支出凭单及支票存根或者电汇付款回单交给财务会计编制记账凭证。

（二）表单填写

（三）任务拓展

（四）注意事项（支票的填写）

二、登记银行存款日记账

（一）操作步骤

1. 根据财务部经理审核后的记账凭证，登记银行存款日记账；

2. 把审核后的记账凭证转给成本会计登记明细账。

（二）表单填写

任务8　日常费用报销

一、办理支付手续

（一）操作步骤

1. 根据财务部经理审核的发票办理付款手续；
2. 支付现金时在支出凭单上加盖"现金付讫"章；
3. 把支出凭单和发票转给财务会计编制凭证。

（二）表单填写

（三）任务拓展

二、登记现金日记账

（一）操作步骤

1. 根据财务部经理审核后的记账凭证登记现金日记账；
2. 将审核后的记账凭证转给财务会计登记明细账。

（二）表单填写

（三）注意事项

任务9　支付专项款

本公司专项款的范围包括材料款、广告费、固定资产购置款等。

一、办理专项款支付手续

（一）操作步骤

1. 根据财务部经理和总经理审核的额度内的发票与支出凭单办理付款手续；
2. 签发转账支票；
3. 将转账支票交给营销部经理，转账支票存根留下；
4. 登记支票登记簿。

（二）表单填写

二、登记银行存款日记账

（一）操作步骤

1. 根据财务部经理审核后的记账凭证登记银行存款日记账；
2. 把审核后的记账凭证转给财务会计登记明细账。

（二）表单填写

任务10　货款回收

一、编制银行进账单或去银行取回单

（一）操作步骤

同城取得支票时：

1. 根据销售订单明细表收取转账支票；
2. 将转账支票存入银行，编制银行进账单；
3. 将银行进账单回单交财务会计编制会计凭证。

异地取得电汇时：

1. 确认销售专员提供的应收款数额；
2. 去银行取回该笔货款的电汇进账回单；
3. 将银行电汇进账回单交财务会计编制会计凭证。

（二）表单填写

（三）任务拓展

二、登记银行存款日记账

（一）操作步骤

1. 根据财务部经理审核后的记账凭证登记银行存款日记账；

2. 登记完毕后，将记账凭证交财务会计登记明细账。

（二）表单填写

任务 11　现金盘点

一、盘点库存现金

（一）操作步骤

1. 结出现金日记账的账面余额；

2. 盘点库存现金。

（二）表单填写

（三）任务拓展

二、填写现金盘点报告单

（一）操作步骤

1. 填写现金盘点报告单；

2. 将现金盘点报告单交财务会计填写记账凭证。

（二）表单填写

（三）任务拓展

任务 12　期末结账

结账是指在把一定时期内发生的全部经济业务登记入账的基础上，计算并记录本期发生额和期末余额。

会计人员应按照规定，对现金、银行存款日记账按日结账，对其他账户按月、季、年结账。

一、编制银行存款余额调节表

（一）操作步骤

1. 现金盘点后，填写现金盘点报告单；

2. 根据银行对账单和银行存款日记账编制银行存款余额调节表。

（二）表单填写

（三）注意事项

二、现金和银行存款日记账结账

（一）操作步骤

1. 月末对账无误后，进行现金日记账结账；

2. 月末对账无误后，进行银行存款日记账结账。

（二）表单填写

（三）任务拓展

任务 13　填写岗位工作日志

为使整个学习过程有的放矢，增强学习效果，综合实训中要求填写岗位工作日志、任务流程学习表,此类表格属自制表格,没有固定格式。岗位工作日志用于记录工作内容、落实工作过程中遇到的问题、解决及优化建议;任务流程学习表用于强化学员对任务流程、资料与数据传递过程的理解。

一、强化任务工作流程理解与掌握

(一)操作步骤

1. 总任务填写;
2. 业务背景填写;
3. 子任务填写;
4. 职责分工填写;
5. 单据来源填写;
6. 本职工作填写;
7. 任务去向填写。

(二)表单填写

二、工作备忘

(一)操作步骤

1. 工作日志表头填写;
2. 工作日志主要内容填写;
3. 工作日志部门会议讨论备忘。

(二)表单填写

第8章 采购管理岗位实训

◆ **学习目标**

1. 熟悉采购部的部门职能、主要岗位职责及主要管理制度;
2. 掌握物品采购战略、采购计划和预算、采购合同和采购订单的编制;
3. 掌握供应商的筛选、谈判、采购合同管理、供应商开发和考评方法;
4. 掌握库存控制、成本控制和订单跟踪有关采购策略的应用,控制采购成本;
5. 具有企业经营意识和采购供应一体化服务观念,提高供应服务质量;
6. 在真实的职业环境中,培养学生具有诚信敬业、团结协作的职业道德;
7. 结合具体案例和相对流程,按规定流程处理具体的采购部业务;
8. 展示工作成果并对采购主要岗位人员进行绩效考核。

◆ **学习任务**

1. 叙述本部门职能并了解其他相关部门的职能,根据本部门的分工合理设置岗位、合理制定各岗位的职责;
2. 编写采购部的主要管理制度,包括采购计划管理制度、供应商的开发与管理制度、采购合同管理制度、采购付款管理制度等;
3. 绘制本岗位的业务流程图并说明与其他岗位的相互关系;
4. 编制采购计划和预算并执行,登记采购合同执行情况表和采购月报表;
5. 拟订采购合同,组织采购谈判和签订合同,汇总采购谈判的技术要点和采购合同的格式;
6. 编制本部门的绩效考核表,汇报工作成果,进行个人和部门的绩效评价,提出改进方法;
7. 进行采购类型和采购成本分析,编制采购部下年度经营规划。

8.1 工作概述

8.1.1 部门职能

采购部是企业的重要业务部门,主要职能如下:

- 采购计划管理:审核企业生产部呈报的年度物料需求计划,统筹策划和编制采购计划等;
- 供应商管理:开发和选择供应商,对供应商进行考评,建立完整的供应商档案库等；
- 采购活动管理：根据采购计划，下达采购订单，协调供应商送货、验货入库和支付货款；
- 采购合同管理：组织采购合同的评审，建立采购合同台账，并对合同的执行进行监督等；
- 采购成本管理：实施科学的库存策略和采购策略，以综合采购总成本最低供应生产所需；
- 采购订单管理：对采购订单进行执行前、执行中、执行后跟踪，及时处理突发问题。

8.1.2 工作流程

采购部工作流程如图8-2所示。

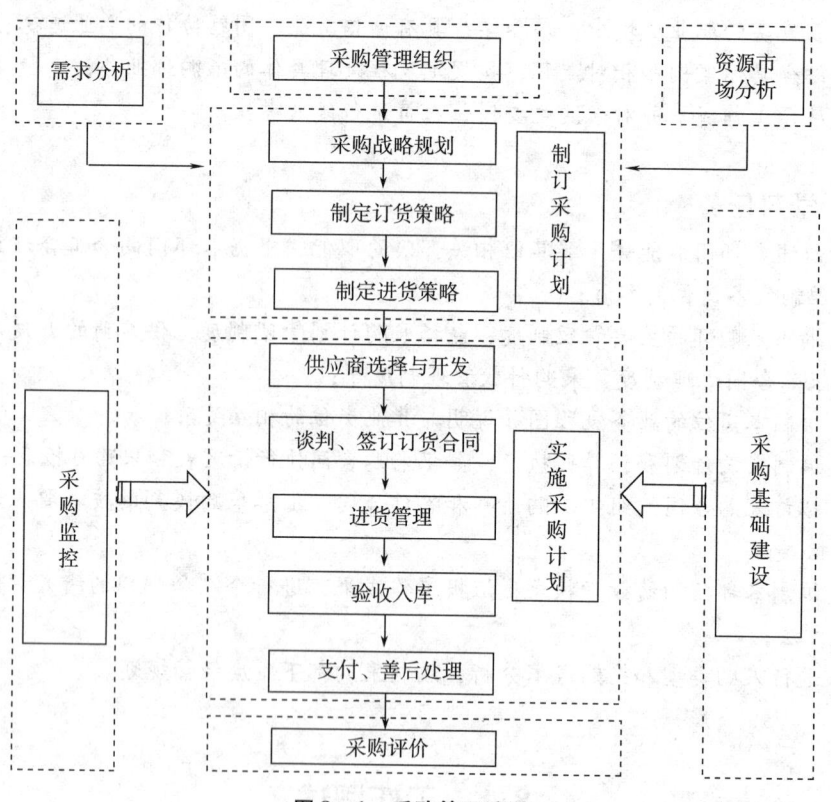

图8-1 采购管理流程

8.2 采购部经理岗位

8.2.1 岗位职责

根据企业经营目标和采购部业务特点，采购部一般设有采购经理岗位，要求采购经理具有较强的"经营意识"，并综合运用采购专业知识和技能实施有效管理，实现采购管理目标。采购经理岗位具体职责如下：
- 统筹采购规划和确定采购内容，保证满足经营活动的需要，降低库存成本；
- 制订采购计划和目标，改进采购的工作流程和标准，降低库存成本；
- 参与收集供应商信息，开发、选择、处理与考核供应商，建立供应商档案管理制度；
- 负责采购物流、资金流、信息流的管理工作；
- 审核、签署与监督执行采购合同，审核采购订单和物资调拨单；
- 根据需要采取相应的应急行动或进行后续跟踪，保证完成紧急采购任务；
- 解决与供应商在合同上产生的分歧以及支付条款问题；
- 负责制定本部门各级人员的职责和权限，负责指导、管理、监督本部门人员的业务工作，做好下属人员的绩效考核和奖励惩罚工作，进行部门建设、部门内员工的管理培训工作；
- 负责并确保所采取的采购行为符合有关政策、法规和道德规范；
- 完成上级领导交办的其他临时性工作。

8.2.2 工作导航

具体内容如表 8-1 所示。

表 8-1　　　　　　　　　工作任务与业务流程的对应关系表

任务序号	任务名称	对应工作流程
任务 1	期初资料准备	无
任务 2	采购部借备用金	4.2.1 借款
任务 3	编制采购合同草案	无
任务 4	编制采购计划	4.2.17 制订业务计划
任务 5	签订采购合同	4.2.18 签订采购合同
任务 6	填写岗位工作日志和培训需求表	无

8.2.3 岗位实训

任务 1　期初资料准备

本案例中，采购部根据企业的需要作出如下决定：按季度与供应商签订采购合同；每月向各供应商下达 1 次订单；从发出采购订单到收到采购物料的时间为 1 个月即采购提前期为 1 个月；收到物料后的次月支付货款；发出订单和收到物料后，填写"采购合同执行情况表"和"供应商考核记录表"。采购部为完成 10 月工作任务，需要的"期初资料"和"期初表单"如下。

一、采购部期初资料

1. 8 月下达的采购订单；
2. 9 月下达的采购订单；
3. 9 月材料入库单；
4. 采购合同执行情况记录表；

5. 第四季度期初库存；
6. 经济型童车结构图和物料清单；
7. 企业产能报表；
8. 经济童车供应商信息表；
9. 采购部期初资料一览表。

二、采购部期初单据

1. 采购订单；
2. 采购合同样本；
3. 供应商考评记录表；
4. 采购合同执行情况表；
5. 采购计划表。

任务2 采购部借备用金

备用金是采购部为应急、合理的例外支出而准备的，本案例规定各部门准借备用金500元，并按照规定程序到财务部办理借款手续。具体步骤如下：

1. 到财务部领取借款单；
2. 采购经理填写借款单；
3. 请财务部经理审批借款单；
4. 审批后到财务部出纳处领取现金。

任务3 编写采购合同草案

编写采购合同草案是根据采购物料的品类、供应市场状况，针对采购物品的规格、技术标准、质量保证、订购数量、包装要求、售后服务、价格、交货日期与地点、运输方式、付款条件等与供应商沟通后，按照采购合同的规定格式制定规范文本，为签订合同打下基础。具体步骤如下：

1. 召集采购部会议，进行编写分工；
2. 分析供应商考评记录，确定各类物料采购合同的关键条款；
3. 采购部共同确定采购合同结构；
4. 编写钢管采购合同草案；
5. 编写其他物料采购合同草案；
6. 审核各类物料采购合同草案。

任务4 编制采购计划

编制采购计划是在合理利用供应环境机会，并综合考虑运输成本、存货成本、每次订货成本等因素，将物料需求计划转变为采购计划，确定发出订单的时机和订购数量的过程。具体步骤如下：

1. 确定第四季度物料需求计划；
2. 确定第四季度采购任务；
3. 根据供应商折扣策略调整采购数量；
4. 编制第四季度采购计划；
5. 请总经理审批。

任务5　签订采购合同

签订采购合同是企业与选择的供应商针对商品的品种、规格、技术标准、质量保证、订购数量、包装要求、售后服务、价格、交货日期与地点、运输方式、付款条件等进行反复磋商,双方无异议后,为建立双方满意的购销关系而办理的法律手续。具体操作步骤如下:

1. 完善采购合同;

2. 填写合同会签单;

3. 采购部经理让采购员办理采购合同会签单审批手续。

任务6　填写岗位工作日志和培训需求表

一、采购部经理每日工作结束前填写工作日志

为使整个学习过程有的放矢,增强学习效果,综合实训中要求填写岗位工作日志、任务流程学习表,此类表格属自制表格,没有固定格式。岗位工作日志用于记录工作内容、落实工作过程中遇到的问题、解决及优化建议;任务流程学习表用于强化学员对任务流程、资料与数据传递过程的理解。

(一) 强化任务工作流程理解与掌握

1. 操作步骤

(1) 总任务填写;

(2) 业务背景填写;

(3) 子任务填写;

(4) 职责分工填写;

(5) 单据来源填写;

(6) 本职工作填写;

(7) 任务去向填写。

2. 表单填写

(二) 工作备忘

1. 操作步骤

(1) 工作日志表头填写;

(2) 工作日志主要内容填写;

(3) 工作日志部门会议讨论备忘。

2. 表单填写

二、填写培训需求表

综合实训中人力资源部负责培训工作,接收填写培训需求调查问卷任务后从人力资源助理处领取培训需求调查表。问卷项目介绍及填写规范可参考岗前培训中"填写培训需求调查问卷"的视频问卷。填写问卷过程中遇到困难可以向人力资源部相关人员寻求帮助。具体内容如下:

一、培训需求调研的目的

二、培训需求调查问卷的填写要求

三、表单填写

8.3 采购员岗位

8.3.1 岗位职责

根据企业经营目标和采购部业务特点，采购部一般设采购员等岗位，要求采购员具有较强的服务意识，按照业务流程主动协同工作展示专业能力，完成采购具体工作任务。采购员岗位具体职责如下：

- 收集供应商信息，开发、选择、处理与考核供应商，建立健全供应商网络图和档案管理；
- 根据采购计划和采购合同制作采购订单；
- 实时掌握物资材料的库存和生产情况，对所订购的物资从订购至到货实行全程跟踪；
- 严格把好质量关，对不符合物资材料坚决拒收，尽量避免不合格品积压，提高资金周转率；
- 制作商品入库的相关单据，积极配合仓储部保质保量地完成采购货物的入库；
- 物料货款和采购费用申请与支付；
- 监控库存变化，及时补充库存，使库存维持合理的结构和合理的数量；
- 负责建立供应商档案，并及时更新；
- 确保所采取的采购行为符合有关政策、法规和道德规范；
- 完成上级领导交办的其他临时性工作。

8.3.2 工作导航

具体内容如表8-2所示。

表8-2　　　　　　　　工作任务与业务流程的对应关系表

任务序号	任务名称	对应工作流程
任务1	支付采购货款	4.2.16 费用报销
任务2	编制采购合同草案	无
任务3	签订采购合同	4.2.18 签订采购合同
任务4	下达采购订单	4.2.19 下达采购订单
任务5	填写岗位工作日志和培训需求表	无

8.3.3 岗位实训

任务1　支付采购货款

具体步骤如下：

1. 核对采购合同执行情况表；
2. 到财务部出纳处领取支出凭单，填制支出凭单，请采购部经理审核；

3. 请成本会计（主管）核对，请财务部经理审核、总经理审批；

4. 支出凭单审批后，到财务部出纳处领取支票和办理电汇。

任务 2　编制采购合同草案

编写采购合同草案是根据采购物料的品类、供应市场状况，针对采购物品的规格、技术标准、质量要求、订购数量、包装要求、售后服务、价格、交货日期与地点、运输方式、付款条件等与供应商沟通后，按照采购合同的规定格式制定规范文本，为签订合同打下基础。具体操作步骤如下：

1. 参加采购部会议，明确编写分工；

2. 分析供应商考评记录，明确各类物料采购合同的关键条款；

3. 明确采购合同的基本结构；

4. 编写车轮采购合同草案；

5. 编写其他物料采购合同草案；

6. 编写各类物料采购合同草案。

任务 3　签订采购合同

签订采购合同是企业与选择的供应商针对商品的品种、规格、技术标准、质量保证、订购数量、包装要求、售后服务、价格、交货日期与地点、运输方式、付款条件等进行反复磋商，双方无异议后，为建立双方满意的购销关系而办理的法律手续。具体操作步骤如下：

1. 领取合同会签单和采购合同；

2. 请财务部经理审核、总经理审批合同会签单；

3. 办理合同盖章与存档，合同生效。

任务 4　下达采购订单

下达采购订单是采购员根据采购计划，执行采购合同，填写采购订单向供应商发出采购请求、确认供应商答复、协调验收入库的过程。主要包括下达采购订单、订单跟踪两大作业环节。具体操作步骤如下：

1. 执行采购计划；

2. 填制采购订单，请采购经理审批；

3. 采购员送达采购订单；

4. 填写采购合同执行情况表；

5. 订单跟踪。

任务 5　填写岗位工作日志和培训需求表

一、采购经理每日工作结束前填写工作日志

为使整个学习过程有的放矢，增强学习效果，综合实训中要求填写岗位工作日志、任务流程学习表，此类表格属自制表格，没有固定格式。岗位工作日志用于记录工作内容、落实工作过程中遇到的问题、解决及优化建议；任务流程学习表用于强化学员对任务流程、资料与数据传递过程的理解。

（一）强化任务工作流程理解与掌握

1. 操作步骤

（1）总任务填写；

（2）业务背景填写；
（3）子任务填写；
（4）职责分工填写；
（5）单据来源填写；
（6）本职工作填写；
（7）任务去向填写。
2. 表单填写
（二）工作备忘
1. 操作步骤
（1）工作日志表头填写；
（2）工作日志主要内容填写；
（3）工作日志部门会议讨论备忘。
2. 表单填写
二、填写培训需求表
综合实训中人力资源部负责培训工作，接收填写培训需求调查问卷任务后从人力资源助理处领取培训需求调查表。问卷项目介绍及填写规范可参考岗前培训中"填写培训需求调查问卷"的视频问卷。填写问卷过程中遇到困难可以向人力资源部相关人员寻求帮助。具体内容如下：
（一）培训需求调研的目的
（二）培训需求调查问卷的填写要求
（三）表单填写

第 9 章

仓储管理岗位实训

◆ 学习目标
1. 熟悉仓储部的部门职能、主要岗位职责、绩效考核目标及主要管理制度；
2. 根据生产和销售需求，会编制仓储部作业计划，统筹管理仓储资源；
3. 熟悉仓储作业流程，能按规范流程处理具体的仓储业务；
4. 能熟练处理仓储业务信息，规范填写各类表单、报告；
5. 了解仓库现场管理以及设备应用。

◆ 学习任务
1. 熟悉明星童车厂整体业务流程；
2. 熟悉仓储部门职能及业务流程，关键岗位职责，了解其他相关部门的职能；
3. 熟悉企业管理制度，仓储部的主要管理制度（包括物料验收的管理制度、材料出入库的管理制度、物料盘点管理制度、仓储支付租金的管理制度）；
4. 明确仓储部门的具体工作任务，将工作任务分解到具体岗位，明确时间、进度和工作成果，保证按计划完成；
5. 按计划完成原材料、半成品和成品的入库、保管、出库等典型工作任务，保证生产、销售业务的顺利实施；
6. 定期或不定期对仓储部门的账、物进行盘点，并撰写盘点分析报告。

9.1 工作概述

9.1.1 部门职能

在社会分工和专业化生产的条件下，为保持社会再生产过程的顺利进行，必须储存一定量的物资，以满足一定时期内社会生产和消费的需要。仓储是指通过仓库对暂时不用的物品进行储存和保管。生产企业的核心竞争力体现在产品的开发、生产和制造上，仓储作为企业生产和营销的保障，作用主要体现在对物料、备品备件和成品的仓储管理。物料是指企业生产所需的原材料、零部件、在制品等。搞好物料仓储管理对确保企业生产正常进行有着重要意义。

仓储部是企业的重要业务部门，主要负责储存保管生产所需的各类原材料、半成品，以及生产完工等待销售的产成品等物资，并根据业务部门需要适时做好物资的入库、出库、库存控制等主要工作。仓储部的主要职能如下：

- 验收入库管理。主要包括物料数量、质量、包装的验收和入库作业，以及入库信息处理。
- 储存保管职能。是指对企业拥有的、处于暂时停滞状态的物资进行储存，并对物资进行保养和管理。包括对仓储空间进行科学规划，合理利用仓容及各种资源，使各类物料摆放适当、位置合理，保持物资数量和质量完好，便于取用。
- 出库配送管理。主要包括对出库物料进行拣选、清点及办理出库手续等。
- 物料的盘点。主要包括出库入库数据的统计、定期物料盘点及盘点异常的处理等。
- 信息处理、交换。仓库应具有完备的信息处理系统，能有效地为整个企业物资流转过程的控制、决策和运转提供信息依据。无论在采购、储存、生产、销售等一系列业务环节的控制方面，还是在物流管理和费用、成本、结算方面，仓库应均可实现信息共享。

9.1.2 工作流程

仓储部业务流程图如图 9-1 所示。

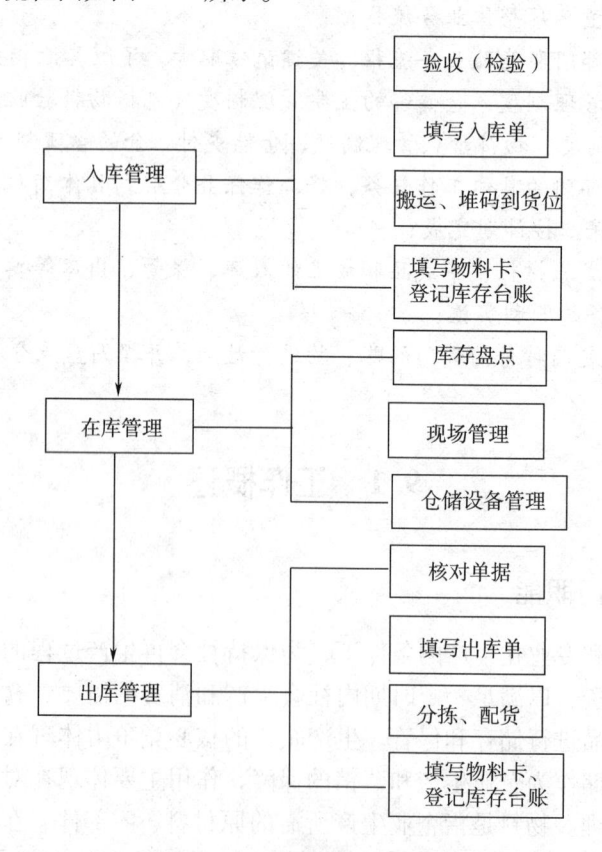

图 9-1 仓储部业务流程图

9.2 仓储部经理岗位

9.2.1 岗位职责

仓储部经理是仓储部的负责人,在总经理的领导下,负责仓储部门的日常运营管理工作。具体职责如下:

- 根据仓储规划和目标,改进仓库的工作流程和标准,优化库存方案,加快存货周转速度,降低库存成本。
- 合理规划公司仓储场所,对公司仓储场所进行全面管理,达到最佳利用率。
- 监督执行仓库的安全管理和现场规范管理。
- 督促仓管员对物料收、发、存的管理,并监督仓库进行盘点清查,发现账、物、卡不符时,找出原因并予以调账或上报处理。
- 设计、推行及改进仓储管理制度,并确保其有效实施。
- 安全库存分析与制定。通过以往经验对每个季度销售或会计周期进行预测,并进行库龄评估,避免呆滞死货占用资金。
- 负责制定本部门各级人员的职责和权限,负责指导、管理、监督本部人员的业务工作,做好下属人员的绩效考核和奖励惩罚工作,负责部门建设、部门内员工的管理培训工作。
- 运用有效领导方法,有计划地进行培养教育和训练,激励所属人员的士气,提高工作效率,并督导其按照工作标准或要求,有效执行其工作任务,确保本部门的目标高效达成。
- 完成上级领导交办的其他临时性工作。

9.2.2 工作导航

具体内容如表9-1所示。

表9-1 工作任务与业务流程的对应关系表

任务序号	任务名称	对应工作流程
任务1	期初资料准备	无
任务2	办理借款	4.2.1 借款
任务3	建期初库存台账	无
任务4	任务单据审核	无
任务5	登记库存台账	无
任务6	填写岗位工作日志	无
任务7	填写培训需求调查问卷	4.2.27 培训调研

9.2.3 岗位实训

任务1 期初资料准备

进入仓储部岗位前,要了解生产企业基本情况,深刻领悟部门职能、岗位职责、业务流程和管理制度的内涵,熟知实训目标和本岗位具体任务。该部分内容可通过老师讲解、工作手册、电子课件等多种形式学习掌握。

进入仓储部经理岗位,需要检查实训装备,包括工作手册、业务表单、期初文档等;根据已经具备的实训装备,建立期初库存台账。

任务2　办理借款

为应对仓储部门日常零星开支,仓储部经理需向企业财务部出纳借备用金,备用金是企业拨付给非独立核算的内部单位或工作人员备作差旅费、零星采购、零星开支等用的款项。企业备用金采取按需申请的方式,以供日常零星开支之用,支用后一次报销,多退少补。前账未清,不得继续预支。备用金限用于购置消耗性文具用品及事务性临时开支。

具体操作步骤如下:

一、填写现金借据

二、领取借款现金

任务3　建期初库存台账

库存台账是用来核算、监督库存物料和成品的,所以需将各种物品分别设账,以便能把该物品的进、销、存清晰地反映出来。

初次建账,先将所有物品的实物库存数量盘点出来,再按各种物品分别建账,将盘点出来的实物库存数作为台账的期初库存,以后每次入库和出库的物品数量都及时准确地在台账上进行登记,算出结存数量。

一、读懂期初资料

二、建库存台账

任务4　任务单据审核

仓储部经理对仓管员提交的各类任务单据根据业务规范进行审核,并在单据上签字确认后,相关任务才能进行下一步操作。

任务单据审核如下:

一、原材料入库单审核

二、半成品入库单审核

三、成品入库单审核

四、材料出库单审核

五、成品出库单审核

任务5　登记库存台账

库存台账是用来核算、监督库存物料和成品的,所以需将各种物品分别设账,及时登记,以便能把该物品的进、销、存清晰地反映出来。具体内容如下:

一、操作步骤

1. 仓储部经理按照物料、半成品、成品分类对仓库内各类物资建立库存台账;

2. 每一笔入库、出库业务发生后,仓储部经理都要及时根据入库单或出库单据登记更新库存台账,做到账实相符;

3. 将相关信息转至财务部更新财务库存明细账。

二、表单填写

任务 6　填写岗位工作日志

为使整个学习过程有的放矢，增强学习效果，综合实训中要求填写岗位工作日志、任务流程学习表，此类表格属自制表格，没有固定格式。岗位工作日志用于记录工作内容、落实工作过程中遇到的问题、解决及优化建议；任务流程学习表用于强化学员对任务流程、资料与数据传递过程的理解。

一、强化任务工作流程理解与掌握

（一）操作步骤

1. 总任务填写；
2. 业务背景填写；
3. 子任务填写；
4. 职责分工填写；
5. 单据来源填写；
6. 本职工作填写；
7. 任务去向填写。

（二）表单填写

二、工作备忘

（一）操作步骤

1. 工作日志表头填写；
2. 工作日志主要内容填写；
3. 工作日志部门会议讨论备忘。

（二）表单填写

任务 7　填写培训需求调查问卷

培训需求调查就是对企业中哪些人最需要培训、为什么需要培训、需要培训什么内容等信息进行收集的过程。在跨专业综合实训中培训需求调查侧重对各岗位完成工作任务中所遇到的问题、困难、疑惑的收集与汇总。

一、理解培训需求调查问卷的填写要求

二、填写培训需求调查问卷

（一）操作步骤

（二）表单填写

9.3　仓管员岗位

9.3.1　岗位职责

仓管员是在仓储部经理的领导下，按照业务流程，规范地完成入出库、在库保管、盘点等工作，保证企业生产和销售所需物资的及时供应，具体职责如下：

- 严格按照公司仓库保管制度及其细则规定，执行仓库的物料保管、验收、入库、出库等日常工作；
- 合理安排物料在仓库内的存放次序，按物料种类、规格、等级分区堆码，不得混合乱堆，保持库区的整洁；
- 检验手续不合格不允许入库，协助采购部处理退货工作，出库时手续不全不发货，特殊情况须经有关领导签批；
- 负责仓库区域内的安全、防盗、消防工作，发现事故隐患及时上报，对意外事件及时处置；
- 负责将物料的存储环境调节到最合适条件，经常关注温度、湿度、通风、腐蚀等因素，并采取相应措施；
- 负责定期对仓库物料盘点清仓，做到账、物、卡三者相符；
- 负责处理仓库管理中的入出库单、验收单等原始资料，账册的收集、整理和建档工作，逐步应用计算机管理仓库工作；
- 做到以公司利益为重，爱护公司财产；
- 完成仓储部经理交办的其他临时性工作。

9.3.2 工作导航

具体内容如表9-2所示。

表9-2　　　　　　　　工作任务与业务流程的对应关系表

任务序号	任务名称	对应工作流程
任务1	期初资料准备	无
任务2	期初建物料卡	无
任务3	采购入库	4.2.12 采购入库
任务4	车架完工入库	4.2.13 车架完工入库
任务5	整车完工入库	4.2.14 整车组装、完工质检入库
任务6	车架生产领料出库	4.2.21 生产领料、车架开工
任务7	整车生产领料出库	4.2.22 生产领料、童车组装
任务8	销售发货出库	4.2.23 销售发货
任务9	库存盘点	4.2.34 库存盘点
任务10	填写岗位工作日志	无
任务11	填写培训需求调研表	4.2.27 培训调研

9.3.3 岗位实训

任务1　期初资料准备

进入仓管员岗位前，要了解生产企业基本情况，深刻领悟部门职能、岗位职责、业务流程和管理制度的内涵，熟知实训目标和本岗位具体任务。该部分内容可通过老师讲解、工作手册、电子课件等多种形式学习掌握。

进入仓管员岗位，需要检查实训装备，包括工作手册、业务表单、期初文档等；根据已经具备的实训装备，建立期初库存台账和物料卡。

任务2　期初建物料卡

物料卡是一种实物标签，是仓管员管理物品的"耳目"。能够直接反映物料的品名、型号、规格、数量、单位及进出动态和库存数量。

一、读懂期初数据

二、填写物料卡

（一）操作步骤

（二）表单填写

任务3　采购入库

采购入库依据上个月的采购订单，本月到货后，针对生产所需的外购原材料实施物料验收、入库作业。

一、物料验收

（一）操作步骤

1. 仓储部接到供应商送达的原材料后，仓管员首先要核对上月采购订单、供应商发货单或采购合同；

2. 仓管员根据采购合同中规定的验收方式和验收标准进行物料的数量、质量、外观包装验收工作；

3. 仓管员将验收结果填入物料检验单。

（二）表单填写

（三）任务拓展

二、填写采购原材料入库单

（一）操作步骤

（二）填写表单

三、搬运、堆码到仓位

（一）操作步骤

（二）任务拓展

四、填写物料卡

（一）操作步骤

（二）填写表单

（三）任务拓展

任务4　车架完工入库

生产部生产完车架后，仓管员根据车架完工单执行半成品入库作业，将车架入库到半成品库区。

一、填写半成品入库单

（一）操作步骤

1. 核对车间出具的车架完工单信息是否齐全；

2. 根据车架完工单验收车架（质量、数量），验收合格才准许入库；

3. 根据车架完工单和验收实际情况，填写车架半成品入库单。

（二）填写表单

二、车架入仓位、填写物料卡

（一）操作步骤

1. 将验收合格的车架一次搬运入库到半成品库的指定仓位；

2. 根据入库单，填写物料卡。

（二）填写表单

任务 5　整车完工入库

生产部完成整车组装、成品质检后，申请成品入库。仓管员办理产成品入库手续，填写成品入库单，将整车入库到成品库，整车入货位后需填写物料卡。

一、办理成品入库，填写成品入库单

（一）操作步骤

1. 核对车间出具的成品完工单和质检单信息是否齐全；

2. 根据成品完工单验收车架数量，验收无误才准许入库；

3. 根据成品完工单和验收实际情况，填写车架成品入库单。

（二）任务拓展

二、成品入货位，填写物料卡

（一）操作步骤

1. 将验收合格的经济童车成品一次性搬运入库到指定成品库仓位；

2. 根据成品入库单，填写物料卡。

（二）填写表单

任务 6　车架生产领料出库

一、核对生产用料

（一）操作步骤

1. 仓管员根据车间的生产派工单和物料清单核对领料单项目；

2. 查询原料库的库存台账，按照先入先出的原则，确定出库物料货位。

（二）任务拓展

二、填写材料出库单

（一）操作步骤

（二）任务拓展

三、材料出库（拣货—配货—发料）

（一）操作步骤

1. 仓管员根据材料出库单和台账指定的仓位号，到相应货位进行拣货作业；

2. 将分拣的物料根据领料单配齐；

3. 与领料人一起复核单、货，做到单货一致，仓管员和领料人一起在材料出库单上签字确认。

（二）任务拓展

四、填写物料卡

（一）操作步骤

（二）填写表单

任务 7　整车生产领料出库

生产部按照生产领料单去仓储部领取整车组装所需的全部物料。仓管员根据领料单办理物料出库，并且更新物料卡。

一、整车领料检查

（一）操作步骤

1. 仓管员在接到生产部童车组装领料单后，根据领料单和物料清单，核对领料单的物料品种、数量是否准确。整车组装领料强调配套性，仓管员要检查领料单中的物料配套是否符合物料清单中的配套关系。

2. 查询库存台账物料可用量，确认生产用成套物料库存是否充足，并查询确认出库物料的准确货位。

（二）任务拓展

二、填写材料出库单

（一）操作步骤

根据领料单和配套领料分析结果，填写材料出库单，并交由仓储部经理审核。

（二）填写表单

三、物料出库、填写物料卡

（一）操作步骤

1. 仓储部经理审核通过材料出库单后，仓管员办理物料分拣出库；

2. 更新物料卡记录出库。

（二）填写表单

任务 8　销售发货出库

仓管员接到销售部提出的销售出库通知后，根据发货单的要求填写成品出库单。由仓储部经理审核通过后办理出库手续，并更新物料卡。

一、填写成品出库单

（一）操作步骤

1. 仓管员核对销售部开具的发货单，是否符合填写要求，手续是否齐全；

2. 查询台账童车成品库存量及货位；

3. 根据发货单填写成品出库单。

（二）填写表单

二、办理出库、填写物料卡

（一）操作步骤

1. 仓管员根据出库单拣货、发货；

2. 更新物料卡。

（二）填写表单

（三）任务拓展

任务 9　库存盘点

库存盘点是指定期或不定期地对储存物品进行清点、查核，即对仓库现有物品的实际数量和库存台账上记录的数量进行核对，检查有无差异和质量问题，以便准确掌握物品保管数量，进而核对库内物资金额。

一、盘点前准备

（一）操作步骤

1. 明确盘点的具体方法和作业程序；

2. 配合财务会计做好准备，设计打印盘点用表单；

3. 确定盘点时间；

4. 盘点人员的组织与培训；

5. 清理盘点现场：盘点前对已验收入库的商品进行整理归入储位，对未验收入库属于供货商的商品，应区分清楚，避免混淆，账卡、单据、资料均应整理后统一结清。

（二）任务拓展

二、盘点

（一）操作步骤

1. 预盘；

2. 复盘。

（二）填写表单

（三）任务拓展

三、盘点结果处理

（一）操作步骤

1. 查清盘点差异的原因：盘点会将一段时间以来积累的作业误差，及其他原因引起的账物不符暴露出来，发现账物不符，而且差异超过容许误差时，应立即追查产生差异的原因。

2. 盘点结果的处理：差异原因查明后，应针对主要原因进行适当的调整与处理，至于呆废品、不良品减价的部分则需与盘亏一并处理。

（二）填写表单

任务10　填写岗位工作日志

为使整个学习过程有的放矢，增强学习效果，综合实训中要求填写岗位工作日志、任务流程学习表，此类表格属自制表格，没有固定格式。岗位工作日志用于记录工作内容、落实工作过程中遇到的问题、解决及优化建议；任务流程学习表用于强化学员对任务流程、资料与数据传递过程的理解。

一、强化任务工作流程理解与掌握

（一）操作步骤

1. 总任务填写；

2. 业务背景填写；

3. 子任务填写；

4. 职责分工填写；

5. 单据来源填写；

6. 本职工作填写；

7. 任务去向填写。

（二）表单填写

二、工作备忘

（一）操作步骤

1. 工作日志表头填写；

2. 工作日志主要内容填写；

3. 工作日志部门会议讨论备忘。
（二）表单填写
任务 11　填写培训需求调研表
培训需求调查就是对企业中哪些人最需要培训、为什么需要培训、需要培训什么内容等信息进行收集的过程。在跨专业综合实训中培训需求调查侧重对各岗位完成工作任务中所遇到的问题、困难、疑惑的收集与汇总。
一、理解培训需求调查问卷的填写要求
二、填写培训需求调查问卷
（一）操作步骤
（二）表单填写

第 10 章
生产管理岗位实训

◆ **学习目标**

1. 熟悉生产计划部的部门职能、主要岗位职责、主要管理制度及业务处理流程；
2. 完成生产计划部总体规划，会编制生产计划部的具体工作计划；
3. 按规定流程处理具体的生产计划部全部业务；
4. 展示工作成果并对生产计划部主要岗位人员进行绩效考核。

◆ **学习任务**

1. 绘制本岗位的业务流程图并说明与其他岗位的相互关系；
2. 编写并完成生产计划部的主要工作任务，包括部门业务计划、部门预算表、主生产计划、物料需求计划、生产加工计划等；
3. 确定本部门的生产加工计划，将生产加工计划传递给生产计划部门经理；
4. 确定物料的净需求计划，将净需求计划传递给采购部门；
5. 生产部门经理依据生产加工计划对车间生产人员进行派工，并跟踪派工的执行情况；
6. 完成车间派工后的生产领料、车间生产及完工质检入库等业务；
7. 填写关于生产部门的相关报表，如派工单执行情况表、车间产能报表等；
8. 根据自身产能和订单预测情况，适当提出人员及设备购买/出售需求，定期支付设备维修费；
9. 根据市场情况，自主研发新产品。

10.1 工作概述

10.1.1 部门职能

生产计划部是企业的重要管理部门，主要负责有效组织生产部门资源，实现产品高效优质生产，成品准时入库。生产计划部的主要职能如下：

• 生产管理：根据生产计划部中计划员下达的生产计划，组织产品生产，保证产品、质量、交期的有效实现；以更低的成本按时、保质、保量地完成生产部和其他职能部门下达的产品生产任务和其他临时工作任务，确保作业，确保安全并可持续运行；制订生产部门人力资源、物料、设备需求计划，以满足生产的需要；

"ISO9000"体系及"5S"活动在生产车间的有效实施与推行。

- 物料控制：严格执行各项物料管理制度，降低物料成本；负责生产过程中物料的控制与管理；确保物料配套生产，提高物料利用效益。
- 设备管理：监督设备管理运作，提升设备利用率；执行设备的日常维护管理；遵守国家安全生产法规，执行公司安全操作规程，采取有效劳动保护措施，监督劳动防护用品的有效利用，实现安全文明生产，可持续运行。
- 日常工作管理：每日组织召开生产协调会；定期组织部门例会；制度与工作任务执行与监督；负责部门成本预算与控制；制定相关工作制度，设置相关工作流程，规范部门协作；设定例会制度，保证部门信息流通、信息共享，确保整体运作内耗持续下降；健全生产人才培养机制，积极组织培训学习，提高工作技能，提升工作绩效，提高员工职业素养。

10.1.2 工作流程

生产计划部业务流程图如图10-1所示。

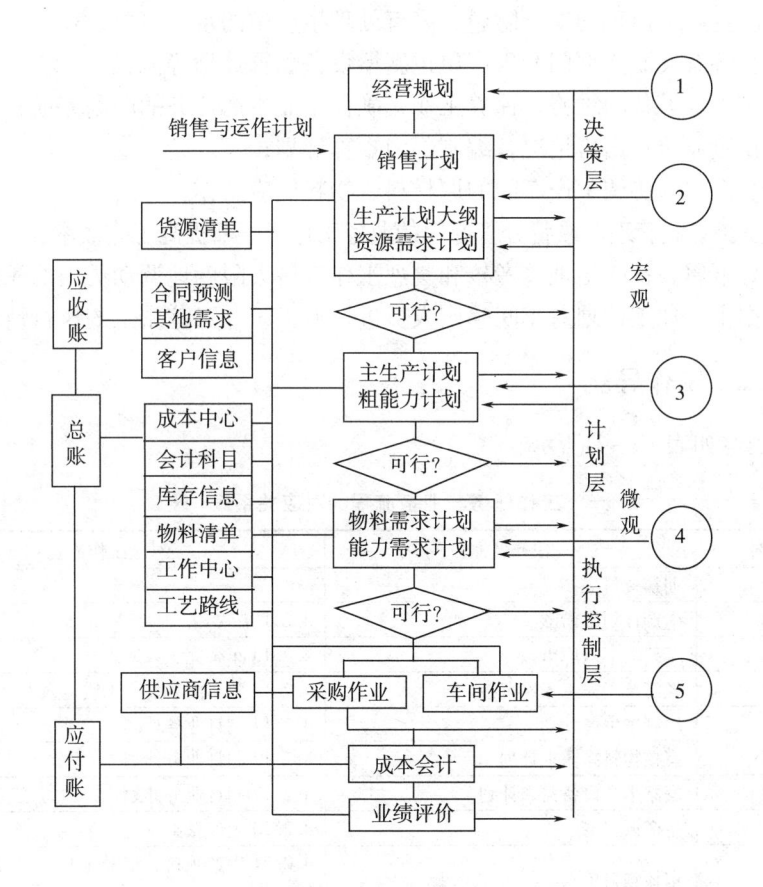

图10-1 生产计划部业务流程

10.2 生产计划部经理岗位

10.2.1 岗位职责

生产计划部门经理是生产计划部的负责人,在总经理或主管副总经理的领导下,对工厂各项生产经济技术指标的完成负全部责任,具体职责如下:
- 组织编制生产管理等方面的规章制度;
- 监督、检查和指导规章制度的执行,确保生产活动有序进行;
- 组织、协调、监督下属各职能部门和生产车间的生产活动;
- 定期组织召开生产调度会等生产会议,研究解决生产过程中遇到的问题;
- 对所辖部门发生的费用进行严格控制,制定费用控制与审批流程;
- 向下属部门下达各项费用的控制标准,并监督检查其执行情况;
- 定期对安全生产情况进行检查、监督,制定和落实安全生产防范措施;
- 排除生产中出现的安全隐患,妥善处理生产中的重大事故;
- 审批各有关职能部门和生产单位新增设备购置计划等流程;
- 安排生产设备的维修、保养工作,确保企业生产任务的顺利完成;
- 依据企业历年销售情况,编制部门预算计划;
- 全面组织、协调生产车间的原材料、物料供应工作;
- 负责指导、管理、监督分管部门的业务工作,不断提高工作效率和工作质量;
- 做好下属人员的培训、考核和奖惩工作,最大限度地调动员工的积极性;
- 依据生产加工计划对车间生产人员进行派工,并跟踪派工的执行情况。

10.2.2 工作导航

具体内容如表 10-1 所示。

表 10-1　　　　　　　工作任务与业务流程的对应关系表

任务序号	任务名称	对应工作流程
任务 1	期初资料准备	无
任务 2	生产计划部借款	4.2.1 借款
任务 3	车架完工入库审核	4.2.13 车架完工入库
任务 4	经济童车完工入库审核	4.2.14 整车组装、完工质检入库
任务 5	编制主生产计划	4.2.17 制订业务计划
任务 6	审核物料净需求计划	4.2.17 制订业务计划
任务 7	编制生产设备需求计划	4.2.17 制订业务计划
任务 8	生产派工	4.2.20 生产派工
任务 9	审核领料单	4.2.21 生产领料、车架开工 4.2.22 生产领料、整车组装
任务 10	物料需求计划、物料净需求计划计算	无
任务 11	培训调研	4.2.27 培训调研
任务 12	填写工作日志	无

10.2.3 岗位实训

任务1　期初资料准备

进入生产计划部经理岗位前，要了解生产企业基本情况，深刻领悟部门职能、岗位职责、业务流程和管理制度的内涵，熟知实训目标和本岗位具体任务。该部分内容可通过老师讲解、工作手册、电子课件等多种形式学习掌握。

进入车间管理员岗位，第一需要检查实训装备，包括工作手册、业务表单、期初文档等；第二根据已经具备的实训装备，建立期初数据。

一、表单编码原则

二、各岗位表单配备

三、各岗位期初数据

1. 物料清单；
2. 期初库存表；
3. 安全库存表；
4. 经济车架派工单；
5. 经济童车派工单；
6. 经济车架领料单；
7. 经济车架材料出库单；
8. 经济童车领料单；
9. 经济童车材料出库单；
10. 2013年度销售预测表；
11. 车间产能报表；
12. 生产执行情况表；
13. 人事登记表（在职）。

任务2　生产计划部借款

根据公司相关规定，期初部门可以向财务借款作为备用金。

一、操作步骤

1. 去出纳处领取借款单；
2. 填写借款单，借500元作为部门备用金；
3. 拿借款单找财务部经理审核；
4. 拿借款单到出纳处领取现金。

二、表单填写

任务3　车架完工入库审核

车架加工完成后，生产计划部经理接收车间管理员送来的完工单，审核车架的完工状况。

一、操作步骤

1. 接收车间管理员送来的派工单和生产情况执行表及填写的车架完工单；
2. 根据派工单审核完工单填写的产品是否已经派工；
3. 根据生产情况执行表审核完工单填写的产品是否已领料生产；

4. 审核无误，在完工单的部门经理处签字。

二、表单审核

任务4　经济童车完工入库审核

经济童车组装完成后，送生产计划员进行产品检验，检验合格后，才算真正完工。生产计划部经理接收车间管理员送来的附有经济童车检验合格报告的完工单，审核经济童车的完工状况。

一、操作步骤

1. 接收车间管理员送来的派工单和生产情况执行表及填写的经济童车完工单、经济童车质检报告单；

2. 根据派工单审核完工单填写的产品是否已经派工；

3. 根据生产情况执行表审核完工单填写的产品是否已领料生产；

4. 根据经济童车质检报告单审核完工产品的产品合格情况；

5. 审核无误，在完工单的部门经理处签字。

二、表单审核

任务5　编制主生产计划

主生产计划是闭环计划系统的一个部分，主生产计划的实质是保证销售规划和生产规划对规定的需求（需求什么，需求多少和什么时候需求）与所使用的资源取得一致。主生产计划考虑了经营规划和销售规划，使生产规划同它们相协调。它着眼于销售什么和能够制造什么，这就能为车间制订一个合适的主生产进度计划，并且以粗能力数据调整这个计划，直到负荷平衡。

简单地说，主生产计划是确定每一具体的最终产品在每一具体时间段内生产数量的计划。这里的最终产品是指对于企业来说最终完成、要出厂的完成品，它要具体到产品的品种、型号。这里的具体时间段，通常是以周为单位，在有些情况下，也可以是日、旬、月。主生产计划详细规定生产什么、什么时段应该产出，它是独立需求计划。主生产计划根据客户合同和市场预测，把经营计划或生产大纲中的产品系列具体化，使之成为展开物料需求计划的主要依据，起到从综合计划向具体计划过渡的承上启下作用。

主生产计划说明在可用资源条件下，企业在一定时间内，生产什么，生产多少，什么时间生产。

一、操作步骤

1. 销售预测栏数据的计算；

2. 销售订单栏数据的计算；

3. 预生产量栏数据的计算；

4. 期初库存栏数据的计算；

5. 安全库存栏数据的计算；

6. 可用库存栏数据的计算；

7. 可用能力栏数据的计算；

8. 主生产计划量栏数据的计算；

9. 主生产计划表的填写。

二、表单填写
三、任务拓展

任务6　审核物料净需求计划

生产计划员计算完成物料净需求计划后，送生产计划部经理进行审核其准确性。生产计划部经理接收生产计划员送来的附有物料净需求计划计算表的物料净需求计划，审核物料净需求计划编制的准确性，要审核其准确性必须先学会物料净需求计划的编制过程。具体步骤如下：

一、编制物料净需求计划

（一）物料需求计划计算表（一）的编制

具体操作步骤如下：

1. 表（一）童车项的数据计算；
2. 表（一）车架项的数据计算；
3. 表（一）车篷项的数据计算；
4. 表（一）车轮项的数据计算；
5. 表（一）包装套件项的数据计算。

（二）物料需求计划计算表（二）的编制

具体操作步骤如下：

1. 表（二）经济车架项的数据计算；
2. 表（二）钢管项的数据计算；
3. 表（二）坐垫项的数据计算。

（三）物料需求计划表的编制

具体操作步骤如下：

1. 生产计划部净需求计划表中车篷、车轮及包装套件的净需求数据则根据物料需求计划计算表（一）中的车篷、车轮及包装套件的净需求数据填写，月份也不变。
2. 生产计划部净需求计划表中钢管、坐垫的净需求数据则根据物料需求计划计算表（二）中的钢管、坐垫的净需求数据填写，月份也不变。

二、审核物料净需求计划

具体操作步骤如下：

1. 接收计划员送来的物料净需求计划；
2. 审核物料净需求计划编制的准确性；
3. 审核无误，在物料净需求计划的部门经理处签字。

任务7　编制生产设备需求计划

每个季度的季初生产计划部经理应根据销售订单汇总表、库存报表、车间产能报表、主生产计划表，计算并填写生产计划部生产设备需求计划表。将填制完成后的生产设备需求计划表传递给生产计划员。

一、操作步骤

1. 根据销售订单汇总表、库存报表、车间产能报表计算设备到位时间；
2. 根据设备的生产能力、购置费及资金状况确定需求设备规格及数量；

3. 根据厂房的容量、价值及资金状况确定需求厂房类型；

4. 填制完成后的生产设备需求计划表传递给生产计划员。

二、表单填写

三、案例分析

任务8　生产派工

一、生产派工

（一）操作步骤

1. 根据生产加工计划、车间产能情况、生产投料日期先后顺序分别填写车架生产派工单、童车组装派工单；

2. 向生产计划部车间管理员派发派工单。派工单有经济车架派工单、经济童车派工单。

（二）表单填写

二、生产进度控制

具体操作步骤如下：

1. 检查车间管理员提供的生产情况执行表，关注各制造部门在此表上记录的生产时间、生产数量等数据，关注进度以便跟催。

2. 若生产前不能将物料、生产线准备妥善，应迅速通知相关部门，更改生产计划，同时重新下达新的派工单或更改派工单。

任务9　审核领料单

车间管理员接到生产计划部经理下达的派工单后，进行生产领料，填写领料单，并将领料单送生产计划部经理处审核。生产计划部经理收到车间管理员送来的领料单时，审核产品生产的领料情况。

一、操作步骤

1. 接收领料单；

2. 根据派工单和物料清单审核领料单填写的准确性；

3. 审核无误，在领料单的部门经理处签字。

二、表单审核

任务10　物料需求计划、物料净需求计划计算

具体内容如下：

一、任务安排

二、任务拓展

任务11　培训调研

培训需求调查就是对企业中哪些人最需要培训、为什么需要培训、需要培训什么内容等信息进行收集的过程。在跨专业综合实训中培训需求调查侧重对各岗位完成工作任务中所遇到的问题、困难、疑惑的收集与汇总。

一、理解培训需求调查问卷的填写要求

二、填写培训需求调查问卷

（一）操作步骤

（二）表单填写

任务 12　填写工作日志

为使整个学习过程有的放矢，增强学习效果，综合实训中要求填写岗位工作日志、任务流程学习表，此类表格属自制表格，没有固定格式。岗位工作日志用于记录工作内容、落实工作过程中遇到的问题、解决及优化建议；任务流程学习表用于强化学员对任务流程、资料与数据传递过程的理解。

一、强化任务工作流程理解与掌握

（一）操作步骤

1. 总任务填写；
2. 业务背景填写；
3. 子任务填写；
4. 职责分工填写；
5. 单据来源填写；
6. 本职工作填写；
7. 任务去向填写。

（二）表单填写

二、工作备忘

（一）操作步骤

1. 工作日志表头填写；
2. 工作日志主要内容填写；
3. 工作日志部门会议讨论备忘。

（二）表单填写

10.3　车间管理员岗位

10.3.1　岗位职责

车间管理员在生产计划部门经理的领导下，负责全面协调车间工作，对生产过程进行监督、指导，同时进行生产质量控制，保证生产质量，合理安排车间设备的使用，使设备发挥最大效率，向生产工人布置生产任务，提出相关技术要求和质量要求，组织车间生产员工参加业务培训。具体职责如下：

- 负责车间内原辅材料的领取、退库；
- 根据生产作业计划核对物料的需求，负责所需物料的跟催工作；
- 对生产中物料的使用情况及不良品进行控制；
- 对车间内产成品的缴库情况进行管理；
- 协调、督促生产车间零部件、各工序产成品的流转事宜；
- 监督、检查车间各项工作，做好生产任务和车间各项工作检查；
- 记录班组内员工工时，准确核算员工的绩效工资；
- 配合人力资源部做好车间员工考勤及工资核算等事宜；
- 实时记录员工的产量，做好车间生产产量的统计工作；

- 每天按时收集、填报各车间的生产报表;
- 负责协调与相关部门的关系;
- 及时与上级领导沟通,汇报车间生产情况;
- 完成领导交办的其他任务。

10.3.2 工作导航

具体内容如表 10-2 所示。

表 10-2　　　　　　　工作任务与业务流程的对应关系表

任务序号	任务名称	对应工作流程
任务1	期初资料准备	无
任务2	车架完工入库	4.2.13 车架完工入库
任务3	整车完工质检入库	4.2.14 整车组装、完工质检入库
任务4	生产派工	4.2.20 生产派工
任务5	物料需求计划、物料净需求计划计算	无
任务6	培训调研	4.2.27 培训调研
任务7	填写工作日志	无

10.3.3 岗位实训

任务1　期初资料准备

进入车间管理员岗位前,要了解生产企业基本情况,深刻领悟部门职能、岗位职责、业务流程和管理制度的内涵,熟知实训目标和本岗位具体任务。该部分内容可通过老师讲解、工作手册、电子课件等多种形式学习掌握。

进入车间管理员岗位,首先需要检查实训装备,包括工作手册、业务表单、期初文档等;其次根据已经具备的实训装备,建立期初数据。

一、表单编码原则

二、各岗位表单配备

三、各岗位期初数据

1. 物料清单;
2. 期初库存表;
3. 安全库存表;
4. 经济车架派工单;
5. 经济童车派工单;
6. 经济车架领料单;
7. 经济车架材料出库单;
8. 经济童车领料单;
9. 经济童车材料出库单;
10. 2013 年度销售预测表;
11. 车间产能报表;

12. 生产执行情况表；

13. 人事登记表（在职）。

任务2　车架完工入库

一、填写经济车架完工单

（一）操作步骤

1. 机加车间车架生产完工，车间管理员根据派工单和生产情况执行表填写车架完工单；

2. 将派工单和生产情况执行表及填写的车架完工单交给生产部经理审核。

（二）表单填写

二、填写生产报告，办理入库手续

（一）操作步骤

1. 生产计划部经理对车架完工单审核无误并签字后，根据车架完工单登记生产计划部生产执行情况表。

2. 携带生产计划部经理审核无误并签字后的车架完工单和车架去仓库入仓，并将车架完工单和车架交给仓管员。

3. 等待并领取仓管员填写的半成品入库单，并将半成品入库单分类归档。

（二）表单填写

（三）收到表单

任务3　整车完工质检入库

一、填写经济童车完工单

（一）操作步骤

1. 组装车间经济童车组装完工后，车间管理员根据派工单和生产情况执行表填写经济童车完工单；

2. 将派工单和生产情况执行表及填写的经济童车完工单交给生产计划部经理审核；

3. 生产计划部经理审核无误并签字后，根据完工单填写完工送检单。

（二）表单填写

二、填写完工送检单

（一）操作步骤

1. 生产计划部经理审核无误并签字后，根据完工单填写完工送检单。

2. 填写完毕后，生产管理员将成品完工单和完工送检单一并交由质检员（生产计划员兼）进行产品检验。

3. 质检合格，完工入库；质检不合格，返工处理。

（二）表单填写

三、填写生产报告，办理入库手续

（一）操作步骤

1. 整车质检合格并由质检员出具质检报告后，根据经济童车完工单及完工质检单登记生产计划部生产执行情况表；

2. 携带生产计划部经理审核无误并签字后的经济童车完工单及质检员质检并签

字后的质检报告单和经济童车去仓库入仓；

　　3. 将经济童车完工单、质检报告单和经济童车交给仓管员；

　　4. 等待并领取仓管员填写的成品入库单，并将成品入库单分类归档。

　（二）表单填写

　（三）收到表单

任务 4　生产派工

日常生产派工就是用派工指令把每周、每日、每个轮班以至每小时各个工作岗位的生产任务进行具体安排，并检查各项生产准备工作，保证现场按生产作业计划进行生产。同时，它又是执行生产作业计划、控制生产进度的具体手段。通过派工指令把班组的生产作业计划任务进一步具体分解为各个工作地在更短时期内（如周、门、轮班、小时）的生产任务。所以，日常生产派工是执行生产作业计划、控制生产进度的具体手段。

一、生产领料，车架开工

（一）操作步骤

1. 根据车架派工单、物料清单，填写领料单。

2. 将填写好的领料单交给部门经理审核。

3. 携带领料单去仓储部领料，并将领料单送仓管员。仓管员根据领料单填写材料出库单，并将材料出库单的生产计划部留存联交给生产管理员。

4. 根据派工单开工生产，填写生产情况执行表。

（二）表单填写

（三）收到表单

二、车间领料，童车组装

（一）操作步骤

1. 根据车架派工单、物料清单，填写经济童车领料单。

2. 将填写好的领料单交给部门经理审核。

3. 根据领料单去仓储部领料，并将领料单送仓储部。仓管员根据领料单填写材料出库单，并将材料出库单的生产计划部留存联交给生产管理员。

4. 领料后根据派工单进行童车组装，填写生产情况执行表。

（二）表单填写

（三）收到表单

任务 5　物料需求计划、物料净需求计划计算

具体内容如下：

一、任务安排

二、任务拓展

任务 6　培训调研

培训需求调查就是对企业中哪些人最需要培训、为什么需要培训、需要培训什么内容等信息进行收集的过程。在跨专业综合实训中培训需求调查侧重对各岗位完成工作任务中所遇到的问题、困难、疑惑的收集与汇总。

一、理解培训需求调查问卷的填写要求

二、填写培训需求调查问卷
（一）操作步骤
（二）表单填写

任务 7　填写工作日志

为使整个学习过程有的放矢，增强学习效果，综合实训中要求填写岗位工作日志、任务流程学习表，此类表格属自制表格，没有固定格式。岗位工作日志用于记录工作内容、落实工作过程中遇到的问题、解决及优化建议；任务流程学习表用于强化学员对任务流程、资料与数据传递过程的理解。

一、强化任务工作流程理解与掌握
（一）操作步骤
1. 总任务填写；
2. 业务背景填写；
3. 子任务填写；
4. 职责分工填写；
5. 单据来源填写；
6. 本职工作填写；
7. 任务去向填写。
（二）表单填写
二、工作备忘
（一）操作步骤
1. 工作日志表头填写；
2. 工作日志主要内容填写；
3. 工作日志部门会议讨论备忘。
（二）表单填写

10.4　计划员岗位

10.4.1　岗位职责

生产计划员在生产计划部门经理的领导下，负责编制各期生产计划、设备检修计划、物资采购储备计划、费用计划、用人计划、质量计划等并在审批后组织实施。具体职责如下：

- 根据企业市场预测组织制订生产规划；
- 根据生产规划和销售订单组织编制主生产计划；
- 合理调配人力、物力，调整生产布局和生产负荷，提高生产效率；
- 根据市场预测、生效的主生产计划，制订出生产规划；
- 根据生产能力规划、产能标准，提出设备、人员需求；
- 确定产品总需求量、实际需求量，进行物料需求计划计算；
- 确定生产加工计划及物料净需求计划，并提交给各相关岗位。

10.4.2 工作导航

具体内容如表 10-3 所示。

表 10-3　　　　　　　　工作任务与业务流程的对应关系表

任务序号	任务名称	对应工作流程
任务 1	期初资料准备	无
任务 2	产品检验	4.2.14 整车组装、完工质检入库
任务 3	编制物料净需求计划	4.2.17 制订业务计划
任务 4	物料需求计划、物料净需求计划计算	无
任务 5	培训调研	4.2.27 培训调研
任务 6	填写工作日志	无

10.4.3 岗位实训

任务 1　期初资料准备

进入生产计划员岗位前，要了解生产企业基本情况，深刻领悟部门职能、岗位职责、业务流程和管理制度的内涵，熟知实训目标和本岗位具体任务。该部分内容可通过老师讲解、工作手册、电子课件等多种形式学习掌握。

进入车间管理员岗位，首先需要检查实训装备，包括工作手册、业务表单、期初文档等；其次根据已经具备的实训装备，建立期初数据。

一、表单编码原则

二、各岗位表单配备

三、各岗位期初数据

1. 物料清单；

2. 期初库存表；

3. 安全库存表；

4. 经济车架派工单；

5. 经济童车派工单；

6. 经济车架领料单；

7. 经济车架材料出库单；

8. 经济童车领料单；

9. 经济童车材料出库单；

10. 2013 年度销售预测表；

11. 车间产能报表；

12. 生产执行情况表；

13. 人事登记表（在职）。

任务 2　产品检验

具体内容如下：

一、操作步骤

1. 生产管理员将送检单送产品质检员（生产计划员兼）；

2. 产品质检员（生产计划员兼）对完工待检产品进行抽样检验，并填写质检报告单，同时出具产品合格证、产品说明书、产品维修单；

3. 质检完毕后，将质检报告单、产品合格证、产品说明书、产品维修单交生产管理员。

二、表单填写

三、任务拓展

任务3　编制物料净需求计划

一、编制物料净需求计划

（一）物料需求计划计算表（一）的编制

具体操作步骤如下：

1. 表（一）童车项的数据计算；

2. 表（一）车架项的数据计算；

3. 表（一）车篷项的数据计算；

4. 表（一）车轮项的数据计算；

5. 表（一）包装套件项的数据计算。

（二）物料需求计划计算表（二）的编制

具体操作步骤如下：

1. 表（二）经济车架项的数据计算；

2. 表（二）钢管项的数据计算；

3. 表（二）坐垫项的数据计算。

（三）物料需求计划表的编制

1. 操作步骤

（1）生产计划部净需求计划表中车篷、车轮及包装套件的净需求数据根据物料需求计划计算表（一）中的车篷、车轮及包装套件的净需求数据填写，月份不变。

（2）生产计划部净需求计划表中钢管、坐垫的净需求数据根据物料需求计划计算表（二）中的钢管、坐垫的净需求数据填写，月份不变。

2. 表单填写

二、编制生产计划部生产加工计划

（一）操作步骤

1. 产品的月份根据物料需求计划计算表（一）中的月份填写。

2. 普通童车的加工计划数据根据物料需求计划计算表（一）中的普通童车的生产订单下达数据填写。

（二）表单填写

任务4　物料需求计划、物料净需求计划计算

具体内容如下：

一、任务安排

二、任务拓展

任务 5　培训调研

培训需求调查就是对企业中哪些人最需要培训、为什么需要培训、需要培训什么内容等信息进行收集的过程。在跨专业综合实训中培训需求调查侧重对各岗位完成工作任务中所遇到的问题、困难、疑惑的收集与汇总。

一、理解培训需求调查问卷的填写要求

二、填写培训需求调查问卷

（一）操作步骤

（二）表单填写

任务 6　填写工作日志

为使整个学习过程有的放矢，增强学习效果，综合实训中要求填写岗位工作日志、任务流程学习表，此类表格属自制表格，没有固定格式。岗位工作日志用于记录工作内容、落实工作过程中遇到的问题、解决及优化建议；任务流程学习表用于强化学员对任务流程、资料与数据传递过程的理解。

一、强化任务工作流程理解与掌握

（一）操作步骤

1. 总任务填写；

2. 业务背景填写；

3. 子任务填写；

4. 职责分工填写；

5. 单据来源填写；

6. 本职工作填写；

7. 任务去向填写。

（二）表单填写

二、工作备忘

（一）操作步骤

1. 工作日志表头填写；

2. 工作日志主要内容填写；

3. 工作日志部门会议讨论备忘。

（二）表单填写

第11章

营销管理岗位实训

◆ 学习目标

1. 熟悉营销部的部门职能、主要岗位职责及相关管理制度;
2. 掌握营销主要工作流程;
3. 能够进行企业营销总体规划与具体工作计划的制订;
4. 能够根据市场分析,进行销售预测、市场开发和广告投放;
5. 掌握销售合同的主要内容和注意事项,学会签订销售合同;
6. 掌握广告合同的主要内容和注意事项,学会签订广告合同;
7. 掌握投标的流程和应标书的撰写,学会如何参加产品竞标;
8. 能够按规定流程处理具体的营销竞单、市场开拓及其他相关业务。

◆ 学习任务

1. 叙述本部门职能,并能够与业务相关部门进行协作;
2. 制订企业营销总体规划与具体工作计划;
3. 编写或修订公司营销方面的主要管理制度;
4. 根据市场分析进行销售预测;
5. 根据市场分析进行市场开发;
6. 根据市场分析进行广告投放;
7. 签订销售合同;
8. 签订广告合同;
9. 参加产品竞标;
10. 按规定流程处理具体的营销竞单、市场开拓及其他相关业务。

11.1 工作概述

11.1.1 部门职能

营销部是企业的重要部门,是企业利润的创造部门,在企业中具有举足轻重的地位。营销工作的成功与否直接决定企业的成败。在本实训模拟的企业中,营销部包括两大职能:一为销售,二为市场。具体来说,营销部的主要职能如下:

- 完成公司制定的营销指标;
- 营销策略、计划的拟订与实施;
- 营销经费的预算和控制;

- 营销管理制度的拟订、实施和改善;
- 部门员工管理。

11.1.2 工作流程

不同的行业、不同的企业，营销部门的工作内容会有所不同，与此相关的组织结构也不一样，因此工作流程也不尽相同。但总体来看，仍然存在一些共同之处。首先，根据公司的总体经营战略和经营目标分解拟订营销部门的经营目标，在市场调研分析的基础上，拟订营销方案，最后实施营销方案。营销方案的实施包括确定企业的目标市场，进行产品研发、价格拟订、促销、渠道建设与管理的活动。在本次模拟实训中，因为价格策略拟订与实施、渠道设计与管理涉及较少，产品研发职能划归生产部门，所以在营销部门业务流程中不再展开。在4P营销理论中，产品销售属于促销中的人员推销部分，但由于内容涉及较多，所以在流程图中详细展开，结合本次模拟实训的实际情况，分为寻找顾客、推销洽谈、签订合同、组织发货、货款回收五个主要环节，在实际工作中，一般还会涉及售后服务、客户关系管理等环节。最后需要提醒的是，市场调研活动是贯彻整个营销活动始终的。整个营销工作流程如图11-1所示。

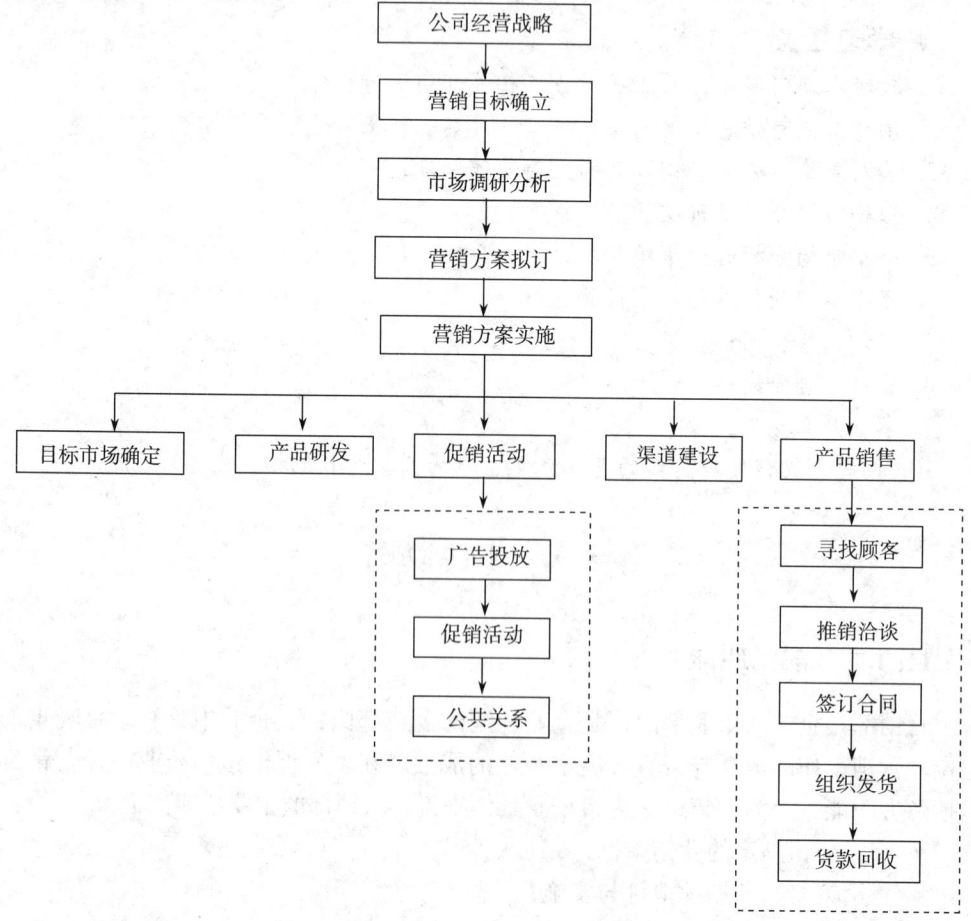

图11-1 营销工作流程

11.2 营销部经理岗位

11.2.1 岗位职责

营销部经理是营销部的负责人,在总经理的领导下,负责营销部所有工作。其具体职责如下:

- 根据公司发展战略和总体目标,负责制订企业营销总体规划并组织实施;
- 负责制订本部门业务计划并监督执行;
- 负责营销经费的预算和控制;
- 负责营销方案编制、审核与监督执行;
- 负责营销管理制度的拟订、实施与改善;
- 负责对本部门员工绩效结果进行评定;
- 负责本部门年度经营分析;
- 负责本部门员工的培训工作;
- 负责本部门员工队伍建设工作;
- 其他审核审批工作。

11.2.2 工作导航

具体内容如表 11-1 所示。

表 11-1　　　　　　　工作任务与业务流程的对应关系表

任务序号	任务名称	对应工作流程
任务 1	理解期初数据	无
任务 2	营销部借款	4.2.1 借款
任务 3	广告投放申请	4.2.6 广告投放申请
任务 4	签订广告合同	4.2.7 签订广告合同
任务 5	广告费财务报销	4.2.16 费用报销
任务 6	申请参加商品交易会	4.2.8 申请参加商品交易会
任务 7	参加商品交易会	4.2.9 参加商品交易会
任务 8	编制营销策划方案	无
任务 9	编制销售发货计划	4.2.17 制订业务计划
任务 10	会务费报销	4.2.16 费用报销
任务 11	培训调研	4.2.27 培训调研
任务 12	营销策划方案跟进	无
任务 13	争先创新评比——营销策划方案总结	无
任务 14	填写工作日志	无

11.2.3 岗位实训

任务1　理解期初数据

一、期初数据表

二、特别提示

任务2　营销部借款

根据公司相关规定，期初营销部门可以向财务部门借款作为备用金。

一、操作步骤

1. 营销部经理去出纳处领取借款单；
2. 填写借款单，借 500 元作为部门备用金；
3. 拿借款单找财务部经理审核；
4. 拿借款单到出纳处领取现金。

二、表单填写

任务3　广告投放申请

在广告投放申请任务中，营销部经理需要对广告投放申请表中的各个项目进行认真审核、审批。

一、操作步骤

1. 审核投放广告的产品以及媒体选择是否合理；
2. 审核广告投放时间范围是否合理；
3. 审核广告投放数额测算是否合理；
4. 审核广告投放申请表填写的准确性。

二、相关表单

任务4　签订广告合同

在广告合同签订过程中，营销部经理要对合同认真审核，防止出现漏洞。

一、操作步骤

1. 接收市场专员送来的广告合同及合同会签单；
2. 审核广告合同填写的准确性；
3. 依据广告投放申请表审核需要进行广告宣传的产品、宣传区域及广告合同的广告投放时间、广告费及付款方式；
4. 在合同会签单上签字。

二、相关表单

三、任务拓展

任务5　广告费财务报销

在广告费财务报销时，营销部经理需要对广告合同支出凭单进行审核。

一、操作步骤

1. 接收市场专员送来的附广告费发票的支出凭单；
2. 根据广告预算申请表、广告合同、广告费发票审核业务真实性；
3. 审核支出凭单填写的准确性及全面性；
4. 审核无误，在支出凭单上签字。

二、相关表单

任务 6　申请参加商品交易会

在销售专员申请参加商品交易会的过程中，营销部经理需要对会务费借款进行审批。

一、操作步骤

1. 接收销售专员送来的借款单及参会回执；
2. 审核此项业务的真实性（有无参会通知）；
3. 根据通知中的会务费金额审核借款金额和借款人；
4. 审核无误，在借款单中的部门经理处签字。

二、相关表单

任务 7　参加商品交易会

一、审批销售合同

（一）操作步骤

1. 审批销售合同的合理、合法性（主要审核交货时间、收款方式等）；
2. 审核无误，在合同会签单上签字。

（二）相关表单

（三）相关规则

（四）任务拓展

二、汇总销售订单

（一）操作步骤

1. 根据销售订单明细表、销售合同编制销售订单汇总表；
2. 将汇总表送交生产计划部；
3. 通知销售专员把合同归档。

（二）相关表单

任务 8　编制营销策划方案

一、营销策划方案工作部署

（一）操作步骤

1. 营销部内部开会，启动营销策划方案的编写；
2. 营销策划方案由营销部经理主导，市场专员和销售专员协助完成；
3. 制订工作计划，指定市场专员和销售专员具体负责哪些信息的收集和整理。

（二）任务拓展

二、确定营销目标

（一）操作步骤

1. 根据 SWOT 分析、竞争对手分析报告和上一期销售情况，确定销售总目标和利润目标；
2. 确定市场占有率、销售目标和利润目标等。

（二）相关表单

（三）任务拓展

三、制订营销策略

（一）操作步骤
1. 制定营销总体策略；
2. 制定产品策略；
3. 制定价格策略；
4. 制定渠道策略；
5. 制定促销策略。

（二）任务拓展

四、制订营销计划
1. 制订工作计划，将营销目标和策略落实到人；
2. 工作计划用 EXCEL 表格制作，包括工作、开始时间、结束时间、负责人；
3. 将工作计划发给部门内部所有员工，并召开部门内部会议，落实工作。

任务 9　编制销售发货计划

营销部经理需要对销售专员制订的销售发货计划进行认真审核。

一、操作步骤
1. 根据当期的库存报表、生产车间产能报表，审核销售发货计划；
2. 确定各个订单的准确性；
3. 交销售专员保管。

二、相关表单

任务 10　会务费报销

一、操作步骤

营销部经理审核销售专员参加商品交易会的支出凭单，确认是否在预算项目及金额内，并签字。

二、相关表单

任务 11　培训调研

培训需求调查就是对企业中哪些人最需要培训、为什么需要培训、需要培训什么内容等信息进行收集的过程。在跨专业综合实训中培训需求调查侧重对各岗位完成工作任务中所遇到的问题、困难、疑惑的收集与汇总。

一、理解培训需求调查问卷的填写要求

二、填写培训需求调查问卷
（一）操作步骤
（二）相关表单

任务 12　营销策划方案跟进

在整个工作过程中，营销部经理需要跟进营销策划方案工作的进度，监督营销具体工作的有效执行，以提高营销部门工作的效率和效果。

任务 13　争先创新评比——营销策划方案总结

在实训要求的时间内，各虚拟公司的营销部门都要完成营销策划方案，并且需要将营销策划方案结果进行总结汇报，具体要求如下：
1. 准备发言资料，发言时间控制在 5 分钟内；
2. 发言结束后将营销策划方案总结及发言稿交给指导老师。

任务 14　填写工作日志

为使整个学习过程有的放矢，增强学习效果，综合实训中要求填写岗位工作日志、任务流程学习表，此类表格属自制表格，没有固定格式。岗位工作日志用于记录工作内容、落实工作过程中遇到的问题、解决及优化建议；任务流程学习表用于强化学员对任务流程、资料与数据传递过程的理解。

一、强化任务工作流程理解与掌握

（一）操作步骤

1. 总任务填写；
2. 业务背景填写；
3. 子任务填写；
4. 职责分工填写；
5. 单据来源填写；
6. 本职工作填写；
7. 任务去向填写。

（二）表单填写

二、工作备忘

（一）操作步骤

1. 工作日志表头填写；
2. 工作日志主要内容填写；
3. 工作日志部门会议讨论备忘。

（二）表单填写

11.3　市场专员岗位

11.3.1　岗位职责

市场专员是在营销部经理的领导下，承担公司产品市场调查、市场分析与预测、市场开发、产品开发、产品促销等工作。其主要职责如下：

- 负责公司业务相关市场信息的收集与分析，为公司决策及业务拓展提供支持；
- 根据市场调研与分析的结果，对公司的产品销售进行预测；
- 根据市场调研与分析的结果，进行市场开发；
- 根据市场调研与分析的结果，制订公司产品开发计划；
- 负责公司广告方案的策划与实施，负责编制公司广告预算；
- 负责公司其他促销活动方案的策划与实施，负责编制公司促销活动预算；
- 部门经理安排的其他工作。

11.3.2　工作导航

具体内容如表 11-2 所示。

表 11-2　　　　　　　　　工作任务与业务流程的对应关系表

任务序号	任务名称	对应工作流程
任务 1	理解期初数据	无
任务 2	广告投放申请	4.2.6 广告投放申请
任务 3	签订广告合同	4.2.7 签订广告合同
任务 4	广告费财务报销	4.2.16 费用报销
任务 5	编制营销策划方案	无
任务 6	培训调研	4.2.27 培训调研
任务 7	争先创新评比——营销策划方案总结	无
任务 8	填写工作日志	无

11.3.3　岗位实训

任务 1　理解期初数据

一、期初数据表

1. 销售发货明细表；
2. 销售预测表；
3. 市场预测；
4. 客户信息汇总表；
5. 库存期初报表；
6. 车间产能报表。

二、特别提示

任务 2　广告投放申请

广告一般分为产品广告和品牌广告两部分。产品广告是针对某种具体产品的营销策划和宣传，品牌广告是对企业整体品牌的塑造和传播。为了让客户了解企业、了解企业的产品和服务，企业会投入大量的资金用于企业整体品牌和产品的宣传，以争取尽可能多的客户订单。为此，需要策划广告、公共关系、产品推介会等一系列营销活动。在企业管理全景仿真职业认知综合实训中，合理投放广告费可以帮助企业赢得订单。

在参加商品交易会之前，市场专员需要根据市场预测和行业广告占销售比，填写广告投放申请表，并报送营销部经理和总经理审批。

一、操作步骤

1. 市场专员填写广告投放申请表；
2. 拿广告投放申请表找营销部经理审核；
3. 营销部经理审核后，拿广告投放申请表找总经理审核。

二、表单填写

三、相关规则

任务 3　签订广告合同

广告预算申请获得批准后，在正式签订广告合同之前，市场专员需要和广告公司进行沟通，以确定广告合同具体条款。广告公司一般会提供广告合同的初始文本，然后双方在此基础上进行协商。尽管如此，市场专员仍然需要在签订合同之初就对广告合同的内容、格式等进行了解。

一、拟订广告合同

（一）操作步骤

1. 市场专员与广告公司沟通合同细节；
2. 市场专员与广告公司共同拟定广告合同。

（二）任务拓展

二、合同会签

（一）操作步骤

1. 市场专员填写合同会签单；
2. 拿合同会签单、广告合同及广告投放申请表送交营销部经理审核；
3. 拿合同会签单、广告合同及广告投放申请表送交总经理审核；
4. 拿合同会签单、广告合同送交行政助理处盖单。

（二）表单填写

三、签订广告合同

合同通过审核以后，由市场专员和广告公司签订广告合同，由广告公司开具广告费发票，由财务处支付广告费。

（一）操作步骤

1. 市场专员把盖章后的两份广告合同送给广告公司，请广告公司负责人审核并签字盖章，确定对方盖公司合同专用章、法人章和骑缝章；
2. 广告合同一式两份，一份由广告公司留存，一份带回企业送行政助理处归档；
3. 向广告公司索取广告费发票；
4. 核对广告费发票是否与广告合同内容相符。

（二）相关表单

任务 4　广告费财务报销

广告公司开具广告合同发票后，市场专员根据广告合同发票填写支出凭单，支出凭单经营销部经理、财务部门、总经理审核之后，交出纳办理转账支票，再将出纳填写准确的转账支票交给广告公司。

一、操作步骤

1. 根据广告合同发票填写支出凭单；
2. 将广告费发票粘贴在支出凭单后面；
3. 拿支出凭单找营销部经理审核；
4. 拿支出凭单找财务会计审核；
5. 拿支出凭单找财务部经理审核；
6. 拿支出凭单找总经理审核；
7. 交出纳办理转账支票，市场专员在支票登记簿上签字；
8. 将出纳填写准确的转账支票交给广告公司。

二、表单填写

任务 5　编制营销策划方案

市场分析的主要目的是研究商品的潜在销售量，开拓潜在市场，安排好商品在地区之间的合理分配，以及确定企业经营商品的地区市场占有率。通过市场分析，可以更好地认识市场的商品供应和需求的比例关系，采取正确的经营战略，满足市场需要，提高企业经营活动的经济效益。

一、竞争对手分析

（一）操作步骤

1. 收集竞争对手信息，从产品情况、营销策略、技术信息等方面进行重点分析，以一家企业为主要目标进行分析；

2. 形成行业信息分析报告，报告层次要明晰，重点突出；

3. 提交行业信息分析告，交营销部经理。

（二）相关表单

（三）任务拓展

二、企业自身分析（SWOT 分析）

（一）操作步骤

1. 进行优势分析；

2. 进行劣势分析；

3. 进行机会分析；

4. 进行威胁分析；

5. 形成 SWOT 分析报告，交营销部经理。

（二）相关表单

（三）任务拓展

三、市场需求分析

（一）操作步骤

1. 根据给定的资料分析企业目标市场整体需求情况；

2. 分析不同时间目标市场需求情况；

3. 分析不同产品价格走势。

（二）相关表单

（三）任务拓展

四、销售预测

（一）操作步骤

1. 根据市场需求进行产品销售数量预测；

2. 根据市场需求进行产品销售收入预测。

（二）相关表单

（三）任务拓展

任务 6　培训调研

培训需求调查就是对企业中哪些人最需要培训、为什么需要培训、需要培训什么内容等信息进行收集的过程。在跨专业综合实训中培训需求调查侧重对各岗位完成工作任务中所遇到的问题、困难、疑惑的收集与汇总。

一、理解培训需求调查问卷的填写要求

二、填写培训需求调查问卷

（一）操作步骤

（二）相关表单

任务 7　争先创新评比——营销策划方案总结

在实训要求的时间内，各虚拟公司的营销部门都要完成营销策划方案，并且需要将营销策划方案结果进行总结汇报，市场专员具体任务要求如下：

1. 协助营销部经理将营销策划方案提炼成 10 分钟发言稿；

2. 将发言稿制作成 PPT；

3. 评比过程中给其他公司的方案打分。

任务 8　填写工作日志

为使整个学习过程有的放矢，增强学习效果，综合实训中要求填写岗位工作日志、任务流程学习表，此类表格属自制表格，没有固定格式。岗位工作日志用于记录工作内容、落实工作过程中遇到的问题、解决及优化建议；任务流程学习表用于强化学员对任务流程、资料与数据传递过程的理解。

一、强化任务工作流程理解与掌握

（一）操作步骤

1. 总任务填写；

2. 业务背景填写；

3. 子任务填写；

4. 职责分工填写；

5. 单据来源填写；

6. 本职工作填写；

7. 任务去向填写。

（二）表单填写

二、工作备忘

（一）操作步骤

1. 工作日志表头填写；

2. 工作日志主要内容填写；

3. 工作日志部门会议讨论备忘。

（二）表单填写

11.4　销售专员岗位

11.4.1　岗位职责

销售专员是在营销部经理的领导下，负责完成公司下达的销售指标，负责指定区域内公司产品的客户推广和销售管理工作。其主要职责如下：

- 负责搜集与寻找潜在客户，开发新客户，拓展与老客户的业务，建立和维护客户档案；
- 负责制订销售工作计划，并按计划拜访客户；
- 负责与客户进行产品销售沟通和商务谈判；
- 负责销售合同的签订工作；
- 负责销售合同的履行与管理等相关工作，包括及时组织货源、发货与货款回收等；
- 负责公司客户关系维护工作；
- 负责公司产品临时项目投标工作；
- 部门经理安排的其他工作。

11.4.2 工作导航

具体内容如表 11-3 所示。

表 11-3　　　　　　　　工作任务与业务流程的对应关系表

任务序号	任务名称	对应工作流程
任务 1	理解期初数据	无
任务 2	申请参加商品交易会	4.2.8 申请参加商品交易会
任务 3	参加商品交易会	4.2.9 参加商品交易会
任务 4	会务费报销	4.2.16 费用报销
任务 5	编制销售发货计划	4.2.17 制订业务计划
任务 6	销售发货	4.2.23 销售发货
任务 7	货款回收	4.2.10 货款回收
任务 8	培训调研	4.2.27 培训调研
任务 9	争先创新评比——营销策划方案总结	无
任务 10	填写工作日志	无

11.4.3 岗位实训

任务 1　理解期初数据

一、期初数据表

1. 销售发货明细表；
2. 销售预测表；
3. 市场预测；
4. 客户信息汇总表；
5. 库存期初报表；
6. 车间产能报表。

二、特别提示

任务2　申请参加商品交易会

实际工作中，参加商品交易会是非常重要的一种营销手段，销售专员要广泛收集商品交易信息，以便最大程度地接触客户，向客户推介产品，签订商品交易合同。

一、填写参会回执

（一）操作步骤

1. 销售专员接到会展中心举办商品交易会的通知；
2. 确认商品交易会通知正式与否（通知上要有会展中心盖章）；
3. 确认营销部经理和销售专员参会；
4. 销售专员填写参会回执单，并将回执单交会展中心以备安排会务事项。

（二）相关表单

二、借商品交易会会务费

（一）操作步骤

1. 去财务部找出纳领取借款单，借参加商品交易会会务费；
2. 填写借款单；
3. 将借款单与参会回执单提交营销部经理，请其审核签字；
4. 将借款单与参会回执单提交财务部经理，请其审核签字；
5. 所有领导审核并签字后，交出纳填写转账支票。

（二）表单填写

任务3　参加商品交易会

一、取得参会资格

（一）操作步骤

1. 销售专员和营销部经理携带会务费转账支票去会展中心；
2. 取得会展中心开具的会务费发票；
3. 确认发票的项目、金额和对方公章；
4. 取得参会资格证。

（二）表单填写

二、选择合适的订单

（一）操作步骤

1. 在商品交易会上，销售专员根据库存报表及车间产能报表，选择合适订单；
2. 选择销售订单。

（二）相关表单

（三）相关规则

三、拟定销售合同

（一）操作步骤

1. 销售专员根据销售订单拟定销售合同一式两份；
2. 填写合同会签单；
3. 拿销售合同、合同会签单报营销部经理、财务部经理、总经理审批；
4. 拿审批后合同会签单以及销售合同到行政助理处盖章。

（二）表单填写

四、签订销售合同

（一）操作步骤

1. 盖章后的两份合同送给客户，请对方审核、签字盖章；

2. 确定对方盖公司合同专用章、法人章和骑缝章；

3. 销售合同一式两份，一份客户留存；

4. 另一份带回企业，待登记完销售订单明细后，送行政助理处归档。

（二）任务拓展

五、登记销售订单明细

（一）操作步骤

1. 根据销售订单卡及销售合同登记销售订单明细表；

2. 把销售订单明细表及合同交给营销部经理汇总销售订单。

（二）表单填写

任务 4　会务费报销

销售专员参加商品交易会取得对方给予的发票后，需要办理会务费报销手续。

（一）操作步骤

1. 销售专员填写支出凭单，将原始凭证作为附件粘在支出凭单后面，请部门经理审核；

2. 将部门经理审核后的支出凭单和发票送交财务部门，办理报销手续。

（二）表单填写

任务 5　编制销售发货计划

一、编写销售发货计划

（一）操作步骤

1. 到仓储部获得库存报表；

2. 到生产计划部获得当期的生产车间产能报表；

3. 编写销售发货计划，一式两份；

4. 将库存报表、生产车间产能报表和销售发货计划提交营销部经理审核。

（二）相关表单

（三）相关规则

二、交至仓储部

1. 销售发货计划自留一份；

2. 另一份交仓储部经理保留。

任务 6　销售发货

一、填制发货单

（一）操作步骤

1. 根据销售订单明细表和发货计划填制发货单；

2. 报部门经理和财务部经理审核。

（二）表单填写

二、登记销售发货明细表

（一）操作步骤

1. 根据发货单进行销售发运；
2. 登记销售发货明细表。

（二）表单填写

（三）任务拓展

任务 7 货款回收

一、确认到期应收款

操作步骤如下：

1. 根据销售订单明细表，确认到期应收款；
2. 汇总到期应收款的总额和企业，准备催收货款。

二、催收货款

（一）操作步骤

1. 到客户企业，与客户沟通，催收到期应收款；
2. 确认客户付款后，通知出纳去银行取进账单。

（二）任务拓展

三、更新销售发货明细表

任务 8 培训调研

培训需求调查就是对企业中哪些人最需要培训、为什么需要培训、需要培训什么内容等信息进行收集的过程。在跨专业综合实训中培训需求调查侧重对各岗位完成工作任务中所遇到的问题、困难、疑惑的收集与汇总。

一、理解培训需求调查问卷的填写要求

二、填写培训需求调查问卷

（一）操作步骤

（二）相关表单

任务 9 争先创新评比——营销策划方案总结

在实训要求的时间内，各虚拟公司的营销部门都要完成营销策划方案，并且需要将营销策划方案结果进行总结汇报。市场专员具体任务要求如下：

1. 确认评比会开展时间、地点，确认参会人员；
2. 发布营销策划方案总结评比会议通知；
3. 准备评比会需要资料，如打分表等。

任务 10 填写工作日志

为使整个学习过程有的放矢，增强学习效果，综合实训中要求填写岗位工作日志、任务流程学习表，此类表格属自制表格，没有固定格式。岗位工作日志用于记录工作内容、落实工作过程中遇到的问题、解决及优化建议；任务流程学习表用于强化学员对任务流程、资料与数据传递过程的理解。

一、强化任务工作流程理解与掌握

（一）操作步骤

1. 总任务填写；
2. 业务背景填写；
3. 子任务填写；

4. 职责分工填写;
5. 单据来源填写;
6. 本职工作填写;
7. 任务去向填写。
(二) 表单填写
二、工作备忘
(一) 操作步骤
1. 工作日志表头填写;
2. 工作日志主要内容填写;
3. 工作日志部门会议讨论备忘。
(二) 表单填写

第 3 部分
企业外部岗位实训

第 12 章 客户岗位实训

◆ 学习目标

1. 了解客户代表的主要工作职责；
2. 了解客户公司商品采购的基本流程；
3. 了解谈判、签订合同的技巧与方法；
4. 了解银行转账付款的基本知识与方法；
5. 具有沟通、协调、合作的意识，树立诚信服务、爱岗敬业的职业操守；
6. 展示工作成果并对制造企业相关工作岗位进行绩效考核。

◆ 学习任务

1. 阐述客户代表的主要工作职责；
2. 整理商品采购的基本流程及要点；
3. 整理谈判、签订合同的技巧与方法；
4. 整理银行转账付款的要点；
5. 编制绩效考核表，整理工作成果，进行个人和企业相关岗位人员的绩效评价。

12.1 工作概述

12.1.1 客户职能

制造企业生产出产品必须销售出去，才能实现商品的价值。实际工作中，企业的客户很多，分布也很广泛。实训中，我们将客户公司仅仅作为一个购买制造企业生产的商品的窗口单位，不作为经济实体进行经营。客户公司授权客户代表全权处理商品采购从谈判、签订合同、收货到付款的整个流程。

12.1.2 工作流程

客户代表的主要业务包括制订采购计划、向市场发布采购信息、组织商品交易会、与供应商谈判、签订合同、收货、付款、档案管理等。基本流程如图 12-1 所示。

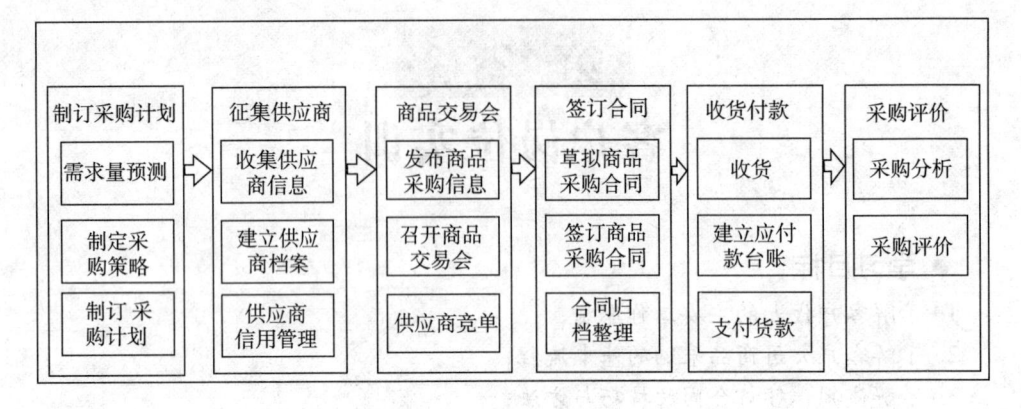

图 12-1　客户代表工作流程

12.2　客户代表岗位

12.2.1　岗位职责

客户代表授权购买实训中的核心制造企业生产的产品,保证实训中从采购、生产、销售整条供应链企业生产经营的顺利进行。其职责包括:

- 制订采购计划。根据公司的生产经营计划,制订各季度销售计划。实训中,由于客户代表不参与经济实体经营,数据不全,暂不制订采购计划。
- 发布商品采购信息。提供拟采购商品的相关信息。
- 召开商品交易会。
- 供应商管理。搜集供应商相关信息,建立供应商档案,评审和管理供应商。
- 合同管理。组织采购合同的评审,对合同进行分类档案管理,并对合同的执行进行监督等。
- 收货管理。根据合同约定收货。
- 应付款管理。对应付款项建立应付账款台账,加强应付款管理,保证企业信用。
- 档案管理。对采购过程的各种文档进行分类归档整理。

12.2.2　工作导航

具体内容如表 12-1 所示。

表 12-1　　　　工作任务与业务流程的对应关系表

任务序号	任务名称	对应工作流程
任务 1	期初工作准备	无
任务 2	召开商品交易会	4.2.9 参加商品交易会
任务 3	签订合同	4.2.9 参加商品交易会

续表

任务序号	任务名称	对应工作流程
任务4	收货	4.2.23 销售发货
任务5	付款	4.2.10 货款回收
任务6	档案整理	无

12.2.3 岗位实训

任务1 期初工作准备

进入客户代表工作岗位后首先应了解客户基本信息及其期初数据，准备表单与教具；其次应了解供应商、合同、订单等信息，包括：

一、供应商信息

二、童车采购合同

三、采购订单信息

任务2 召开商品交易会

一、发布交易会流程和选单规则

（一）发布商品交易会流程

（二）发布选单规则

二、布置交易会现场

三、召开交易会，组织选单

四、打印采购订单，草拟合同

任务3 签订合同

一、签订合同

二、合同登记

任务4 收货

在合同约定的交货时间，制造企业按照订单交来订购的童车。客户代表收到童车后，按合同约定的数量验收，在发货单上签字确认，发货单其中一联留存客户。客户代表根据合同和收到的发货单登记收货情况。

任务5 付款

一、通过银行支付货款

客户根据合同约定的付款日期和金额支付货款。货款支付方式可以采取委托收款方式，也可填写转账支票，到银行办理转账支付。填写转账支票交给企业，企业到银行下账。

二、登记付款信息

任务6 档案整理

每月或每季度结束时，企业应当进行资料分析、整理，包括两方面：

一、数据整理

二、资料整理

第 13 章 供应商岗位实训

◆ 学习目标

1. 了解供应商的主要职能、工作职责；
2. 了解供应商房屋、设备和材料销售的基本流程；
3. 了解与客户谈判、签订合同的技巧与方法；
4. 了解应收款管理的基本知识与方法；
5. 具有沟通、协调、合作的意识，树立诚信服务、爱岗敬业的职业操守；
6. 展示工作成果并对制造企业相关工作岗位进行绩效考核。

◆ 学习任务

1. 阐述供应商的主要职能，明确不同供应商的主要职责；
2. 整理房屋、设备和材料销售的基本流程及要点；
3. 整理与客户谈判、签订合同的技巧与方法；
4. 整理应收款管理的要点；
5. 编制绩效考核表，整理工作成果，进行个人和企业相关岗位人员的绩效评价。

13.1 工作概述

企业进行生产经营，需要厂房、仓库、设备和材料等生产资料，这些生产资料都由供应商提供，这里的供应商是相对制造企业而言。实训中，为方便理解，我们将提供材料、设备和厂房、仓库的供应商姑且分别称为材料供应商、设备供应商和房屋供应商。这些供应商在实训中主要为制造企业完成经济业务服务，不具有实体性质，也不进行生产经营，只提供类似窗口服务的功能，所以，这里我们将从事供应商工作的人员称为供应商代表。

13.1.1 供应商职能

供应商负责为实训中的核心制造企业提供生产经营时需要的厂房、仓库、设备和材料，满足实训企业生产经营的顺利进行。其职能包括：

1. 制订销售计划。预计市场需求，制订各季度销售计划。
2. 销售信息发布。提供厂房、仓库、设备、材料的相关信息。
3. 客户管理。搜集客户相关信息，建立客户档案，评审和管理客户。

4. 销售合同管理。组织销售合同的评审，建立销售合同台账，对合同进行分类档案管理，并对合同的执行进行监督等。

5. 发货管理。根据客户需要组织合同商品发货。

6. 应收款管理。对应收款项建立应收账款台账，加强应收款的账龄和催收管理。

7. 销售监控与评价。加强对销售过程的监控，对销售过程和结果进行评价。

8. 档案管理。对销售过程的各种文档进行分类归档整理。

13.1.2 工作流程

供应商的主要的业务包括制订销售计划、向市场发布销售信息、与客户谈判、签订合同、组织发货、货款回收、开具发票、档案管理等。基本流程如图13-1所示。

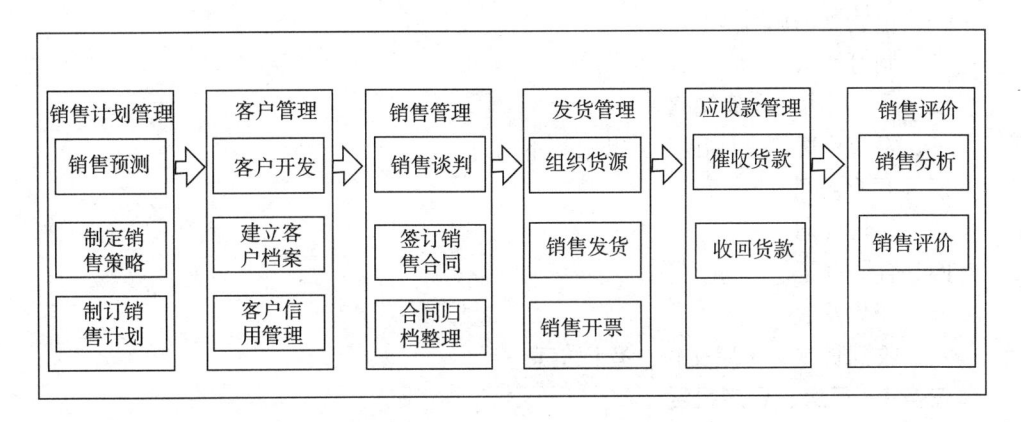

图13-1 供应商工作流程图

13.2 房屋供应商岗位

13.2.1 工作导航

具体内容如表13-1所示。

表13-1　　　　工作任务与业务流程的对应关系表

任务序号	任务名称	对应工作流程
任务1	期初资料准备	无
任务2	制订销售计划	无
任务3	厂房、仓库销售	4.2.18 签订采购合同（参考） 4.2.19 下达采购订单
任务4	厂房、仓库租赁	4.2.18 签订采购合同（参考） 4.2.19 下达采购订单
任务5	档案整理	无

13.2.2 岗位实训

任务1 期初资料准备

进入供应商代表岗位后首先应了解供应商自身的基本信息及所需实训表单与教具；其次应了解客户资料及订单、合同信息，具体包括：

一、客户资料

二、销售订单

任务2 制订销售计划

销售计划是实现目标的路径，也是销售人员每日工作内容的指引。一个有效、可控的销售计划，可以规范联系现有客户和吸引新客户的方法，还可以帮助确定的目标客户类型，如何联系他们，以及如何跟踪结果，以便了解怎样做可以提高业绩。因此，销售计划在整个销售活动中的重要性是不言而喻的。

一、市场需求调查

二、制订销售计划

任务3 厂房、仓库销售

一、发布厂房、仓库出售、出租基本信息

二、商业谈判

三、签订合同

四、合同登记

五、开具发票

六、收到货款，房屋交付，登记信息

任务4 厂房、仓库租赁

一、签订租赁合同

二、合同登记

三、收取租金，开具发票

四、登记信息

任务5 档案整理

每月或每季度结束时，企业应当进行资料分析、整理，包括两方面内容：

一、数据整理

二、资料整理

13.3 设备供应商岗位

13.3.1 工作导航

具体内容如表 13-2 所示。

表 13-2　　　　　　　工作任务与业务流程的对应关系表

任务序号	任务名称	对应工作流程
任务 1	期初资料准备	无
任务 2	设备销售	4.2.18 签订采购合同（参考） 4.2.19 下达采购订单
任务 3	设备维护服务	无
任务 4	设备回收	无
任务 5	档案整理	无

13.3.2　岗位实训

任务 1　期初资料准备

进入供应商代表岗位后首先应了解供应商本单位的基本信息及所需实训表单与教具，其次应了解客户资料。

任务 2　设备销售

一、发布设备出售基本信息

二、商业谈判

三、签订合同

四、合同登记

五、开具发票

六、收到货款，设备安装完成交付，登记信息

任务 3　设备维护服务

一、设备维修公告

二、提供维修服务，收取维修费，开具维修发票

三、登记设备维护登记表

任务 4　设备回收

一、签订设备回收合同，登记合同管理表

二、收到发票，开出转账支票，回收设备

三、登记设备回收登记表

任务 5　档案整理

每月或每季度结束时，企业应当进行资料分析、整理，包括两方面内容：

一、数据整理

二、资料整理

13.4　材料供应商岗位

13.4.1　工作导航

具体内容如表 13-3 所示。

表 13-3　　　　　　　　工作任务与业务流程的对应关系表

任务序号	任务名称	对应工作流程
任务 1	期初资料准备	无
任务 2	签订合同	4.2.18 签订采购合同
任务 3	登记订单	4.2.19 下达采购订单
任务 4	发货	4.2.12 采购入库
任务 5	收款	4.2.11 材料款支付

13.4.2　岗位实训

任务 1　期初资料准备

进入供应商代表岗位后首先应了解供应商本单位的基本信息及所需实训表单与教具，其次应了解客户资料。

任务 2　签订合同

一、发布材料出售基本信息

二、商业谈判

三、签订合同

四、协议书登记

任务 3　登记订单

一、收到购买方下达的采购订单

二、登记订单

任务 4　发货

一、发货，登记发货登记表

二、开具增值税专用发票

三、登记应收账款登记表

任务 5　收款

一、收到银行进账通知

二、登记应收账款登记表

第 14 章
政务服务中心岗位实训

◆ **学习目标**

1. 熟悉政务服务中心的工商局、税务局、社保局的职能和工作职责；
2. 掌握工商变更登记的基本流程、递交的材料及办理的方法；
3. 了解工商年检的基本流程、递交的材料及年检的方法；
4. 掌握税务变更登记的基本流程、递交的材料及办理的方法；
5. 掌握税收征管的基本流程、税款计算方法；
6. 掌握发票领购的基本流程和方法；
7. 熟悉五险一金的征缴流程和方法；
8. 具有政务为纳税人服务的意识，树立诚信服务、爱岗敬业的职业操守；
9. 展示工作成果并对制造企业相关工作岗位进行绩效考核。

◆ **学习任务**

1. 阐述本政务中心各机构的主要职能，明确各机构的主要职责；
2. 整理工商变更的流程及要点，受理企业工商变更登记，颁发营业执照；
3. 整理工商年检的流程及要点，受理企业工商年检；
4. 整理税务变更的流程及要点，受理企业税务变更，颁发税务登记证；
5. 整理企业税款征收的流程及要点，受理企业纳税申报业务，征缴税款；
6. 整理企业办理发票领购的流程及要点，受理企业领购发票的业务；
7. 收集各企业人员变动情况，确定各企业五险一金计算基数，核实、征缴各企业的五险一金；
8. 编制绩效考核表，整理工作成果，进行个人和企业相关岗位人员的绩效评价。

14.1 工商局岗位

14.1.1 工作概述

1. 工商局职能

工商行政管理部门的工作目标是：确认市场主体资格，规范市场主体行为，维护市场经济秩序，保护商品生产者和消费者的合法权益，促进市场经济的健康发展。其职能包括：

- 受理企业核名。要审核企业申请的公司名称是否有和其他相关企业出现重名,或者公司名字是否规范。如果重名,企业必须起另外的名字直到工商局审核通过为止。企业名称预先核准是企业开业登记设立前必须做的重要工作。

• 工商注册登记。依据国家工商行政管理的法律、法规,按照一定的程序,对设立在中国境内的工商企业的开业、变更、注销活动进行注册登记。在本实训中,主要进行公司变更登记。

• 企业工商年检。依法按年度对领取营业执照的单位进行检查,确认企业继续经营资格。

• 工商监督。依法组织监督检查市场竞争行为,组织实施各类市场经营秩序的规范管理和监督,维护社会公共利益。

• 广告、合同和商标管理。依法组织管理广告发布与广告经营活动,依法管理合同行为,依法管理注册商标、保护注册商标专用权。

2. 岗位职责

根据工商局职能和业务特点,工商局一般设有若干业务部门。在实训中,工商局只承担为制造企业服务的基本窗口职能,其主要职责包括:

• 贯彻执行国家和上级工商行政管理部门的法律、法规和方针、政策。

• 组织管理本行政区域内工商企业和从事经营活动的单位、个人的注册,核定注册单位名称,审定、批准、颁发有关证照,实行监督管理。

• 组织监督检查市场竞争行为,查处垄断和不正当竞争案件,打击流通领域的走私贩私行为和经济违法违章行为。

• 组织保护消费者合法权益,组织查处侵犯消费者权益案件,组织查处市场管理和商标管理中的经销掺假及假冒产品行为。

• 组织实施各类市场经营秩序的规范管理和监督。

• 依法管理合同行为,监督处理利用合同危害国家利益、社会公共利益的违法行为。组织管理动产抵押物登记,监督拍卖行为。

• 管理注册商标、监督管理商标印制,组织查处商标侵权行为,保护注册商标专用权。

• 组织管理广告发布与广告经营活动。

• 法律、法规、规章规定的其他工商行政管理职责。

14.1.2 工作导航

具体内容如表 14-1 所示。

表 14-1　　　　　　　　工作任务与业务流程的对应关系表

任务序号	任务名称	对应工作流程
任务 1	期初工作准备	无
任务 2	企业核名	无
任务 3	公司变更登记	无
任务 4	企业年检	无
任务 5	工商监督	无

14.1.3 岗位实训

任务1　期初工作准备

进入工商局岗位后首先应了解工商局自身的基本信息及所需实训表单与教具，其次应了解客户资料。

任务2　企业核名

企业名称预先核准是企业成立公司、开展生产经营活动必经的第一步。一般而言，企业在进行名称预先核准申请之前，必须通过工商局网站进行在线企业名称预先核准申请或者直接到工商局索要企业名称预先核准申请表。

任务3　公司变更登记

企业变更是指企业成立后，企业组织形式、企业登记事项的变化。依据《中华人民共和国公司登记管理条例》规定，企业法人改变名称、住所、经营场所、法定代表人、经济性质、经营范围、经营方式、注册资本、经营期限，以及增设或者撤销分支机构，应当申请办理变更登记。公司变更登记事项，应当向原公司登记机关申请变更登记。

任务4　企业年检

企业年检是指工商行政管理机关依法按年度对企业进行检查，确认企业继续经营资格的法定制度。凡领取"中华人民共和国企业法人营业执照"、"中华人民共和国营业执照"、"企业法人营业执照"、"营业执照"的有限责任公司、股份有限公司、非公司企业法人和其他经营单位，均须参加年检。当年设立登记的企业，自下一年起参加年检。

任务5　工商监督

工商局在市场运行过程中，除了对企业开展公司核名、变更登记以及年检等工作外，还要同时维护市场公平竞争环境以及受理市场竞争主体因利益受损而进行的投诉。对于处理结果，工商局将予以公示，以便对其他参与竞争的企业起到警示和促进的作用。

14.2　税务局岗位

14.2.1　工作概述

1. 税务局职能

税务局是企业按照国家有关税收政策办理所有公司的涉税业务，行使税收管理职能。仿真市场中的生产制造企业均需在税务部门办理纳税登记，并依法纳税。税务局的主要职能包括：

- 税务登记。按照国家税收法规的规定，新设立的企业或者企业经营情况发生变化，需要到当地税务部门办理开业税务登记或变更税务登记，核发税务登记证。
- 税款征收。税务机关依照税收法律、法规规定将纳税人应当缴纳的税款组织征收入库。税款征收的主要内容包括税款征收的方式、程序，减免税的核报，税额核定，税收保全措施和强制执行措施的设置与运用以及欠缴、多缴税款的处理等。

- 发票管理。发票管理主要针对发票的印制、购领、使用、监督以及违章处罚等各环节进行管理。
- 纳税检查。征收机关依据国家税收政策、法规和财务会计制度规定，对纳税人、扣缴义务人履行纳税义务、扣缴税款义务真实情况的监督和审查。纳税检查是税收征收管理的重要环节，也是贯彻国家税收政策法规，严肃税收纪律，加强纳税监督，堵塞税收漏洞，纠正错漏，保证国家财政收入的一项必要措施。纳税检查主要分为三个环节：纳税人自查、常规检查和专项检查。
- 税收统计、分析。税务部门应按年度进行税收统计工作，主要任务包括建立税收统计报表体系以及对税务统计结果进行分析，撰写分析报告。税收统计的主要内容包括税源统计、税收统计、税政统计和税负统计等。税务部门每年要对外提供税收统计报表及分析报告。
- 税务违法处罚。企业由于工作上的失误或者主观上的故意，违反了税收法律法规的规定，按照法律规定必须承担法律后果。

2. 岗位职责

- 贯彻执行税收征收管理法律法规、部门规章及规范性文件，研究制定具体的实施办法，组织实施税收征收管理改革。
- 负责办理企业开业税务登记或变更税务登记。
- 负责本地税收及法律法规规定的基金（费）的征收管理、税源管理、纳税评估、反避税和稽查工作，力争税款应收尽收。
- 负责增值税专用发票、普通发票和其他税收票证的管理工作。
- 负责规划和组织实施纳税服务体系建设，制定和监督执行纳税服务管理制度，贯彻执行纳税人权益保障规章制度，研究制定具体的实施办法。
- 组织实施对纳税人进行分类管理和专业化服务，组织实施对企业的纳税服务和税源管理。
- 编制、分配和下达税收收入计划并组织实施，负责税收统计核算工作。
- 负责规划和组织实施税收管理信息化建设，制定税收管理信息化制度，承担金税工程的推广和应用工作。
- 监督检查本市各纳税人依法履行纳税义务的情况，并对各种涉税违法、违规行为依法进行行政处罚。
- 组织实施税收宣传、税收政策法规咨询和辅导等纳税服务工作。

14.2.2 工作导航

具体内容如表 14-2 所示。

表 14-2　　　　　　　　　工作任务与业务流程的对应关系表

任务序号	任务名称	对应工作流程
任务 1	期初工作准备	无
任务 2	变更税务登记	无
任务 3	税款征收	4.2.4 纳税申报
任务 4	发票管理	无

14.2.3　岗位实训

任务 1　期初工作准备

税务专员进入岗位后首先应了解本单位基本信息和实习所用表单、教具等，其次应了解辖区内企事业单位信息。

任务 2　变更税务登记

变更税务登记是指纳税人办理设立税务登记后，因税务登记内容发生变化，向税务机关申请将税务登记内容重新调整为与实际情况一致的一种税务登记管理制度。

一、变更税务登记的内容

二、办理税务变更登记的程序

任务 3　税款征收

税款征收是税务机关依照税法向纳税人征收税款。企业管理全景仿真职业认知综合实训中制造企业涉及的税种主要包括增值税、企业所得税、城市维护建设税、教育费附加以及企业代扣代缴的个人所得税。

一、受理企业纳税申报

二、税务审核，确认企业应纳税额

三、税款解缴

任务 4　发票管理

发票是指在购销商品、提供或者接受服务以及从事其他经营活动中，开具、收取的收付款凭证。税务机关发票管理包括印制、领取、发放、发售、保管和盘点等。本实训中设定的税务局定位于从事窗口业务，所以只介绍与企业直接相关的发票发放业务，也就是纳税人领购发票业务的操作。

一、纳税人领购发票应提供的资料

二、税务机关受理审核、录入资料

三、发票验旧

四、签署发售发票审批意见

五、收取发票工本费，发售发票

六、信息登记

七、资料归档

14.3 社保局岗位

14.3.1 工作概述

现实社会中，人力资源和社会保障局承担人才引进、就业服务、职称评审、社会保险等一系列职能。企业管理全景仿真职业认知综合实训中，社保局只承担社会保险费和住房公积金征缴的窗口职能。这里的社会保险包括基本养老保险、基本医疗保险、失业保险以及生育保险和工伤保险。

1. 社保局职能
- 参保登记。为参保单位、职工和个体进行参保登记，建立、修改参保人员基础资料，建立个人账户、记账。
- 企业多险种社保基金征集。
- 社会保险关系转移。
- 社会保险费征收。
- 档案管理。
- 咨询服务。提供社保相关政策咨询。

2. 岗位职责
- 贯彻执行国家人力资源和社会保障工作的法律、法规、规章。
- 拟订本地区人力资源和社会保障事业发展规划和政策并组织实施，负责本地区人力资源和社会保障基金及资金的管理。
- 负责本地区人力资源和社会保障公共服务体系建设的管理；拟订人力资源市场发展规划和人力资源流动政策并组织实施，建立全市统一规范的人力资源市场，促进人力资源合理流动、有效配置。
- 拟订本地区城乡社会保险发展规划和政策，建立统筹城乡社会保险体系；贯彻执行全国统一的社会保险关系转续办法和基础养老金统筹办法；拟订本地区机关、企事业单位、城乡居民、被征地人员基本养老保险政策并组织实施；会同有关部门拟订本地区社会保险及补充保险基金管理和监督制度并组织实施；会同有关部门编制本地区社会保险基金预决算草案，承担社会保险基金的安全管理责任。
- 牵头组织实施劳动合同制度、集体合同制度，完善劳动关系协调机制。
- 完善劳动、人事争议调解仲裁制度。
- 负责本地区就业资金、社会保险基金预测预警和信息引导，制定应对预案，实施预防、调节和控制，保持全市就业形势稳定和社会保险基金总体收支平衡。
- 负责组织实施人力资源和社会保障监察，依法督（查）办相关重大案件；协调跨区域劳动者维权工作，监督用人单位执行相关法律、法规、规章和政策的情况，维护用人单位和劳动者的合法权益；承担人力资源和社会保障的行政执法工作。

14.3.2 工作导航

具体内容如表14-3所示。

表14-3　　　　　　　　工作任务与业务流程的对应关系表

任务序号	任务名称	对应工作流程
任务1	期初数据准备	无
任务2	社会保险基金缴费基数确认	无
任务3	社保费征收	无

14.3.3 岗位实训

任务1　期初数据准备

进入社保专员岗位首先应了解本单位基本信息和实习所用表单、教具等，其次应熟悉期初数据，了解辖区内企事业单位信息，主要包括2013年社会保险缴费基数采集表、缴费月报表、企业社保登记证信息等，内容包括：

一、企业社保登记证信息

二、哈尔滨市2013年社会保险缴费基数采集表

三、委托银行代收社会保险费合同书

四、企业参保信息明细

五、哈尔滨市社会保险缴费月报表

任务2　社会保险基金缴费基数确认

社会保险基金是指用于支付劳动者或公民在年老、患病、工伤、失业、生育等情况下所享受的各项保险待遇的基金，一般由用人单位和劳动者的缴费以及国家财政给予的一定补贴组成。社会保险费由国家强制征收，组成社会保险基金后，其资金的储存、运作由社会保险专门机构集中统一管理，并受财政、审计部门的监督。

一、下发社会保险缴费基数采集通知

二、汇总、核定社会保险缴费基数

三、人员变动业务处理

四、资料归档

任务3　社保费征收

参保单位应在指定银行开设五险一金缴费专户。五险一金缴费专户仅用于社会保险费和其他指定费用的转账。缴费专户资金用于参保单位与哈尔滨市社会保险基金管理中心之间进行转账结算，不得提取现金或用于其他资金的结算。

参保单位须在每季季初月份1日前将应缴纳的各项社会保险费足额存入缴费专户。每季季初月份2日，社保经（代）办机构根据生成的季报缴费数据通过缴费专户进行扣缴。

实训中，社保局根据核实的五险一金缴费金额通知银行采用委托收款的结算方式通知银行从企业的存款账户直接下账扣款。

第15章 服务公司岗位实训

◆ 学习目标

1. 了解服务公司的主要工作职能；
2. 了解人力公司进行人力推荐和人才培训的主要内容；
3. 了解会展公司开展广告业务、组织商品交易会的主要工作；
4. 了解市场管理中心受理市场开发的主要工作内容；
5. 了解综合服务中心受理认证、产品研发和其他综合服务的主要工作内容；
6. 具有沟通、协调、合作的意识，树立诚信服务、爱岗敬业的职业操守；
7. 展示工作成果并对制造企业相关工作岗位进行绩效考核。

◆ 学习任务

1. 阐述服务公司的主要工作职能；
2. 整理人力公司进行人力推荐和人才培训的工作要点；
3. 整理会展公司开展广告业务、组织商品交易会的工作要点；
4. 整理市场管理中心受理市场开发工作要点；
5. 整理综合服务中心受理认证、产品研发和其他综合服务的工作要点；
6. 编制绩效考核表，整理工作成果，进行个人和企业相关岗位人员的绩效评价。

15.1 服务公司职能

服务公司主要是为制造企业顺利完成生产经营活动提供必要的服务。其主要职能包括：

- 人力推荐。向制造企业推荐童车生产工人，收取人员推荐费。
- 人才培训。为制造企业代为培训管理人员，收取培训费。
- 广告服务。会展公司为制造企业提供广告服务，收取广告费，开具发票。
- 组织商品交易会。会展公司承接商品交易会组织工作，收取会务费。
- 市场开发。作为第三方，承接各制造企业市场开发业务，收取市场开发费。
- 认证管理。为制造企业提供认证服务，收取认证费。
- 产品研发。作为第三方，承接制造企业的产品研发业务，收取产品研发费。
- 其他服务。作为第三方，代办制造企业的其他服务事项，收取相应费用，开具发票。
- 档案管理。对采购过程的各种文档进行分类归档整理。

15.2 人力公司岗位

15.2.1 工作导航

具体内容如表15-1所示。

表15-1　　　　　工作任务与业务流程的对应关系表

任务序号	任务名称	对应工作流程
任务1	期初工作准备	无
任务2	人力推荐	4.2.26 人员招聘
任务3	人才培训	4.2.28 在职人员培训

15.2.2 岗位实训

任务1　期初工作准备

进入人力公司岗位首先应了解本单位基本信息和实习所用表单、教具等,其次应熟悉期初数据,了解服务企业事业单位信息。

任务2　人力推荐

一、发布人力推荐信息

二、计算人力推荐费,开具发票

三、登记用工登记表

任务3　人才培训

一、发布人才培训收费标准

二、发放人才培训安排表

三、开具发票,收取人才培训费

四、记录人才培训登记表

15.3 会展公司岗位

15.3.1 工作导航

具体内容如表15-2所示。

表15-2　　　　　工作任务与业务流程的对应关系表

任务序号	任务名称	对应工作流程
任务1	期初工作准备	无
任务2	广告服务	4.2.7 签订广告合同
任务3	组织商品交易会	4.2.9 参加商品交易会

15.3.2 岗位实训

任务1 期初工作准备

进入会展公司岗位首先应了解自身基本信息和实习所用表单、教具等，其次应熟悉期初数据，了解服务企业事业单位信息。

任务2 广告服务

一、签订广告合同

二、登记广告合同管理登记表

三、开具发票，收取广告费用

四、在系统中登记广告收费登记表

任务3 组织商品交易会

一、发布会议通知

二、汇总会议回执

三、收取会务费，开具发票

四、记录会务费登记表

五、配合客户代表组织召开商品交易会

15.4 市场管理中心岗位

15.4.1 工作导航

具体内容如表15-3所示。

表15-3　　　　　　　　工作任务与业务流程的对应关系表

任务序号	任务名称	对应工作流程
任务1	期初工作准备	无
任务2	市场开发	无

15.4.2 岗位实训

任务1 期初工作准备

进入市场管理中心岗位首先应了解自身基本信息和实习所用表单、教具等，其次应熟悉期初数据，了解服务企业事业单位信息。

任务2 市场开发

一、公布市场开发相关信息

二、签订市场开发合同

三、收到市场开发费，开具发票

四、市场开发完成，发放市场准入证，登记市场开发登记表

15.5 综合服务中心岗位

15.5.1 工作导航

具体内容如表 15-4 所示。

表 15-4　　　　　　　　工作任务与业务流程的对应关系表

任务序号	任务名称	对应工作流程
任务 1	期初工作准备	无
任务 2	认证服务	无
任务 3	产品研发	无
任务 4	综合服务	无

15.5.2 岗位实训

任务 1　期初工作准备

进入综合服务中心岗位首先应了解本单位基本信息和实习所用表单、教具等，其次应熟悉期初数据，了解服务企业事业单位信息。

任务 2　认证服务

一、公布认证服务相关信息

二、签订市场开发合同

三、收到资质认证费，开具发票

任务 3　产品研发

一、公布产品研发相关信息

二、签订产品研发合同

三、收到产品研发费，开具发票

四、产品研发完成，发放生产资格证，登记产品研发登记表

任务 4　综合服务

企业在对外交往过程中发生的其他事项，均由综合服务公司代办，综合服务公司收取代办费用，并开具发票，比如代办组织机构代码证、代理采购办公用品等。当企业收到代办的各种费用时，开具发票，并登记综合服务登记表。

第 16 章 银行岗位实训

◆ 学习目标

1. 了解银行的主要工作职能；
2. 熟悉银行结算票据的填写规范；
3. 了解银行服务收费项目；
4. 了解银行贷款的基本流程及操作规范；
5. 具有沟通、协调、合作的意识，树立诚信服务、爱岗敬业的职业操守；
6. 展示工作成果并对制造企业相关工作岗位进行绩效考核。

◆ 学习任务

1. 阐述服务公司的主要工作职能；
2. 整理银行结算票据的填写规范的要点；
3. 整理银行贷款的基本流程及操作规范要点；
4. 编制绩效考核表，整理工作成果，进行个人和企业相关岗位人员的绩效评价。

16.1 银行职能

银行是为制造企业提供对公金融柜台业务的金融机构。其主要职能包括：

- 银行开户。为企业办理银行结算账户开户、变更等。
- 银行转账。为企业办理银行账户转账业务。
- 出售银行票据。向企业出售各种银行票据，方便客户办理业务。
- 银行信贷。为企业提供长期、短期贷款等融资业务。
- 档案管理。对银行柜台业务的各种文档进行分类归档整理。

16.2 银行岗位

16.2.1 工作导航

具体内容如表 16-1 所示。

表 16-1　　　　　　　　工作任务与业务流程的对应关系表

任务序号	任务名称	对应工作流程
任务1	期初工作准备	无
任务2	转账业务	无
任务3	提现业务	4.2.29 提现
任务4	电汇业务	无
任务5	委托收款业务	无
任务6	代发工资	4.2.5 薪酬发放
任务7	代收税款	4.2.4 纳税申报
任务8	出售银行票据	4.2.31 购买支票
任务9	发放贷款	申请贷款（无对应流程） 4.2.32 归还贷款本息

16.2.2　岗位实训

任务1　期初工作准备

进入综合服务中心岗位首先应了解本单位基本信息和实习所用表单、教具等，其次应熟悉开户单位基本信息、贷款合同等信息。具体内容包括：

一、客户信息

二、五险一金同城托收文件

三、贷款文件

任务2　转账业务

企业之间商品交换的结算方式主要以转账或票据为主，由银行运用信用职能，通过转账结算方式办理结算。单位办理转账业务时，应向银行出具转账支票及银行进账单。银行受理转账业务分两种情况，一种是出票人送交支票，一种是持票人送交支票。

任务3　提现业务

企业需要现金时，可填写现金支票从银行提取。现金支票用于支取现金，它可以由存款人签发用于到银行为本单位提取现金，也可以签发给其他单位和个人用来办理结算或者委托银行代为支付现金给收款人。

任务4　电汇业务

银行电汇是汇出行接受汇款（申请）人委托后，以电传方式将付款委托通知收款人当地的汇入行，委托它将一定金额的款项解付给指定的收款人的汇兑业务。电汇是目前使用较多的一种汇款方式。

任务5　委托收款业务

哈尔滨市人力资源和社会保障局采用委托收款方式委托银行收取明星童车厂五险一金。

任务6　代发工资

代发工资是银行的一项业务。首先，银行与企业签订代发工资协议，明确双方的权利与义务；其次，银行按照事先的约定，根据企业提供的工资表发放工资，也就是将企业银行账上的资金划入职工工资结算账户中。

任务7 代收税款

代收税款是银行的一项业务。首先，银行收到企业送来的由税务部门出具并盖章的税收缴款书，核实其账户余额，如账户余额足够支付税款，则办理税款代收业务；其次，在税收缴款书上加盖"转讫"章，其中一联交企业作扣款缴税的依据，一联交企业转交税务部门，一联银行留存。

任务8 出售银行票据

实训中的银行票据主要是支票，包括转账支票、现金支票。支票是指出票人签发的，委托办理支票存款业务的银行或者其他金融机构在见票时无条件支付确定的金额给收款人或者持票人的票据。

一、审核购票人填写的空白凭证领用单

二、收取工本费，开票，发放票据

任务9 发放贷款

企业贷款是指企业为了生产经营的需要，向银行或其他金融机构按照规定的利率和期限的一种借款。单位贷款操作包括贷款发放和贷款归还。

附录 1

公章、印鉴管理制度

一、总则

公司印章是企业合法存在的标志，是企业权力的象征。为了保证公司印章的合法性、可靠性和严肃性，有效地维护公司利益，杜绝违法违规行为的发生，特制定本制度。

二、公司印章的刻制

（一）公司印章的刻制均须报公司总裁/董事长审批。

（二）法人代表个人名章、行政章、财务章、合同章，由行政管理中心开具公司介绍信统一到指定的公安机关办理雕刻手续，印章的形体、规格按国家有关规定执行，并经公安机关备案。

（三）公司各部门的专用章（人事章、生产章等），由各部门根据工作需要自行决定其形体、规格。

（四）未经公司董事长、总裁批准，任何单位和个人不得擅自刻制本部门的印章。

三、公司印章的启用

（一）新印章要做好戳记，并统一在行政管理中心留样保存，以便备查。

（二）新印章启用前应由行政管理中心下发启用通知，并注明启用日期、发放单位和使用范围。

四、公司印章的使用范围

公司的印章主要包括公司行政章、专项业务章（合同章、财务章、人事章、生产章）、董事长（法人代表）专用个人名章。公司所有印章必须按规定范围使用，不得超出范围使用。

（一）公司行政章的使用范围主要为：

1. 公司对外签发的文件。
2. 公司与相关单位联合签发的文件。
3. 由公司出具的证明及有关材料。
4. 公司对外提供的财务报告。
5. 公司章程、协议。
6. 员工调动。
7. 员工的任免聘用。
8. 协议（合同）资金担保承诺书。

（二）公司合同专用章的使用范围主要为：
1. 对外投资、合资、合作协议。
2. 各类经济合同等。
（三）公司董事长（法人代表）个人名章，主要用于需加盖私章的合同、财务报表、人事任免等各类文件。
（四）财务专用章，主要用于货币结算等相关业务。
（五）公司各职能部门专用章仅限于公司内部工作联系使用，不得对外使用。

五、公司印章的管理职责

（一）公司董事长、总裁负责行政章的使用审批工作。
（二）行政管理中心总监负责授权范围内的印章使用审批工作。
（三）各部门负责人负责各职能部门专用章的审批工作。
（四）印章管理员
1. 负责印章的保管。
2. 负责设立印章使用登记台账。
3. 负责印章使用的审核工作。
4. 负责制定所保管印章的使用程序。

六、公司印章的管理、使用及保管

（一）印章的管理
1. 公司行政章、合同专用章由行政管理中心专人负责管理。
2. 专项业务章（财务章、人事章等）由各中心指定专人负责管理。
3. 法人代表个人名章，由公司指定财务管理中心专人负责管理。
4. 各部门须将印章管理员名单报行政管理中心备案。
5. 印章管理员必须切实负责，不得将印章随意放置或转交他人。如因事离开岗位需移交他人的，可由部门负责人指定专人代替，但必须办理移交手续，并填写印章移交登记表。
6. 为保证资金的绝对安全，财务专用章、法人代表个人名章等银行预留印章由两人以上分开保管、监督使用，做到一人无法签发支票、汇票，一人无法提出现金。
（二）印章的使用
1. 印章的使用必须严格遵循印章使用审批程序，按照印章的使用范围，经审批后方可用章。
2. 印章的使用由各管理员设立使用登记台账，严格审批和登记制度。
3. 公司法人代表个人名章或部门总监私章由法人代表或总监本人签字或被授权人签字后方可使用。
4. 财务专用章、支票专用章、法人代表个人名章由财务部门按岗位职责权限使用。
5. 严禁员工私自将公司印章带出公司使用。若因工作需要，确需将印章带出使用，需填写携带印章外出申请表后，由分管领导及总裁/董事长签批后方可带出，印章外出期间，借用人只可将印章用于申请事由，并对印章的使用后果承担一切责任。

6. 以公司名义签订的合同、协议、订购单等，由专业人员审核，公司分管领导批准后方可盖章（对加盖印章的材料，应注意落款单位必须与印章一致，用印位置恰当，要齐年盖月，字迹端正，图形清晰）。

7. 私人取物、取款、挂失、办理各种证明，需用单位介绍信时，由行政管理中心严格审批，符合要求后办理并执行登记制度。

8. 任何印章管理员不得在当事人或委托人所持空白格式化文件上加盖印章。用章材料必须已经填写完毕，字迹须清晰、正确。

9. 对已调出、解除、终止劳动关系人员要求出示相关证明的，必须持有效证件材料，经行政管理中心总监审批后，方可盖章。

（三）印章的保管

1. 印章保管须有记录，注明印章名称、颁发部门、枚数、收到日期、启用日期、领取人、保管人、批准人、图样等信息。

2. 印章保管必须安全可靠，须加锁保存，印章不可私自委托他人代管。

3. 印章管理员如因工作变动，应及时上缴印章，并与新印章管理员办理接交印章手续，以免贻误工作。

4. 非印章保管人使用印章盖章与印章保管人承担相应的责任。

5. 印章应及时维护、确保其清晰、端正。

6. 印章保管有异常现象或遗失，应保护现场，管理员应及时向行政管理中心总监报告，并备案，配合查处。

七、公司印章的停用

（一）有下列情况，印章须停用：

1. 公司名称变动。

2. 印章使用损坏。

3. 印章遗失或被窃，声明作废。

（二）印章停用时须经总经理批准，及时将停用印章送行政管理中心封存或销毁，建立印章上交、存档、销毁的登记档案。

附录2
仓储管理制度（简）

一、公司各部门所购一切物资材料，严格实行先入库存、后使用制度。

二、加强仓库管理，做好物料和成品的收发和保管工作。做到保质、保量、及时、成套地完成物料的收发任务。保质就是要把质量好的物料入库；保量就是按合同规定的数量，及时缩短验收和配发时间，做到快收快发，按照物料的供应计划，及时地把物料发放到需求单位。仓管员对外购物料必须严格验查物料的品名、规格和数量。发现品名、规格数量、价格与单据、运单不符，应及时通知采购部门向供货单位办理补料或退货手续。

三、经办理验收手续进仓的物料，仓管员应及时开出"入库单"，仓库据此记账并送经办人一份，用以办理付款手续。

四、各部门领用物料，必须填写"领料单"，经使用部门经理（负责人）签名，方能领料。公司贵重物品的领用，由使用部门书面申请，公司领导签字批准后，方可办理领料手续。

五、物料出库，必须办理出库手续，填写"出库单"，并验明物料的规格、数量，经仓储经理签字后，方能发货，仓管员应及时更新物料卡，并登记台账。

六、仓管员对任何部门均应严格按先办出库手续后发货的程序发货。严禁先出货后补手续的错误做法。严禁白条发货。

七、仓管员应对各项物料设立"物料卡"，凡采购入库，领用物料，应立即做相应的记录，及时反映物资的增减变化情况，做到账、物、卡三相符。

八、仓库应每月对库存物资进行一次盘点，发现损益，应办理物资盘盈、盘亏报告手续，填写"商品、物料盘盈、盘亏报告表"，经公司领导批准，据此列账，并报财务部一份。每月月报表、汇总表、盘点表需送总经理阅示。

九、为及时反映库存物资数额，配合使用部门编好采购计划，以节约使用资金，仓管员应每月编制"库存物资余额表"，送交财务部及有关部门各一份。

十、仓库物资必须按类别、固定位置堆放。注意留通道，做到整齐、美观。填好"物料卡"，把"物料卡"挂放在显眼位置。

十一、库内严禁携带火种，严禁吸烟，非工作人员不得进入库区。

十二、仓管员要认真做好仓库的安全工作，经常巡视仓库，检查有无可疑迹象。要认真做好防火、防潮、防盗工作，检查火灾危险隐患，发现问题应及时汇报。

十三、开展技术革新，不断改善仓库的物资管理工作，减轻笨重体力劳动，做到科学管理仓库，提高工作效率，使物料尽快地投入生产，充分发挥各类物资的作用。

附录 3

采购管理制度

附录 3-1　采购计划与预算

一、总则

（一）制定目的

为制定采购计划与预算编制流程，配合公司预算制度的推行，特制定本规章。

（二）适用范围

本公司每年度之采购数量计划资金预算，除另有规定外，悉依本规章处理。

（三）权责单位

1. 总经理室负责规章制定、修改、废止之起草工作。
2. 总经理负责本规章制定、修改、废止之核准。

二、采购计划编制之规定

（一）采购计划的作用

编制采购计划有下列作用：

1. 预估用料数量、交期，防止断料。
2. 避免库存过多、资金积压、空间浪费。
3. 配合生产、销售计划之达成。
4. 配合公司资金运用、周转。
5. 指导采购工作。

（二）采购计划之编制

1. 销售计划

（1）公司于每年年底制定次年度之营业目标。

（2）业务部根据年度目标、客户订单意向、市场预测等资料作销售预测，并制订次年度销售计划。

2. 生产计划

（1）生管部根据销售预测计划、本年度年底预计库存及次年度年底预计库存，制订次年度之预测生产计划。

（2）物控人员根据生产预测计划，BOM、库存状况，制订次年度之物料需求计划。

（3）各单位根据年度目标，生产计划预估次年度各种消耗物品的需求量，作成预估计划。

3. 采购计划

(1) 采购部汇总各种物料、物品之需求计划。
(2) 采购部编制次年度采购计划。

4. 采购计划编制注意事项

采购计划要避免过于乐观或保守，应注意的事项有：

(1) 公司年度目标达成可能性。
(2) 销售计划、生产计划之可行性和预见问题。
(3) 物料需求资讯与 BOM、库存状况之确定性。
(4) 物料标准成本之影响。
(5) 保障生产与降低库存之平衡。
(6) 物料采购价格和市场供需之可能变化。

三、采购预算编制规定

(一) 一般原则

1. 采购预算分为用料预算与购料预算。
2. 财务部负责提供上年度材料单价、次年度汇率、利率等各项预算基准。
3. 本年底预计库存中之可用材料应计入次年度之用料预算，但不列入购料预算；次年度预计库存不列入用料预算，但应列入购料预算。
4. 购料单价特殊物料外，应以年度成本降低目标预估（如以上年度平均采购单价之95%计算）。

(二) 用料预算

1. 物控人员负责次年度生产用料之各月预算明细的编列。
2. 用料单位负责低值易耗品、间接物料和资本支出预算明细的编列。
3. 同类物料不必细分而以总用量预算。
4. 物料之损耗率应计入用料预算，但应以年度损耗率目标制定，一般可略高于标准损耗率而低于上年度平均损耗率，低于或等于年度损耗率目标。
5. 财务部负责汇总工作。

(三) 购料预算

1. 采购部负责次年各购料预算明细之编列。
2. 购料预算应考虑采购前置期、付款方式、库存状况。
3. 购料预算应以付款月份为编列依据。
4. 购料预算应考虑安全库存与最大库存，符合年度库存周转率之目标。
5. 购料预算应考虑分批采购、一次采购之优劣和市场单价趋势。

附录 3-2 采购方式

一、总则

(一) 制定目的

规范采购方式，制定询价、议价流程，使之有章可循。

（二）适用范围

凡本公司之物料采购方式，除另有规定外，悉依本规章办理。

（三）权责单位

1. 采购部负责本规章制定、修改、废止之起草工作。
2. 总经理负责本规章制定、修改、废止之核准。

二、采购方式规定

（一）采购方式确定依据

采购部根据下列因素确定最有利之采购方式：

1. 物料使用状况。
2. 物料需求数量。
3. 物料需求频率。
4. 市场供需状况。
5. 经验。
6. 价格。

（二）采购方式

本公司物料采购方式一般有下列几种：

1. 集中计划采购

本公司通用性物料，以集中采购较为有利，依定时或定量之计划进行采购。

2. 合约采购

经常使用之物料，采购部应事先选定供应商，议定供应价格及交易条件，办理合约采购，以确保物料供应来源，简化采购作业。采购方法同上，依定时或定量之方式进行采购。

3. 一般采购

除上述两种采购方式之外的物料，采购部依请购单逐单位办理询价、议价之作业。

三、询价、议价

（一）询价

1. 凡属一般采购，采购部均应选择至少三家符合采购条件的供应商作为询价对象。
2. 确属货源紧张、独家代理、专卖品等特殊状况，不受第1条所限。
3. 凡属合约采购项目，采购部依合约之价格核价，不需另询价。合约条件发生重大变化除外。
4. 如向特约供应商采购时，应附其报价明细表，如特约供应商有两家以上，则应向其同时索要报价明细表。
5. 凡属可作成本分析之采购项目，采购部应要求供应商作成本分析，以作议价之参考。
6. 选择询价或采购的对象，应依照直接生产厂商、代理商、经销商之顺序选择。

7. 询价后，应确认各家报价方式、产品规格、采购条件等是否一致方可比价。

（二）议价

1. 询价后，选择两家以上供应商进行交互议价。
2. 议价时应兼顾品质、交期、服务。

（三）询价、议价注意事项

1. 议价优势掌握

以下状况，采购部应加强与供应商议价：

（1）市场价格下跌或有下跌趋势时。
（2）采购频率明显增加时。
（3）本次采购数量大于前次时。
（4）本次报价偏高时。
（5）有同样品质、服务之供应商提供更低价格时。
（6）公司策略需要降低采购成本时。
（7）其他有利条件时。

2. 其他注意事项

（1）专业材料、用品或项目，采购部应会同使用部门共同询价与议价。
（2）供应商提供报价之物料规格与请购规格不同或属代用品时，采购部应送请购部门确认后方可议价。
（3）询价之供应商应属合格供应商或经总经理特准之供应商。

附录 3－3　定购采购流程

一、总则

（一）制定目的

为落实物料、零件采购作业管理，确保采购工作顺畅，特制定本规章。

（二）适用范围

本公司物料、零件之订购、采购管理业务。

（三）权责单位

1. 采购部负责本规章制定、修改、废止之起草工作。
2. 总经理负责本规章制定、修改、废止之核准。

二、请购规定

（一）请购的提出

1. 生管部物控员依物料需要状况、库存数量、请购前置期等要求，开立请购单。
2. 请购单应注明物料名称、编号、规格、数量、需求日期及注意事项，经权责主管审核，并依请购核准权限送呈相关人员批准。

3. 请购单一联送交采购部,一联自存,一联交财务部。
4. 交期相同的同属一个供应厂商之物料,请购部门应填具在同一份请购单内。
5. 紧急请购时,请购部门应于备注栏注明,并加盖"紧急"章。

(二) 请购核准权限

1. 国内物料采购核准权限

(1) 请购金额预估在 1 万元人民币以下者,由经理核准。

(2) 请购金额预估在 1 万元人民币以上,5 万元人民币以下者,由副总经理核准。

(3) 请购金额预估在 5 万元人民币以上者,由总经理核准。

2. 国外物料采购核准权限

(1) 请购金额预估在 1 万美元以下者,由经理核准。

(2) 请购金额预估在 1 万美元以上,5 万美元以下者,由副总经理核准。

(3) 请购金额预估在 5 万美元以上者,由总经理核准。

(三) 请购的撤销

1. 已开具请购单,并经核准后因某种原因需撤销请购时,由请购部门以书面方式呈原核准人,并转采购部了解,必要时应先口头知会采购部。

2. 请购部门回收各联请购单,并加盖"撤销"章。

3. 采购部门接获通知后,立即停止一切采购动作。

4. 未能及时停止采购时,采购部应通知原请购部门并协商善后工作。

三、采购规定

(一) 采购方式

本公司采购方式一般有下列几种:

1. 集中采购

通用性物料,尽量采用集中采购方式。

2. 合约采购

经常性物料,尽量采用合约采购方式,以确保货源与价格之稳定。

3. 一般采购

除上述以外之物料,采用随需求而采购之方式。

(二) 国内采购作业规定

1. 询价、议价

(1) 采购人员接获核准后之请购单,应选择至少三家符合采购条件的供应商作为询价对象。

(2) 供应商提供报价之物料规格与请购规格不同或属代用品时,采购人员应送请购部门确认。

(3) 专业材料、用品或项目,采购部应会同使用部门共同询价与议价。

(4) 采购议价应采用交互议价之方式。

(5) 议价应兼顾品质、交期、服务。

2. 呈核及核准

（1）采购人员询价、议价完成后，于请购单上填写询价或议价结果，必要时附上书面说明。

（2）按标准拟定采购供应商、交货期限与报价有效期限，经主管审核，并依采购核准权限呈核。

（3）采购核准权限规定，不论金额多寡，均应先经采购部经理审核，再呈总经理核准。

3. 订购作业

（1）采购人员接获经核准之请购单后，应以订购单形式向供应商订购物料，并以电话或传真形式确认交期。

（2）若属一份订购单多次分批交货的情形，采购人员应于订购单上明确注明。

（3）采购人员应控制物料订购交期，及时向供应商跟催交货进度。

4. 验收与付款

（1）依相关检验与入库规定进行验收工作。

（2）依财务管理规定，办理供应商付款工作。

（三）国外采购作业规定

1. 询价、议价

参照国内采购作业方式进行。

2. 呈核及核准

参照国内采购作业方式进行。

3. 订购作业

（1）采购部接获核准之请购单后，应以订购单形式向供应商订购物料，并以传真或 E－mail 形式确认交期。

（2）需与供应商签订长期合同者，应事先办妥相关事项，并呈核示。

4. 进口事务处理

（1）依国家法规办理进口签证。

（2）办理进口保险与公证。

（3）进口船务安排。

（4）进口结汇。

（5）依国家法令申办进口税。

（6）提供提货文件。

（7）办理进口报关手续。

（8）报关。

（9）公证。

（10）退汇。

附录3-4　采购价格管理

一、总则

（一）制定目的

为确保材料高品质低价格，从而达成降低成本之宗旨，规范采购价格审核管理，特制定本规章。

（二）适用范围

各项原物料采购时，价格之审核、确认，除另有规定外，悉依本规章处理。

（三）权责单位

1. 采购部负责本规章制定、修改、废止之起草工作。
2. 总经理负责本规章制定、修改、废止之核准。

二、价格审核规定

（一）报价依据

1. 开发部提供新材料之规格书，作为采购部成本分析之基础，也作为供应商报价之依据。
2. 非通用物料之规格书，一般由供应商先提供样品，供开发部确认可用后，方予报价。

（二）价格审核

1. 供应商接到规格书后，于规定期限内提出报价单。
2. 采购部一般应挑选三家以上供应商询价，以作比价、议价依据。
3. 采购人员以单价审核单一式三份呈部门主管（经理）审核。
4. 采购部主管审核，认为需要再进一步议价时，退回采购人员重新议价，或由主管亲自与供应商议价。
5. 采购部主管审核之价格，呈分管副总审核，并呈总经理确认批准。
6. 副总经理、总经理均可视需要再行议价或要求采购部进一步议价。
7. 单价审核单经核准后，一联转财务，一联由采购部存档，一联转供应商。

（三）价格调查

1. 已核定之材料，采购部必须经常分析或收集资料，作为降低成本之依据。
2. 本公司各有关单位，均有义务协助提供价格讯息，以利采购部比价参考。
3. 已核定之物料采购单价如需上涨或降低，应以单价审核单形式重新报批，且附上书面之原因说明。
4. 单价涨跌之审核流程，应同新价格审核流程。
5. 在同等价格、品质条件下，涨跌后采购应优先考虑与原供应商合作。
6. 为配合公司成本降低策略，原则上每年应就采购之单价要求供应商作降价之配合。
7. 采购数量或频率有明显增加时，应要求供应商适当降低单价。

三、采购成本分析

（一）成本分析项目

成本分析系就供应商提供之报价的成本估计，逐项作审查、评估，以求证成本之合理性。

一般包括以下项目：

1. 直接及间接材料成本。
2. 工艺方法。
3. 所需设备、工具。
4. 直接及间接人工成本。
5. 制造费用或外包费用。
6. 营销费用。
7. 税金。
8. 供应商行业利润。

（二）成本分析之运用

以下情形时，应进行成本分析：

1. 新材料无采购经验时。
2. 底价难以确认时。
3. 无法确认供应商报价之合理性的。
4. 供应商单一时。
5. 采购金额巨大时。
6. 为提高议价效率时。

（三）成本分析表的提供方式

成本分析表提供方式一般有两种：

1. 由供应商提供。
2. 由采购部编制标准报价单或成本分析表，交供应商填妥。

（四）成本分析步骤

成本分析意在降低成本、价格，其步骤一般如下：

1. 确认设计是否超过规格要求。
2. 检讨使用材料之特性与必要性。
3. 计算各方案之使用材料成本。
4. 提出改善建议并检讨。
5. 检讨加工方法、加工工程。
6. 选定最合适之设备、工具。
7. 作业条件的检讨。
8. 加工工时的评估。
9. 对制造费用、营销费用、利润空间进行压缩。

（五）成本分析注意事项

1. 利用自己或他人之经验。

2. 应用会计查核手段。
3. 利用技术分析方法。
4. 向同类供应商学习。
5. 建立成本计算经验公式。
6. 提高议价技巧。

附录 3-5　采购品质管理

一、总则

（一）制定目的
规范采购过程的品质管理规定，使采购品质管理有章可循。
（二）适用范围
本公司物料采购、验收、索赔等过程的品质管理，除另有规定外，悉依本规章执行。
（三）权责单位
1. 品管部负责本规章制定、修改、废止之起草工作。
2. 总经理负责本规章制定、修改、废止之核准。

二、采购品质管理规定

（一）文件资料要求
物料订购前，本公司应提供下列文件资料，或在订购单、采购合约内予以明确规定：
1. 订购物料之规格、图纸、技术要求等。
2. 产品技术精度、等级要求。
3. 各种检验规范、标准或适用规格。
4. 所需之产品认证要求或工厂品质管理体系认证要求。
（二）合格供应商之选择
物料采购，除经总经理特准外，均需向合格供应商订购。合格供应商一般要求符合下列条件：
1. 经本公司供应商调查，列入合格供应商名列。
2. 经本公司供应商评鉴，资讯等级在 C 级以上。
3. 提供的样品经本公司确认合格。
4. 类似物料以往采购之良好记录。
5. 同业中之佼佼者。
（三）品质保证之协定
物料之采购，应由供应商承负品质保证之责任，并在订购前明确，本公司要求供应商承诺下列品质保证：
1. 供应商品质管理体系需符合本公司指定之品质保证系统，如 ISO9000 或

QS9000 体系等。

2. 所提供之产品，通过所需之产品认证，如 UL、TUV、CCEE 等。
3. 供应商应保证产品制造过程的必要控制与检测。
4. 供应商产品出厂前应有逐批作抽样检验。
5. 供应商应随货送交其出货品质检验合格之记录。
6. 接受本公司必要之供应商调查、评鉴及辅导。
7. 保证对提供的产品在使用或销售中发生的因供应商责任导致之不良的责任承担与赔付。

（四）进货验收之规定

供应商提供之物料，必须经过本公司仓库、品管、采购等部门人员之相关验收工作，主要包括下列几项：

1. 确认订购单

核对供应商之交货单与本公司之订购单。

2. 确认供应商

对有两家以上供应商之物料，应确认物料来源有无错误或混乱。

3. 确认送到日期

用以确定厂商是否如期交货，以作为评鉴、奖惩之根据。

4. 确认物料的名称与规格

避免交货错误之发生。

5. 清点数量

确认交货数量与进料验收单及数量是否一致，是否超出订购单规定之数量。

6. 品质检验

品管部门依进料检验规定进行抽样检验，以确定交货品质是否符合品质要求。

7. 处理短损

根据点收、检验结果，对发生短损的，予以更正数量，必要时向供应商索赔。

8. 退还不合格品

对检验不合格之物料，退供应商进行必要处理，由此造成的损失，向供应商进行索赔。

9. 物料标志

对检验合格物料，入库后应予以明确标志，以确保后续品质之可追溯性（如供应商名称、物料规格、数量、交货时间、点收人员、检验人员等级料之标注，以便追溯、区分、使用之方便）。

（五）品质纠纷处理

有关采购物料发生规格不符、品质不良、交货延迟、破损短少、使用不良等情况之处理流程统称为品质纠纷处理。具体规定如下：

1. 处置依据

以双方事先约定之品质标准作为处置依据，并于订购单上详细说明，其中涉及交货时间、检验标准、包装方式等，原则上以本公司之要求为依据。

2. 国内采购物料退货与索赔

（1）拟退回之采购物料应由仓管员清点整理后，通知采购部。
（2）采购部经办人员通知供应商到指定地点领取退货品。
（3）现货供应之退货，要求供应商更换合格之物料。
（4）订制品之退货，原则上要求供应商重做或修改至合格为止。
（5）确属无法修复或供应商技术能力不足时，可取消订单，另觅供应商。
（6）退货情形依订购合约条款办理扣款或索赔。
（7）双方事前没有明确订购合约时，以实际造成本公司之损失向供应商索赔。
3. 国内采购其他索赔规定
（1）由供应商原因造成之交货延迟，以实际造成本公司之损失向供应商索赔。
（2）破损短少情形，由供应商补足合格物料，若由此造成本公司之损失，依实际发生状况索赔。
（3）因供应商原因导致物料在使用或销售中发现不良，造成本公司之损失，依实际发生状况索赔。
（4）其他原因导致本公司之损失，依实际损失向供应商索赔。
4. 国外采购物料退货与索赔
因规格不符或品质不良引起之退货及索赔规定如下：
（1）要求供应商储运更换合格物料或将不合格品退供应商修复。
（2）退货或补运之费用由供应商负责。
（3）由此造成之本公司损失，依双方合约向供应商索赔。
5. 国外采购其他索赔规定
（1）发生破损短少情形，向保险公司索赔或航运公司索赔。
（2）发生短卸情形，向航运公司及保险公司索赔。
（3）发生短装情形，向供应商索赔。
（4）上述索赔依合同规定处理。

附录3-6　采购交期管理

一、总则

（一）制定目的
为了确保购用物料之交货期限，使交期管理更为顺畅，特制定本规章。
（二）适用范围
本公司采购之物料的交期管理，除另有规定外，悉依本规章执行。
（三）权责单位
1. 采购部负责本规章制定、修改、废止之起草工作。
2. 总经理负责本规章制定、修改、废止之核准。

二、交期管理规定

（一）确保交期的重要性

交期管理是采购的重点之一，确保交期的目的，是在必要的时间，提供生产所必需的物料，以保障生产并达成合理生产成本之目标。

1. 交期延迟的影响

交期延迟造成的不良影响有以下方面：

（1）导致制造部门断料，从而影响效率。

（2）由于物料交期延迟，间接导致成品交期延迟。

（3）由于效率受影响，需要增加工作时间，导致制造费用的增加。

（4）由于物料交期延误，采取替代品导致成本增加或品质降低。

（5）交期延误，导致客户减少或取消订单，从而导致采购物料之囤积和其他损失。

（6）交期延误，导致采购、运输、检验之成本增加。

（7）断料频繁，易导致互相配合的各部门人员士气受挫。

2. 交期提前太多的影响

交期提前太多也有不良之影响，主要有：

（1）导致库存成本之增加。

（2）导致流动资金周转率下降。

（3）允许交期提前，导致供应商优先生产高单价物料而忽略低单价物料。

（4）由于交期经常提前，导致库存囤积、空间不足。

（5）交期提前频繁，使供应商对交期的管理松懈，导致下次的延误。

（二）交期延迟的原因

1. 供应商责任

因供应商责任导致交期延误的状况：

（1）接单量超过供应商的产能。

（2）供应商技术、工艺能力不足。

（3）供应商对时间估计错误。

（4）供应商生产管理不当。

（5）供应商之生产材料出现货源危机。

（6）供应商品质管理不当。

（7）供应商经营者的顾客服务理念不佳。

（8）供应商欠缺交期管理能力。

（9）不可抗力原因。

（10）其他因供应商责任所致之情形。

2. 采购部责任

因采购部责任导致交期延误的状况：

（1）供应商选定错误。

（2）业务手续不完整或耽误。

（3）价格决定不合理或勉强。
（4）进度掌握与督促不力。
（5）经验不足。
（6）下单量超过供应商之产能。
（7）更换供应商所致。
（8）付款条件过于严苛或未能及时付款。
（9）缺乏交期管理意识。
（10）其他因采购原因所致的情形。

3. 其他部门责任

因采购以外部门导致交期延误的状况：

（1）请购前置时间不足。
（2）技术资料不齐备。
（3）紧急订货。
（4）生产计划变更。
（5）设计变更或标准调整。
（6）订货数量太少。
（7）供应商品质辅导不足。
（8）点收、检验等工作延误。
（9）请购错误。
（10）其他因本公司人员原因所致的情形。

4. 沟通不良所致之原因

因本公司与供应商双方沟通不良导致交期延误的状况：

（1）未能掌握一方或双方的产能变化。
（2）指示、联络不确实。
（3）技术资料交接不充分。
（4）品质标准沟通不一致。
（5）单方面确定交期，缺少沟通。
（6）首次合作出现偏差。
（7）缺乏合理的沟通窗口。
（8）未达成交期、单价、付款等问题的共识。
（9）交期理解偏差。
（10）其他因双方沟通不良所致的情形。

（三）确保交期要点

1. 事前规划

（1）制定合理的购运时间

采购部将请购、采购、供应商生产、运输及进料验收等作业所需的时间予以事先规划确定，作为各部门的参照依据。

（2）确定交货日期及数量

预先明确交期及数量，大订单可采用分批交货方式进行。

（3）了解供应商生产设备利用率

可以合理分配订单，保证数量、交期、品质的一致性。

（4）请供应商提供生产进度计划及交货计划

尽早了解供应商之瓶颈与供应能力，便于采取对策。

（5）准备替代来源

采购人员应尽量多联系其他物料提供来源，以确保应急。

2. 事中执行

（1）提供必要的材料、模具、技术支援给供应商

适时了解供应商之瓶颈，协助处理。

（2）了解供应商生产效率及进度状况

必要时向供应商施加压力，以获取更多之关照，适时考虑向替代供应商下单之必要性。

（3）交期及数量变更的及时联络与通知

以确保维护供应商的利益，配合本公司之需求。

（4）尽量避免规格变更

如果出现技术变更，应立即联系供应商停止原规格生产，并妥善处理遗留问题。

（5）加强交货前的稽催工作

提醒供应商及时交货。

（6）必要的厂商辅导

及时安排技术、品管人员对供应商进行指导，必要时可以考虑到供应商处进行验货，以降低因进料检验不合格导致断料发生之情形。

（四）事后考核

1. 对供应商进行考核评鉴

依供应商评鉴办法进行考核，将交期的考核列为重要项目之一，以督促供应商提高交期达成率。

2. 对交期延迟的原因进行分析并研拟对策

确保重复问题不再发生。

3. 检讨是否更换供应商

依供应商考核结果与配合度，考虑更换、淘汰交期不佳之供应商，或减少其订单。

4. 执行供应商的奖惩办法

必要时加重违约的惩罚力度，并对优良厂商予以适当之回馈。

附录 3-7　采购付款方式

一、总则

（一）制定目的

规范采购订购与付款方式，使之有章可循。

（二）适用范围

本公司物料采购之订约与付款方式，除另有规定外，悉依本规章办理。

（三）权责单位

1. 采购部负责本规章制定、修改、废止之起草工作。
2. 总经理负责本规章制定、修改、废止之核准。

二、采购订约制定

（一）采购订约方式

采购订约方式，一般有下列三种：

1. 电话通知方式

小宗交易，可采用电话通知下单。

2. 确认方式

由本公司出具订单或供应商出具售货单。

3. 合约方式

由本公司主导采购合同或供应商主导销售合同。

（二）采购合约意义

采购合约较口头或订单方式有下列效用：

1. 可确定买卖双方应尽义务。
2. 作为解决合约纠纷之依据。
3. 作为法律诉讼之书面证据。
4. 可根据实际情况订立不同之条款，以保护双方权益。

（三）采购合约种类

本公司采购合约的种类有以下几种：

1. 订购单。
2. 国内订货合同。
3. 国际采购合同。

（四）订购单之运用

订购单用于下列条件：

1. 标准化之产品，不易发生错误。
2. 买卖双方有很高之互信度。
3. 在已有长期合约的情况下，每次订购采用订购单即可。
4. 出现交货问题，容易处置。
5. 交货、验收流程成熟、严密。

（五）国内订货合同之运用

国内订货合同应注意事项：

1. 应明确所订物料之名称、规格、编号、数量、单价、总价、交货时间、地点，并与请购单一致。
2. 付款方式应明确。一般付款方式有：一次付款、分期付款、下批付款等。
3. 应规定延期罚款之责任、尺度、赔偿方式。

4. 规定解约之办法，保障双方权益。
5. 商定验收方式与质量追溯方式。
6. 规定卖方保证责任。
7. 明确其他认为应予附加之条款。

（六）国际采购合同

国际采购合同一般有"基本条款"与"一般条款"，说明如下：

1. 基本条款

（1）物料名称。
（2）品质与规格要求。
（3）单价与总价。
（4）数量。
（5）货款支付方式。
（6）装运。
（7）包装。
（8）保险。

2. 一般条款

一般条款通常包括以下几项：

（1）不可抗力事故。
（2）索赔规定。
（3）仲裁。
（4）适用法律。
（5）违约及解约。
（6）其他条款。

三、付款方式

1. 由采购部根据请购单或订购单、采购合同、进料验收单，向财务部请款。
2. 财务部依合同规定之给付方式，与厂商结款。
3. 国内采购一般采用一次性付款方式，即供应商之物料验收合格后，一次性付清该订单之货款，特殊情况需总经理核准。
4. 国外采购一般采用信用证付款方式，特殊情况需总经理核准。

附录3-8　委托加工管理办法

一、总则

（一）制定目的

为规范委外加工管理，使之推行顺畅，特制定本办法。

（二）适用范围

本公司直接用于生产的原物料、半成品的委外加工，悉依本办法执行。

（三）权责单位

1. 采购部负责本办法制定、修改、废止之起草工作。
2. 总经理负责本办法制定、修改、废止之核准。

二、委外加工管理规定

（一）定义

本办法所指的委外加工，是指本公司将生产工程的一部分委托其他公司（下称协力厂商）代为加工的做法。

（二）委外加工时机

在决定是否委外加工时，应考虑下列各因素：

1. 本公司的生产能力不足时。
2. 需利用本公司所没有的设备、技术时。
3. 特殊零件无法购得，又不能自行加工时。
4. 委外加工品质更好时。
5. 委外加工成本更低时。
6. 认为比本公司自行加工更有利时。

（三）委外加工程序

1. 需求提出

（1）委外加工的决定、变更或中止，须由生管部将原因、目的、规格、计划数量、预算等，以书面方式呈部门主管核准后，转呈总经理裁示。

（2）总经理核准后，转采购部联络洽询协力厂商或核定之协力厂商。

2. 厂商开发与调查

（1）采购部参照供应商开发规定，对协力厂商进行洽询工作。

（2）由采购部、生技部、品管部、生管部组成厂商调查小组，参照供应商调查之规定，对协力厂商进行调查评核。

（3）调查评估合格之厂商列入合格厂商名列。

（4）除总经理特准外，不可将工程委托非合格之厂商加工。

3. 询价、议价

（1）针对合格协力厂商，采购部请协力厂商进行报价。

（2）参照采购方式的规定进行询价与比价。

（3）同类型协力厂商应开发三家以上，以便询价、比价及紧急订单之需要。

4. 委外加工协议的签订

由采购部代表公司与协力厂商签订委外加工协议，协议应就下列事项作必要之约定：

（1）委外加工产品及数量。

（2）加工单价与总价。

（3）交期。

（4）品质要求及验收标准。

（5）付款方式。

（6）保密工作。

（7）其他双方认为必须约束之事项。

5. 委外加工资料

委外加工应提供协力厂商下列资料：

（1）产品蓝图。

（2）工艺流程图。

（3）操作标准。

（4）检验标准。

（5）检验规范。

（6）物料的规格、编号、数量等。

6. 验收工作

视同采购物料作进料检验与点收工作。

（四）协力厂商评鉴

参照供应商评鉴进行。

（五）协力厂商奖惩

参照供应商管理中对供应商之奖惩方式进行。

（六）其他注意事项

1. 协力厂商辅导

对协力厂商之辅导应较供应商更为深入，将协力厂商视同公司制造部之一单位加以辅导，主要内容有：

（1）品质管理组织的健全、规范与建立。

（2）品质标准、品管方法、检测设备使用的训练。

（3）观念培训、教导。

（4）协助规程改善。

（5）其他有益双方合作之事项。

2. 专利权

（1）委外加工工程中，如包含有本公司保有的专利权时，仅对本公司的委外加工品同意其实施权利。

（2）对协力厂商保有的专利权，包含于委外工程中，如与第三者发生的纷争而使本公司蒙受损失时，不论其属过失或故意，都应由协力厂商负责。

（3）因委外加工而有新发明或新设计时，经协议后应以使双方均有利之方式加以处理。

3. 保密

（1）本公司不可将协力厂商应保密的事项向第三者泄露，协力厂商亦不可将本公司应保密的事项向第三者泄露。

（2）合作协议期满或合作解除后，亦不可违反第（1）条之保密要求。

（3）双方的责任者应将保密事项的重要性向相关人员传达，以确保保密工作之可靠性。

附录3-9 采购绩效评估办法

一、总则

（一）制定目的

为提高采购人员的士气，提升各项采购绩效，特制定本办法。

（二）适用范围

本公司采购人员之绩效评估，依本办法办理。

（三）权责单位

1. 总经理室负责本办法制定、修改、废止之起草工作。
2. 总经理负责本办法制定、修改、废止之核准。

二、采购绩效评估办法

（一）采购绩效评估的目的

本公司制定采购绩效评估的目的，包括以下几项：

1. 确保采购目标之达成。
2. 提供改进绩效之依据。
3. 作为个人或部门的奖惩参考之一。
4. 作为升迁、培训的参考。
5. 提高采购人员的士气。

（二）采购绩效评估的指标

采购人员绩效评估应以"5R"为核心，即适时、适质、适量、适价、适地，并用量化指标作为考核之尺度。

1. 时间绩效

由以下指标考核时间管理绩效：

（1）停工断料影响工时。

（2）紧急采购（如空运）的费用差额。

2. 品质绩效

由以下指标考核品质管理绩效：

（1）进料品质合格率。

（2）物料使用的不良率或退货率。

3. 数量绩效

由以下指标考核数量管理绩效：

（1）呆滞物料金额。

（2）呆滞处理损失金额。

（3）库存金额。

（4）库存周转率。

4. 价格绩效

由以下指标考核价格管理绩效:
(1) 实际价格与标准成本的差额。
(2) 实际价格与过去移动平均价格的差额。
(3) 比较使用时之价格和采购时之价格的差额。
(4) 将当期采购价格与基期采购价格之比率同当期物价指数与基期物价指数之比率相互比较。

5. 效率指标

其他采购绩效评估指标有:
(1) 采购金额。
(2) 采购金额占销货收入的百分比。
(3) 采购部门的费用。
(4) 新开发供应商的数量。
(5) 采购完成率。
(6) 错误采购次数。
(7) 订单处理的时间。
(8) 其他指标。

(三) 采购绩效评估的方式

本公司采购人员之绩效评估方式,采用目标管理与工作表现考核相结合之方式进行。

1. 绩效评估说明

(1) 目标管理考核占采购人员绩效评估的70%。
(2) 公司的人事考核(工作表现)占绩效评估的30%。
(3) 两次考核的总和即为采购人员之绩效,即

绩效分数＝目标管理考核×70%＋工作表现考核×30%

2. 目标管理考核规定

(1) 每年12月,公司制定年度目标与预算。
(2) 采购部根据公司营业目标与预算,提出本部门次年度之工作目标。
(3) 采购部各级人员根据部门工作目标,制定个人次年度之工作目标。
(4) 采购部个人次年度之工作目标经采购部主管审核后,报人事部门存档。
(5) 采购部依目标管理卡逐月对采购人员进行绩效评估。
(6) 目标管理卡依个人自填、主管审核的方式进行。

3. 工作表现考核规定

(1) 依公司有关绩效考核之方式进行,参照《员工绩效考核管理方法》。
(2) 工作表考核由直属主管每月对下属进行考核,并报上一级主管核准。

4. 绩效评估奖惩规定

(1) 依公司有关绩效奖惩管理规定给付款绩效奖金。
(2) 年度考核分数80分以上的人员,次年度可晋升一级至三级工资,视公司整体工资制度规划而定。
(3) 拟晋升职务等级之采购人员,其年度考核分数应高于85分。

（4）年度考核分数低于60分者，应调离采购岗位。

（5）年度考核分数在60~80分者，应加强职位训练，以提升工作绩效。

说明：

本制度由采购部负责制定并解释。

本制度由采购部负责检查与考核。

本制度报董事会批准后施行，修改时亦同。

本制度施行后，原有的类似规章制度自行终止，与本制度有抵触的规定以本制度为准。

本制度自颁布之日起施行。

附录 4
人力资源管理制度

附录 4-1　员工考勤管理制度

一、目的

为贯彻中华人民共和国《劳动法》和《国务院关于职工工作时间的规定》，使员工在紧张、繁忙的工作之后身心得到松弛休息，以提高工作效率和工作质量，特制定本制度。

二、适用范围

本制度适用于明星童车厂全体员工。

三、职责

员工个人负有据实申请、填报各种休假及事由的责任；部门经理负责监督、审核、批准本部门员工的出勤及各种请假事由；人力资源部负责全公司各部门员工出勤情况的日常监督与统计汇总工作，并执行有关规定。

四、考勤管理规则

公司实行月度考勤，考勤周期为本月28日至次月28日，起始时间9月28日至9月30日视为全员准时出勤。实训工作日与现实工作日之间的换算规则为：实际出勤的实训工作日/应出勤实际工作日×现实工作日数。

例如，2013年10月实训工作日为4日、8日、28日、30日，共计4天，10月的现实工作日为21天，若某同学实训中出席3日，那么他的出勤天数 = 3/4×21 = 15.75天。

实训工作日起止时间以总经理点击开始、结束当日工作任务的时间为准，员工在实训工作日应准时到岗。工作日开始后10分钟还没到岗工作的视为迟到，工作日结束前离开工作岗位的视为早退。凡因公迟到或早退者，应及时注明缺勤原因，并经部门经理确认后报人力资源部备案。

员工应对本人的非正常出勤（包括事假、病假、销假、加班）及时进行填报，并于病假、事假、加班等当日送交人力资源部。人力资源部负责考勤的日常管理、月末打卡异常统计和考勤统计。员工无故未正常出勤的视为旷工，旷工扣发金额按该职位日工资的3倍计算。

员工必须遵守公司各项规章制度。上班时间不得从事与工作无关的活动（如闲聊、玩游戏、逛商店等），违者将分别处以10~100元的罚款。

五、请假审批流程

员工请销假、加班由其直接上级审核、批准，人力资源部做复核。即生产工人请销假、加班由车间管理员审批，各部门职员请销假、加班由其部门经理审批，部门经理请销假、加班由总经理审批。

六、各类假期薪资发放规则

（一）迟到、早退每次扣款20元。

（二）旷工1日，扣3日工资。

（三）事假为非带薪假期，扣发全部日工资。

（四）病假发放该日工资的50%。

（五）婚假、丧假、产假、计划生育假、年休假为有薪假期，发放全额日工资。

七、本制度未尽事宜参照国家相关政策执行

八、本制度由公司人力资源部负责解释，自颁布之日起执行

附录4-2　员工招聘管理制度

一、目的

为优化公司的人力资源配置，建立和完善员工招聘选拔体系，通过各种渠道广泛吸收高素质人员，满足公司发展需要，特制定本制度。

二、适用范围

本制度适用于公司全体员工。

三、原则

公司采用"公开招聘、择优录用"原则，积极引进关键人才，重点充实骨干人才，适当储备专业化、年轻化的优秀人才。

四、应聘人员应具备以下基本要求

（一）品德端正，忠诚于公司；

（二）具备一定的工作能力及专业技术知识；

（三）有敬业精神，工作认真投入，主动负责，并能在自己的工作岗位上提出对公司有建设性的意见；

（四）富有团队合作精神；

（五）服从上级领导的工作安排。

五、招聘需求

（一）每季度初，根据各部门人才需求情况，制订具体的招聘计划，并报总经理审批实施。

（二）各部门因人事调动、人员流失或业务需要出现人员短缺时，在确认部门内部调配难以满足的情况下，填写人才需求申请表对招聘岗位情况和岗位任职基本资格详细说明，经部门经理审批后，交由人力资源部。

（三）人员招聘需求的提出时间要求：工人至少提前两周，普通员工至少提前1个月，部门经理及以上管理人员至少提前两个月。特殊情况下，可适当缩短时间。

六、招聘实施

（一）人力资源部收到各部门的人才需求申请表后，考虑招聘成本，选择适当的招聘渠道，通过网络、登报、现场招聘会、猎头公司等途径，发布招聘信息。

（二）人力资源部收集应聘材料，对应聘人员进行初步筛选，对符合任职要求的应聘人员，安排面试事宜。

（三）经用人部门相关负责人面试合格后，由人力资源部与面试者进行进一步会谈，约定薪酬福利、录用时间、合同期限、试用期限等事项。

（四）经主管总经理审批录用的面试人员，由人力资源部通知办理入职手续，并告知报到时应带的相关资料。

（五）中层以上干部以及重要财务人员的录用，还须经集团公司人力资源部、集团公司分管领导审核，集团公司董事长审批通过后，予以录用。

七、附则

本制度由人力资源部制定，经总经理会议核准后予以实施。本制度解释权及修订权归人力资源部，根据实际情况，将定期对本制度进行修订。本制度自颁发之日起实施。

附录4-3　员工薪酬管理制度

一、目的

为规范本公司薪酬管理，充分发挥薪酬体系的激励作用，在国家相关法律、法规基础上，结合本单位实际情况特制定本制度。

二、适用范围

本制度适用于本公司所有员工。

三、制定的原则

（一）战略一致性原则：与公司发展战略相一致，通过弹性设计，充分发挥薪酬的激励和导向作用，以保证公司的可持续发展。

（二）市场竞争力导向原则：强调薪酬竞争力，有效吸引高素质人才。达到通用人才薪酬水平在本地区有竞争力，骨干人才薪酬水平在全国同行业有竞争力。

（三）公平性原则：关注内部公平性，通过岗位评估确定岗位在公司内部的相对重要性，进而确定相应薪酬水平。

（四）绩效挂钩原则：体现企业效益与员工利益相结合，加大变动收入的激励力度，使员工薪酬随绩效变化而相应变动，充分调动员工工作积极性。

四、影响岗位工资等级高低的因素

具体包括以下几种：
（一）工作的目标、任务与责任；
（二）工作的复杂性；
（三）劳动强度；
（四）工作的环境。

五、工资种类划分

公司根据职务性质的不同，将工资划分为管理人员系列和工人系列。

六、管理人员级别划分

管理人员系列共划分为三个等级，分别为正式期一级、正式期二级、正式期三级。

七、工资总额构成

（一）基本工资；
（二）其他奖金、补贴、津贴等相关福利。

八、薪资保密的整体要求

（一）薪资作业人员须确保定薪、调薪、薪资核算、薪资发放过程不泄密。若私自对外透露薪资相关的内容和数据者，一经查实，公司将视情节轻重处理。

（二）公司员工不得查阅他人薪资资料，不得打听他人的薪资水平，不向他人透露自己的薪资水平。一经发现，公司将视情节轻重处理；情节严重者，上级领导可根据情况酌情判处与员工解除劳动合同。

（三）人力资源部对员工薪资保密情况实施监管。

九、附则

本制度未尽事项另行规定，或参见其他规定的相应条款。公司人力资源部拥有本制度的最终解释权。本制度自公布之日起实行，各相关人员须严格执行。

附录4-4　员工转正考核制度

一、目的

为使本公司员工转正考核作业有所依循，为公司筛选出可用之材，给员工提供一次重新认识自己，提高自己的工作，特制定本制度。

二、原则

本着公平公正的原则，实现人尽其才、才尽其用、各得其所、各尽所能。

三、适用范围

本制度适用于明星童车厂所有员工。

四、转正考核类型及内容

（一）试用期转正

1. 试用期为新进员工与公司磨合及相互适应期，着重考核试用员工是否能基本认同企业文化和管理制度，是否能遵守工作纪律和相关规章。同时对试用员工的专业能力、工作能力、沟通协调能力以及忠诚度作进一步的考察。

2. 试用期一般情况下为3个月，在面试通过后核定。常规转正由人力资源部负责提案，由部门经理进行考核。基本操作程序如下：

（1）人力资源部根据员工履历登记表中记录，每月末将下月待转正人员名单列出，填妥转正（续签）评估表上的相关信息，送至待转正人员所属的部门。

（2）由部门经理进行初核，根据管理权限基本原则，部门经理由总经理核准。

（3）考核结束后，由部门直接上级找待转正人员面谈沟通，告知其考评结果（试用不合格辞退或调换岗位、延长试用期、转正）及评定职等，并让其签字确认。如转正，告知其转正生效时间，转正后工资变动情况以及对以后工作要求等。

（4）经当事人签字确认后的考核表，返回人力资源部。由人力资源部根据职等评定转正后的薪资，填写薪资调整单，按考核权限批准后，抄送一份至财务部，调整薪资，结束试用期。

3. 如试用期表现特别优秀并获得部门课长级以上主管认可，或在试用期内对公司有重大贡献者，可由部门直接主管书面申请，部长级以上签字确认后，交给人力资源部。后续转正流程同常规转正。

（二）职务调动转正

1. 因公司架构调整或公司内部人才交换致使相关人员职务调动，同样要接受试用考核，以确认是否适应新岗位工作。具体考核流程同上。薪资经考核评定后调整。

2. 特殊情况或事先已观察可直接调动转正的，根据岗位不同，经总经理批准后转正。不再经考核流程。

（三）职务晋升转正

因工作表现优异，工作能力突出，可以担任更高职位的，通过公司晋升机制，有机会获得职务晋升。在晋升后的新岗位上同样要接受试用观察，具体试用转正流程同上。

五、归档编制

经考核转正后的员工，纳入公司正式编制，享受正式员工的待遇。

附录4-5 绩效考核管理办法

一、目的

为确保公司发展战略和经营目标的顺利实施，建立和完善公司绩效考核体系，特制定本办法。

二、绩效考核原则

（一）坚持科学、系统、客观、公开、公平、公正的原则；

（二）建立面向公司战略、全过程监控的绩效考核体系；

（三）按照权责对等的要求，进一步明确上级和下级之间的管理关系、责任关系；

（四）按照现代人力资源管理的要求，公司各级管理者要认真履行绩效管理的职责，切实承担起绩效责任和绩效管理责任；

（五）绩效考核工作与评选先进工作相结合，兼顾部门绩效与员工个人绩效，兼顾业务部门与平台部门；

（六）注重持续不断的绩效沟通和绩效改进。

三、适用范围

本办法适用于明星童车厂除生产工人以外的所有人员。

四、绩效考核方案

（一）方案设计

本实训案例中业务分为手工处理阶段和信息化阶段，基于这一差异绩效考核设计两套方案分别适应不同阶段的考核目标。为保证绩效考核的延续性，两套方案存在部分共同内容。

手工阶段只进行工作计划完成效果考核，考核结果直接用于绩效考核评级，以确定季度绩效考核系数。

信息化阶段除工作计划完成效果考核外，还设360度综合考评。工作计划完成效果考核的结果作为360度综合考评的自评依据，自评分数以其为基准上下可浮动5分，最高不超过100分。

（二）考核指标及权重

季度工作完成质量考核

一级指标	权重	二级指标	权重	三级指标	权重	备注
关键绩效指标	60%	工作计划完成效果	50%	准确性	33.3%	信息化时工作完成效果权重为100%
				及时性	33.3%	
				完整性	33.3%	
		业务统计	50%			仅手工阶段使用
工作目标	40%	工作态度	50%			
		团队合作	50%			

如果该岗位不能满足四类人评价，自评占10%，剩余两类人评价各占45%，比如总经理，自评占比10%，外围45%，下级45%。

评价者	权重
上级	40%
同级、业务相关、外围	30%
下级	20%
自评	10%

五、组织实施

每季度初由人力资源部提案，公司全体员工制订季度工作计划，根据管理权限基本原则，部门经理以下员工由部门经理核准季度工作计划，部门经理季度工作计划由总经理核准。季度工作计划一式两份，经核准确认后送交人力资源部一份备案，工作计划人留存一份作为工作向导。

每季度末由人力资源部组织绩效评定工作，手工阶段只进行季度工作质量评分，信息化阶段还要进行360度综合评价。步骤如下：

（一）公司全员对季度工作完成质量进行自评，并报直接上级核准，核准无误后送交人力资源部。

（二）部门经理及以上员工除核准直接下级的工作完成质量得分外，还要对工作态度、团队合作进行评分。

（三）人力资源部收集评分后的季度工作质量评分表，进行得分统计。

（四）人力资源部将考评成绩反馈给各部门，由各部门经理对下属做绩效反馈，并在季度工作质量评分表上签字。

（五）公司全员进行360度综合评价，进入"我要评价"对所列示人员评价，进入"我的评价"查询绩效得分。

（六）人力资源部依据绩效结果进行绩效评级，评级结果与季度奖金直接挂钩。

（七）人力资源部将绩效面谈后的季度工作质量评分表收回存档。

六、绩效评级规则

绩效评级规则

绩效结果	强制分布比例	绩效排名	奖金系数
A（优秀）	20%（3）	第1名至第3名	1.1
B（中等）	70%（10）	第4名至第13名	1
C（合格）	10%（2）	第14名至第15名	0.9

如果出现多个分数相同的情况，如第1名85分，1人，第2名83分，4人，此时，人力资源部经理需对相同分数的人员做再次评定，以最终确定一些人的考核等级，即人力资源经理另外评出两位作为A级，剩余两位为B级，不得评为C级。

七、例外情况

（一）年度内变动部门的中层管理人员，由现在工作部门分管领导在征求原工作部门分管领导意见的基础上考核。

（二）年度内变动部门、工作岗位的一般员工，由现在工作部门负责人在征求原工作部门负责人意见的基础上考核。

（三）其他特殊情况，由公司经理办公会议研究决定。

八、考核申诉

被考核者对本人考核结果有异议时，应首先与所在部门经理进行沟通，仍不能解决时，在考核结果反馈后7日内，向人力资源部提出申诉，填写考核申诉表。

人力资源部将组织有关人员对申诉人考核情况进行调查核实，并提出处理意见，报公司经理办公会议审定。

附录4-6 员工离职管理规定

一、目的

为规范公司与离职员工的多种结算活动、交接工作，以利于公司工作的延续性、离职手续的完整性进而保护公司免于陷入离职纠纷。进一步规范员工离厂流程，明确员工辞职、公司除名人员的处理方法。通过人力资源部与离职人员的面谈获取管理方面的改进信息，提高公司管理水平。

二、适用范围

明星童车厂所有员工。

三、职责

（一）离职人员所属部门负责对离职人员工作及办公用品、工具等交接确认。

（二）人力资源部负责对离职人员的面谈、离职原因的调查与确认、考勤流程与薪资核算、社保及其他相关事项处理。

四、离职流程及要求

（一）公司员工离职，首先应向人力资源部申领离职申请书，填写完毕经部门经理逐级审批同意，再办理办公用品工具等交接工作，交接清单上必须有承交人与监交人签字确认（见员工离职审批权限），交人力资源部。

（二）人力资源部安排面谈，对离职原因及调查结果进行记录作为后期人力资源评估参考。

（三）正常情况下，正式员工需提前一个月申请，试用期员工，提前一周申请。特殊情况，科以上由总经理批准，可提前办理离职。

（四）如因交接不清或没交接完整等因素，公司延长离职日期，待交接清楚后再办理手续及核发考勤工资。

（五）员工若未按正常流程办理离职手续，人力资源部有权扣留其相关证件并扣押未结薪资，待其手续办理完成后再给予结算，若离职人员离厂一个月尚未完成离职手续，则视为自动放弃薪资，其薪资划入公司福利金。

（六）离职人员在离职核准生效日前须正常运作其职掌之工作，不得怠慢或为难接任人员，否则，因此造成的后果及损失，公司有权对其追究责任。

（七）员工辞职离厂时须将离职申请单交回人力资源部。

五、工作移交

（一）原有职务上保管及办理中的账册、计算机数据、文件（包括公司章程、技术数据、图样、办公文具）、报表、相关密码（文件密码、计算机密码）、工具、设备等均应列入移交清单予交接人签收，并经主管核实。

（二）原职务上已办而未办完或未结案之事项交接（技术数据、图样、未完成订单状况等类似数据）。

六、离职薪资结算方式

员工在人力资源部薪资核算之日前离职，其当月薪资应于当月薪资发放日一起发放（打入工资卡）；若员工在人力资源部薪资核算日之后离职，其当月薪资由人力资源部或财务部核算清楚，并与本人确认后，予次月薪资发放日一起发放（打入工资卡）。

七、自动离职

（一）员工未按照正常离职规定办理离职手续，视为自动离职。

（二）员工连续旷职三天以上（含三天）的或一个月内累计旷工六天以上（含六天），视为自动离职。

（三）自动离职者视为自动放弃尚未发放之薪资和工作权利及其他一切福利。

（四）自动离职者，公司在公告栏中将其名单公布，经公布除名后，其在外发生的一切事情均与本公司无关，公司不承担任何责任。

（五）人力资源部将自动离职人员名单拉入黑名单中，不再录用。